房 | 地 | 产 | 项 | 目 | 实 | 战 | 攻 | 略 | 丛 | 书

U0730054

住 宅 项 目 策划攻略

住宅项目热销创新策划攻略

主编 杨思思

中国建筑工业出版社

图书在版编目（CIP）数据

住宅项目策划攻略/杨思思主编. —北京：中国建筑
工业出版社，2009
（房地产项目实战攻略丛书）
ISBN 978-7-112-11455-9

Ⅰ.住…　Ⅱ.杨…　Ⅲ.住宅建设-项目管理-研究-
中国　Ⅳ.F299.233

中国版本图书馆CIP数据核字（2009）第185178号

　　本书以全新的视角，针对新形势下住宅项目营销方面所出现的新情况、新问题，从形势、审势、蓄势、定势、造势、胜势这六个主要势态入手，重新审视住宅地产项目操盘全过程。

　　本书第一章以形势作为起始，阐述了政府、消费者、开发商三者的关系，并论述了市场形势对住宅项目预判以及地产企业转型的影响。本书后几章以创新的理论和案例，叙述整个住宅项目营销操盘过程，包括：市场调查、产品功能设计、项目定位、价格策略、营销宣传策略等等。

　　本书适合房地产策划公司、开发公司等从事策划工作的相关人员阅读，力求为广大地产精英们提供一些专业、系统、最新的营销策略理念，成为决战未来的必胜法宝。

＊　　　＊　　　＊

　　责任编辑：封　毅
　　责任设计：赵明霞
　　责任校对：赵　颖　陈晶晶

房地产项目实战攻略丛书
住宅项目策划攻略
住宅项目热销创新策划攻略
主编　杨思思
＊
中国建筑工业出版社出版、发行（北京西郊百万庄）
各地新华书店、建筑书店经销
北京嘉泰利德公司制版
北京云浩印刷有限责任公司印刷
＊
开本：787×1092毫米　1/16　印张：22¼　字数：530千字
2009年12月第一版　2010年10月第二次印刷
定价：**68.00**元
ISBN 978-7-112-11455-9
　　　　　（18711）

编委会

打好手中的牌

中国的房地产市场从2007年的一路走高之后，开始出现大面积的停滞，市场成交量的全国性萎缩和市场价格的一路走低，让众多还生活在2007年疯狂时代的房地产商没有缓过神来。

那些还生活在房地产虚幻中的开发商，依然还"有规律地出牌"，坚挺价格，与充满观望的购房者大众形成对峙，一副看谁能挺到最后的气概。但是一些知名的房地产开发商显然已经嗅到了不妙的味道。以万科为首的开发商，早期顺应房价上涨，挣得盆满钵满。但是现在他们已经开始放弃自己原先的主张，不按规律出牌，悄然掀起了一场史无前例的价格战。

万科是掀起这场价格战的先驱，它蓄势而为，将全国数十个楼盘降低30%以上，快速回收数十亿元资金。同时，另外一个大型房地产开发商恒大地产以降全国十几个楼盘降价30%以上，实现迅速回收资金近50亿元。当众多以万科为榜样的开发商发现，万科也"不按规律出牌"，搞起价格战时，他们突然发现，房地产市场已经冷到了谷底。日益被动的竞争态势和日趋枯竭的现金流，把他们逼到死角。

如果降价，会大幅削减他们的利润，相抵以前的疯狂拿地支付的高昂成本，已经获利不多。而且，即使降价，仍然没有品牌优势，销售困局仍然无法破解。

如果不降，那么他们就只能看着万科喜滋滋地通过快速回笼资金，拿着丰沛的资金过冬。而他们只能在这场大家都不明市场走向的马拉松式的拉锯战中活活耗死。

有人已经说过，这场危机可能全国要死一半的开发商，当然，借助这场危机有些企业更会抓住机遇、驰骋全国。

到了今天，肯定很多人都在问，为什么2007年所有的开发商都"团结一气"做高价格，今年就各自为战，各自打起了自己的"小算盘"？为什么2007年还是拿地就能挣钱的历史，今年为何要赔钱挣吆喝？

答案就是：市场永远处于一个竞争的态势，它好比是个牌局，政府、买方、竞争对手和开发商自己构成这副牌局的四方。四方的博弈和合作无时无刻不在。市场向好之时，大家都会很"默契地出牌"，各做各的市场，一起挣钱；一旦市场不好，原有的"默契地出牌"方式就会打破，有人就会跳出来变阵以求自保，就会"不按规律出牌"，让别人猜不着牌。这个时候，你还照本宣科、有条不紊地"有规律出牌"，就会被人合伙"绞杀"。

要想不被绞杀，洞察牌局是关键之本。今年的高涨不意味着明年也会规律性高涨，今年的下跌也不意味着明年就会规律性下跌。大家永远都不要忘记，市场永远是波浪形变化的，没有一个行业能一直高速前进。房地产业虽是制造富翁的神奇行业，但也是一个高风险行业。

所以，必须要在被动迎战之前积极备战，随时准备针对任何情况下的"出牌方式"。要随时思考市场进入冰窟之时的出击方式；要随时思考市场出现拐点时的出牌手段；要随时思考针对龙头企业该采用何种竞争策略。只有每天如此积极备战，见招拆招，才会走在前面。只有在别人降价之前先降，在别人提价之前先提，在别人促销之前开始更有力的促销，每一步走在别人前面，才能很好地掌控牌局。

事实上，众多中小房地产企业手中的"好牌"并不多，拿着一副牌站在钢丝上行走，一直是这个行业特征。所以，一定要打好手中的牌。这关系着生死存亡。

杨思思
2009年12月1日

P1-32 形势

速读

　　地产企业比拼"内功"不仅仅指产品或营销，更重要的是需要有对宏观形势和消费环境预判的胆识，以及未雨绸缪的能力。

　　纵观中国房地产的发展历程，每一次风云变幻，都是市场三方——政府、消费者、开发商不断博弈的结果。现如今，三者博弈的拉锯战依旧还在上演并僵持着。

　　面对这场地产寒冬，开发商是静待时机，还是顺应变革？在金融危机以及政府调控的双重影响下，中国的房价进入了振荡整理阶段，因此企业"转型"已经势在必行。

目录

Direction ▶▶

3 …… 一、外势逼人——房地产市场严冬来临
19 …… 二、内势修炼——经济变革催生房地产行业变革

CONTENTS

第二章

P33-96 审势

速读

　　市场走向是需要我们审慎对待的，对于市场的把握既有定式也没有定式，我们需要专业的市场分析过程，对于各种数据结果我们更需要理性和准确的判断，同时也需要跳出原有思维定式去思考未来的路应该怎么走。

　　我们需要花更多的时间去阅读市场，从市场中找答案将是一个令人兴奋的有效方法，且可以到最后真正地体现项目价值。

　　准确地掌握市场的动向，是面对当前复杂形势变化的有力保障。"势"既有宏观之势，也有微观之势，而只有审时度势才能真正抢占先机。我们改变不了宏观层面上的走势，但却可以在市场层面上把握微观方向。了解市场，才能赢得市场！

目录

Direction ▶

35 ······ 一、审读市场

37 ······ 二、审读市场环境

40 ······ 三、审读消费者

41 ······ 四、审读竞争对手

47 ······【实战案例1】ZYMD审读市场出具的分析报告及相应策略形成

80 ······ 五、审读项目自身价值

83 ······【实战案例2】从"滞销荣祥"到"华庭绽放"

90 ······【实战案例3】重庆华立·天地豪园大获成功的秘诀

94 ······ 六、"多角度"的企业品牌定位

P 97-182 蓄势

速读

现代小区开发建设中，不仅要考虑到美的要素，更要充分考虑现代小区里的主体——人的需要，只有了解了这种需要，再从这种需要出发进行设计，进行必要的健康美的处理，才能达到居民满意的效果。

产品是企业生产的东西，对企业而言目的是实现利润，而对顾客来说购买的是产品的使用价值。随着时代的发展，住宅的功能品质和内涵在不断地丰富，其自身的价值也在发生着相应的变化。住宅产品作为特殊的大宗耐用消费品，有其独特的价值和涵义。

从产品时代到营销时代是一个循环，好房子是决定购买行为的最终要素，而好的产品更需要有好的营销手段，这样才能够广而告之，才可以最终将住宅的价值体现出来。

目录

Direction ►

99 …… 一、以人为本，人性关怀

115 …… 【实战案例1】广州翰林会的特色"会所"

124 …… 【实战案例2】厦门绿苑·海景国际的"水立方生活"解读

128 …… 二、选择住宅，就是选择一种生活方式

136 …… 【实战案例3】中体奥林匹克花园十年营造"Sport"生活

139 …… 【实战案例4】恒大金碧天下的"5+2"生活

154 …… 三、住宅风格——最美的语言

158 …… 【实战案例5】解密SOHO中国的品牌风格

165 …… 【实战案例6】方圆——地产百强企业的品牌之道

170 …… 【实战案例7】中信红树湾成功的概念性定位

CONTENTS

P183-226 定势

速读

　　价格是房地产经营过程的核心与实务，一切的经营活动均以此为中心。高价位能够提高单位利润，但可能影响房地产销售；低价位虽然能够扩大销售，但可能丧失获取更多利润的机会。所以准确地把握价格的市场定位尤为重要。

　　在目前"降价"已经势不可挡的趋势之下，未来带给开发商的挑战就是如何打赢价格战。

　　在国内、国际因素共同作用下，我国大部分地区房地产市场已先后步入调整与转型期，价格调整已不可避免，要考虑到国内外经济环境、顾客消费心理、贷款银行、前期购房客户等因素，制定恰当的价格策略以适应转型期的房地产市场。

目录

Direction

185 ······ 一、价格制定的总体原则

193 ······【实战案例1】上海陆家嘴某项目价格定
　　　　　　位分析

201 ······ 二、调整房价策略

209 ······【实战案例2】某楼盘市场需求状况分析
　　　　　　及价格调整分析

216 ······ 三、突破心理定价的常用方法

P 227-294 造势

速读

　　尽管市场形势严峻，但熊市不等于跳水，熊市也不等于没有行情。开发商只要苦练内功，并且通过一系列的销售策略，最终肯定能够圆满完成销售任务。

　　销售是房地产开发链上最精彩的一环，在对符号、文化兴趣越来越浓厚的房地产市场，文化价值、符号价值受到空前重视和竭力开发。各种营销、五花八门的"秀"就成为开发商热衷于符号化的生存手段。

　　随着消费者要求的日趋差异化、多样化、复杂化、个性化，人们重视"情绪价值"胜过"机能价值"。消费者不仅仅停留在实惠、多功能、耐用上，更讲究产品品位，要求产品既有实用功能、艺术功能，又要有情感功能，从而给消费者以美感和遐想。

目录

Direction ▶▶

229 …… 第一攻略：找卖点，扮卖相

238 …… 第二攻略：机不可待，时不再来

241 …… 第三攻略：人无我有，人有我优

249 …… 第四攻略：反向思维，出奇制胜

257 …… 第五攻略：由内到外的挖掘潜力

259 …… 【实战案例1】四川"蓝谷地"逆势炒作

266 …… 第六攻略：低成本策略

270 …… 第七攻略：渠道为王

274 …… 【实战案例2】小户型白领公寓网络行销推广方案

281 …… 第八攻略：将心比心，坦诚待客

287 …… 第九攻略：后期营销之杀手锏——服务

CONTENTS

P 295-340 胜势

速读

通过7个完整案例，展现全国各地大中型城市项目操盘的全过程，以及最新的营销理念和手法，以便读者直观地感受到项目的整个营销过程，并从中获得一些启发。

其中，大型城市案例代表：北京、天津；内陆省会城市案例代表：南昌、成都；二三线城市案例代表：温州、日照、镇江。

目录

Direction

297 ······ 一、特大型城市知名房地产项目的操盘关键

299 ······【实战案例1】北京"西绒线26号"2008年
推广方案

308 ······【实战案例2】天津万科金域蓝湾如何赢得
天津人民认可

318 ······ 二、内陆省会城市知名住宅项目操盘关键

325 ······ 三、二三线城市新区大盘开发模式研究

01

SITUATION

形势

CHAPTER 01
▶ Situation
更多地产专业图书请登录万房网 www.vanfang.com

本章使用指南：

2009年，在目前市场前景走向不明朗的情况下，将是比拼企业"内功"的一年，而"内功"不仅仅指产品或营销，还要有对宏观形势和消费环境预判的胆识，以及未雨绸缪的能力。俗话说：人无远虑，必有近忧。对正在经历寒冬的中国房企来说，如何过好这个冬天才是关键。鉴于几乎全球各国房地产市场都出现下挫的情况下，如果说众多开发商按兵不动、静待时机是不得已而选择的一条路，那么通过企业自身积极调整、走出困境，更是上上之策。

本章以最浅显清晰的思路阐述中国经济的真相，让你十分钟看懂中国房地产形势。本章绕开深奥的学术理论，还事实以清白，引导读者擦亮眼睛，洞观今天和未来发生的一切。

▶▶

市场三方——政府、消费者、开发商，三者博弈的拉锯战依旧还在上演并僵持着，开发商"熬"的心态昭然若揭。这个时候有专家在各种场合说：这个冬天一过，中国的房地产开发商要死一半；也有人说：再过半年，中国的房价至少降低一半才能回到2007的巅峰。这些要命的言论并非危言耸听，形势已经表明：躲是躲不掉的，暴风雨确实已经来临。

到底未来房地产市场将走向何方？开发商如何把握目前的形势？

一、外势逼人——房地产市场严冬来临

1. 市场三方博弈将决定未来形势发展

纵观中国房地产的发展历程，中国房地产的每一次风云变幻，都是市场三方——政府、消费者、开发商不断博弈的结果，也正是这三方决定了未来的形势发展。所以，要想让自己能吃上"大锅饭"，需变通趋时，时时顺应形势而行动。

（1）坚信政府把控宏观楼市的内在推力

房地产作为资金密集型的行业，对各种来自金融和政府财政政策方面的影响都非常敏感；同时，房地产行业又关系到国计民生，担负着纳税和就业两个重要的社会责任。基于以上两点，房地产往往成为政府宏观调控的重要行业，政府通过宏观调控及市场自主调节等形成对宏观楼市的内在推力，这种内在推力的形成主要体现在以下两点：

第一：宏观经济面影响房地产行业发展

宏观经济对房地产行业影响深远，而宏观经济与房地产行业互为交叉，我们必须通过经济环境的研究，才能理清根源。我们常见的经济体制、经济的繁荣程度、宏观经济增长方式、产业结构的变化、城市化的进程、通货膨胀的状况、融资情况、市场供需情况、人口情况、家庭收入和家庭支出的结构等各个方面都属于经济环境的常见指标，而它们的变化都可能影响楼市发展。

过去几年，中国的经济增长"动力十足"，每年总体增长 10% 以上，成为世界上经济增长的引擎，而房地产投资也成为居民投资热点。因此，国内的房地产市场也乘着这股经济风飞越起来。但是 2007 年以来，由于美国的次贷危机的影响，中国出口导向性经济陷入困境，房地产也出现了成交量急剧下降的情况。2008 年，随着拉动内需政策变得更为迫切，中国推出四万亿投资计划，并针对房地产市场推出一系列政策，这些都会影响今后几年的房地产市场发展。

以上可以看出，房地产业甚至可以说是中国宏观经济的晴雨表，宏观经济的风吹草动都可以从房地产发展的活跃程度予以体现。

第二：国家政策导向引导楼市发展方向

在一定时期，国家对于经济的发展方向、发展规模、发展重点和增长速度等方面有一定的方针政策，这将直接关系到社会购买力的提高和市场需求结构的变化。政府的法令、条例，特别是有关经济的立法，对市场需求的形成和实现具有一定的调节作用。

我们可以在此回顾一下，近几年国家有关房地产的政策导向是如何引导楼市发展方向的。

自 2006 年以来，政府对房地产，尤其是住宅的宏观调控政策接连不断，目的主要是控制房价飞速上涨，避免地产泡沫的出现。

2007 年的房地产行业无疑是一个政策调控年，不断地加息防止热钱进入楼市，同时通过加大限价房、保障房的供应及对土地拍卖的各种限制，力求将高烧的房价降下来。

2008 年的房地产行业是政策导向下的执行年。在国家宏观调控的严厉政策措施下，整个房地产价格涨幅有所下降，但价格总体走向依然是上涨。随着经济情况的恶化，新一轮的经济刺激政策又将会出现。2008 年 10 月 22 日，央行发出通知，宣布各银行可以对购房人进行综合评估之后，把商业性个人住房贷款利率的下限扩大为贷款基准利率的 0.7 倍；最低首付款比例调整为 20%，这一房贷新政，对于一些有购房意向的消费者来说就是重大利好，将有效地促进楼市销售。

2009 年，中国房地产发展战略开始显露出从产业政策向公共政策回归姿态的形势。国家需要房地产行业稳定，人民需要房价降下来，开发商需要市场活跃起来，多方期待的变革呼之欲出。2009 年 3 月，国家为了振兴房地产业，一度传出将出台房地产振兴规划，虽最终未成行，但是足以反映国家及社会各界对房地产业的重视。在住房供应结构调整、控制房价、加强土地调控、加强保障性住房建设等政策导向下，房地产行业将逐渐告别高利润时代，强化公司治理、注重品牌建设、提升经营效率和定位市场真实需求将成为谋求长期发展的房地产企业的关注重点。

因此，我们可以看出，国家的政策导向是不断地随着形势的变化而变化的。同时，新推出的国家政策又反过来对市场起到了制约的作用，最后呈现出的将是市场与政策不断博弈的结果。住宅项目要获得成功，必须密切关注各项相关政策的变化，预测其对房地产市场的影响。这些相关政策包括财政政策、货币政策、产业政策、土地政策、住房政策、户籍政策等。

（2）消费者需求决定市场

市场越理性，消费者更审慎，地产项目定位将更需严谨。这是因为，土地放量有限导致地价持续升高，为提高利润空间，均衡楼面地价，楼盘容积率会有所提高，房地产的项目定位将不得不从市场角度寻求差异化以满足消费者需求。我们先分析下消费者需求的内在变化。

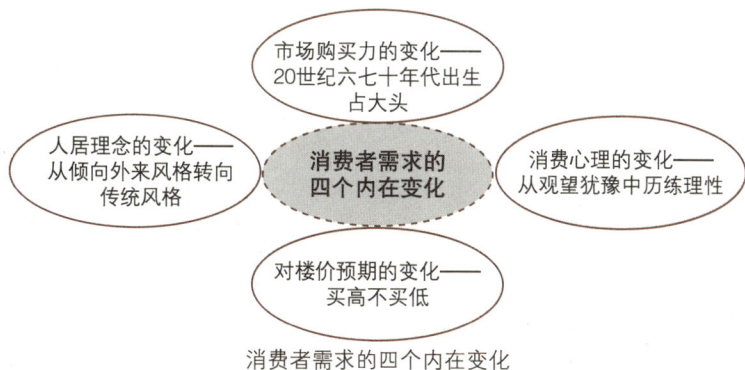

消费者需求的四个内在变化

第一：市场购买力的变化——六七十年代出生占大头

20 世纪五六十年代出生的部分客户，经过多年奋斗，已跨入成功人士的行列，其购房行为已属于享受型的三次置业或多次置业状态，多购买大面积户型。

20 世纪六七十年代出生的占极大比例。之所以在年龄构成上具有这一特征，主要在于六七十年代出生的客户正处于婚育阶段，具有巨大的住宅需求；同时，这些客户不仅事业蒸蒸日上，具有较强的经济实力，而且富有开拓进取精神，愿意接受金融助购的置业模式，成为当前购房者的主流。

20 世纪七八十年代出生的客户中，所购住宅多为小户型，随着面积的增加，其购房比例越来越低；七八十年代出生的客户需求旺盛、购买力强，但受经济实力的限制，其购房行为尚处于解决居住原始功能的一次置业状态或实现小康居住的二次置业状态，购房面积相对适中。

第二：消费心理的变化——从观望犹豫中历练理性

2008 年，房地产的交易数据一直下滑，深圳、上海、杭州、成都、武汉、东莞……房地产价格只剩下城市中心地段的商品房能表现出一些"价值矜持"，而边缘地段则是一地鸡毛。有不少城市的房价开始动摇，其中深圳和成都的跌幅最大。尤其是深圳，按 2008 年 10 月份的均价与 2007 年 10 月份深圳楼价最高时的均价 17350 元相比，一年间深圳的房价下跌了 26.8%。

同时，从新政开始冒出风声到正式出台，再到等待细则出台的日子，中国多个城市成交量呈直线下滑。有着"金九银十"的"十一黄金周"楼市，本来是开发商们大显身手的好时机。但是广州市 2008 年 10 月一手住宅的日签约量逐步波动下降，在 10 月 15 日前仅在 200 套左右。而 2009 年的春节黄金周广州市一共有 69 个楼盘有网签记录，总成交量为 283 套，日均交易仅 35 套，上百个在售楼盘零成交。并且春节期间广州在售楼盘只有 1/3 的销售中心正常开放，有 1/3 的楼盘完全放弃了节日销售。

在市场情况不好的形势下，买卖双方展开了一轮又一轮的心理拉锯战。在买方市场上，多数的消费者早已熟悉开发商的操盘本事，因此他们不再像以往那样抄底杀跌，而是多看房，多咨询政策，多打探市场交易的真实数据。无论开发商使出何种诱人的促销手段，买方依然是观望，因为他们担心房价会继续下降，让自己"高空接盘"，成为牺牲品。在这场博弈中，买家心理发生巨大变化，从犹豫徘徊，到日趋理性。买方更关注的是价格因素，价格是否已降至心理价位，只有他们认为价格回归理性，才会作出购买决策。

由此可见，市场环境的变化对于消费者心理的影响是巨大的，作为有一定投机成分的市场总是会不断地出现"追高追涨"、"杀跌跳水"的现象。在楼市的高低起伏中，房地产市场的买方会日趋理性，而卖方则需要针对消费者的这种变化，不断寻求应对之策。

第三：对楼价预期的变化——买高不买低

在购买力不变的情况下，价格总水平的上升就意味着同样多的货币只能买到较小的面积；相反，价格水平的降低，花同样多的货币可以买到较大的面积。此外某一楼盘的价格变动，还会引起购买力的转移，从而使市场需求结构发生变化。

同时，由于房地产具有投资性质，因此消费者普遍有"买高不买低"的消费心态。

第四：人居理念的变化——从倾向外来风格转向传统风格

目前中国消费者居住理念的更新之快是以前任何一个时代都不可比拟的。未来我们需要更多创新的生活概念，这将是房地产市场发展的一个主要因素之一。建筑不是冰冷的钢筋混凝土，而是具有深刻的社会文化内涵的人类栖身之所。所以建筑不应是单调苍白的石头垃圾，地产商需要通过建筑文化，与消费者实现良好的沟通。因此，只有对城市文化环境的深入了解，才能打造出与城市主流文化协调一致的建筑精品。

前几年，中国商品房的设计开发主要吸收外来文化，因此，外形等设计上都以欧式、美式为主，很少有中国传统特色的建筑。而近两年，人们逐渐把注意力转向国内，开始挖掘我们民族自身的建筑文化特色，比如利用苏州园林、徽派建筑、岭南骑楼等中国传统建筑风格与现代设计的结合，这些都与主流文化环境有关。

（3）开发商顺应市场形势发展

1）按需生产

按需生产有两层意思：一个是按照需求量来生产，另一个是按照购买者的需求意愿来生产。

2007年的时候，很多开发商都沉浸在一片欢乐的海洋中，房地产市场一片繁荣，这种繁荣不仅体现在销售价格的飞速上涨，还体现在成交量的不断扩大。那个时候的房价亦如杂草般疯涨，普通商品房不愁卖，连高档房因抢购不成要砸售楼处的状况也在各地频频出现。市场需求量旺盛，由此导致了房地产投资量加大。但是到了2008年，市场情况急转直下，房价迅速上涨背后，是成交量的急剧萎缩。加上住宅空置面积上升，导致商品房建设规模减少。

其实，在市场情况不是很理想的情况下，我们需要更多地关注购买者的实际需求意愿，通过积极地调整产品的结构，开发出更加让消费者喜欢的商品房，才能真正赢得市场。

主题案例 方圆地产的"子母房"

2007年底，政府出台了90平方米以下住房须占项目总面积七成以上的政策法规，方圆地产为了应对市场需求，在不违反政府规定的基础上，设计出了由两套产权独立又互相连通的单位组成母子亲情居户型的创新产品，这种户型又称"子母房"。子母房中的两个小单位通过空中亲情庭院相连，既相对独立，又方便易分拆形成一个完整的大家庭。最终这个设计以较高的市场价格获得了的巨大成功。

2）改进销售模式

目前，住宅销售模式可分为两类：传统经济销售模式和新经济销售模式，二者主要区别在于计算机及通信网络的普遍应用，从传统的自销、代销和房地产超市到全面质量管理营销，进而发展到网络营销。市场营销新观念4P，即产品（Product）、价格（Price）、地方（Place）、促销（Promotion）的引入，使房地产营销组合理论获得创新，现在又从4P拓展到了4C组合，即消费者（Customer）、成本（Cost）、便利（Convenience）和沟通（Communication），4C始终以客户为出发点，通过企业与客户不断交互意见，实现了真正的客户关系管理，使以4P为基础的传统营销策略组合转变到以4C为基础的营销策略组合，从而极大地展开了原有的营销策略。

不管采用何种营销模式，一个好的房地产品牌，其后面一定是有庞大的客户关系在支撑着，如果品牌后面没有客户关系支撑的话，那么这个品牌就是建立在沙滩上的大厦，很快就会倒掉。

主题案例 **万科的成功源于成功的客户关系管理模式**

在中国房地产行业，万科是高举领跑者大旗的标杆企业。万科通过"以客户为中心"的经营管理思想，建立起了客户营销组织，真正确立了自己的市场核心竞争力。

为了缩短客户与万科地产的距离，提高客服务质量，万科专门成立了客户服务中心，处理客户的投诉、意见、建议等。并且还建立了一整套售楼管理系统，通过ISDN通信线路将几个现场售楼部组成了广域网网络，以实现现场售楼部和公司总部的实时数据交换，使公司凡与售楼业务相关的工作人员（包括销售部、财务部、按揭组、管理层等）全部可以通过售楼管理系统进行实时的数据录入、修改、查询和统计分析工作。

万科地产还率先建立了自己的会员俱乐部——"万客会"，倡导在"让万科理解客户、让客户了解万科"的基础上建立理性、对等、双赢的供求交流方式。

万科还将客户关系管理拓展到了人力资源市场、资本市场、合作伙伴市场、目标客户市场和外部社会市场五大市场。就是这样万科真正地将抓住"客户忠诚度"变成了现实，同时也获得了市场的先机。

3）更新技术

随着社会经济与技术的发展，如今的建筑技术环境已经发生了极大的变化。智能化社区、节能建筑、生态住宅等各种新兴材料或技术、新名词、新产品不断涌向市场，也给住宅市场带来了极大的挑战。

所以，在新产品开发设计过程中，需要对技术环境进行深入细致的研究。

新技术更新需要考虑的六重因素
1. 新技术条件下人的需求变化
2. 新技术条件下的生产关系变化
3. 新技术条件下人们相互关系的方式变化
4. 新技术条件下人与建筑的关系变化
5. 区域、场所、空间、时间等概念的变化
6. 物业功能的变化

对未来的房屋建设，在深入分析资源环境可承受条件和合理居住需要的基础上，必须走产品创新之路。在建筑节能方面，可以开创产品的新卖点，建设节能型住宅，引入最新的节能建筑设计，使得居住成本降低，节约电费、节约物业费等。

主题案例 惠州新时代花园的节能建筑

惠州市新时代花园二期位于一个半山腰上，开发商别出心裁投资100多万元建起了风能太阳能互补发电站，由15台风力发电机和30块太阳能发电板组成，一年可以发电10万千瓦/小时以上。发电站的电能主要用于山道、山上果园、小区通道照明和小区游泳池的温度调控，小区1000多住户由此每年可以节省七万元的共摊电费。该楼盘开发商大胆采用新能源技术，不仅减少环境污染，保护自然环境，而且还得到了消费者的认同，同样也达到了市场营销的目的。

4）创新营销

房地产项目的营销定位不仅是功能特性的展现，更多时候还是个性的体现，不仅需要定位准，并且需要执行好，更重要的是要推陈出新，使楼盘在劣势中脱颖而出。故市场营销定位宣传手法应把握以下三个创新要点：

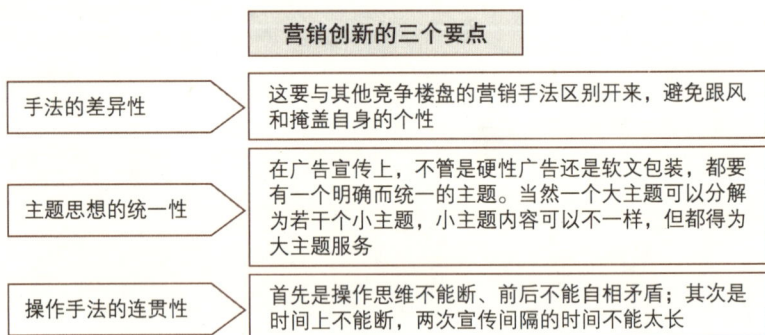

营销创新的三个要点

手法的差异性	这要与其他竞争楼盘的营销手法区别开来，避免跟风和掩盖自身的个性
主题思想的统一性	在广告宣传上，不管是硬性广告还是软文包装，都要有一个明确而统一的主题。当然一个大主题可以分解为若干个小主题，小主题内容可以不一样，但都得为大主题服务
操作手法的连贯性	首先是操作思维不能断、前后不能自相矛盾；其次是时间上不能断，两次宣传间隔的时间不能太长

主题案例 **某楼盘跟风定位遭受惨败**

某城市一楼盘，推出一年尝试了多种营销手段，其营销造势过程大致是：

1.推出之初，定位为"成功人士的心水华庭"。

2.两个月后，定位为"孩子们成长的地方"，集中表现其配套齐全的特点。

3.又过了两个月，宣传客户所购房产即将升值。

4.后来，该楼盘重新定位为"智能豪宅"。

5.年底时，眼看年关淡市已近，开发商心里着急，于是又降价促销。营销手法虽然在不断花样翻新，但效果总是难尽人意。

这是典型的项目营销定位模糊个案。从以上可以看出，该楼盘在营销造势手法上存在明显的缺点：定位不明，角色变换太频繁。从"成功人士的心水华庭"、"孩子们成长的地方"到说不出名堂的"智能豪宅"，使潜在客户感到糊里糊涂，最终导致楼盘的营销创新没有达到期望的效果。

2. 是挑战，还是机会

美国经济进一步恶化、国际经济也因此变得险象环生。原本处于"战略机遇期"的中国经济同样面临极大考验。在这种形势下，开发商能否审时度势、趋利避害，把握好宏观调控的方向、力度和节奏，成为胜负关键。

（1）4万亿人民币经济刺激计划

在财政方面，由于中国近年来一直奉行保守的预算政策，面对经济不断放缓，中国政府比大多数其他国家拥有更大的调控空间。如果经济减速比我们预期的更为严重，中国政府有财政能力和政治意愿采取旨在促进增长的财政和行政措施，迅速进行干预。

在全球陷入金融危机困扰之后，中国出台4万亿人民币经济刺激计划，加大对固定资产方面的支出，推动总体投资以应对金融危机，这不仅让市场兴奋不已，也向外界传达了一个强烈信号。

国家统计局公布的最新数据显示，2007 年房地产业增加值占我国国内生产总值 (GDP) 比重超过 5%，在国民经济发展中发挥了支柱产业的重要作用，提振这样一个关乎国计民生的重要行业非常有必要。对于房地产市场来说，4 万亿人民币经济刺激计划属于中期利好。为什么叫中期利好？因为短期内这些政策还是无法使楼市下行的大势发生逆转。但中期来看，对于促进市场底部的提前到来大有裨益。中央拉动内需、保经济增长的决心巨大无比，那么必须要让房地产业"出狠力"。1998 年的危机时刻就是把住宅产业作为"救命"产业来利用，经过十年的迅猛发展后，虽然住宅产业的拉动潜力已不如当年，但能量依然可观。

（2）房地产调控政策将逐渐"放松"

目前，在全球持续动荡、国内惊恐萧条的大环境中，形势的变化可谓急转直下。美国金融海啸对楼市没有直接影响，但它使得宏观经济下一步的发展预期充满变数，给房地产市场的消费信心带来一定的影响，延长了楼市调整周期，使市场继续处于观望和交易低迷的状态。

2007 年下半年开始，中国政府一直积极设法为房地产市场降温。为此，出台了一系列措施，以限制向房地产开发商提供贷款，并使人们获得抵押贷款的难度加大。然而，这样做的风险是，楼市放缓可能会超出控制。这是因为，如果楼市不景气，相关产业链和就业人数会减少，消费将不可避免地受到波及。

更严重的问题是，如果房地产灾难导致私人投资领域崩盘，政府为填补缺口所能做的将非常有限。考虑到目前笼罩中国经济的那些严峻问题，政府需要加速一系列已拟出大纲的改革方案，将经济的侧重点从生产转向消费，同时不得不逐步给房地产松绑。

1）2008年信贷政策盘点

由于我国房地产业对银行信贷依存度很高，信贷政策对住房消费和开发的影响显著。

政策一：

2008 年 1 月 18 日，中国人民银行、中国银行业监督管理委员会出台《经济适用住房开发贷款管理办法》（银发〔2008〕13 号），重要内容是：经济适用住房开发贷款利率按中国人民银行利率政策执行，可适当下浮，但下浮比例不得超过 10%。经济适用住房开发贷款期限一般为 3 年，最长不超过 5 年。经济适用住房开发贷款必须专项用于经济适用住房项目建设，不得挪作他用。

政策二：

2008 年 10 月 22 日，中国人民银行出台《扩大商业性个人住房贷款利率下浮幅度，支持居民首次购买普通住房》，主要内容是：将商业性个人住房贷款利率的下限扩大为贷款基准利率的 0.7 倍；最低首付款比例调整为 20%。对居民首次购买普通自住房和改善型普通自住房的贷款需求，金融机构可在贷款利率和首付款比例上按优惠条件给予支持；对非自住房、非普通住房的贷款条件，金融机构适当予以提高。同时下调个人住房公积金贷款利率。

政策三：

2008 年 12 月 20 日国务院办公厅出台《关于促进房地产市场健康发展的若干意见》（国办发〔2008〕131 号），其中规定：加大对自住型和改善型住房消费的信贷支持力度。在落实居民首次贷款购买普通自住房，享受贷款利率和首付款比例优惠政策的同时，对已贷款购买一套住房，但人均住房面积低于当地平均水平，再申请贷款购买第二套用于改善居住条件的普通自住房的居民，可比照执行首次贷款购买普通自住房的优惠政策。对其他贷款购买第二套及以上住房的，贷款利率等由商业银行在基准利率基础上按风险合理确定。

政策四：

2008 年 12 月 3 日，中国人民银行、中国银行业监督管理委员会出台《廉租住房建设贷款管理办法》（银发〔2008〕355 号），重要内容是：新建廉租住房项目资本金不低于项目总投资 20% 的比例；改建廉租住房项目资本金不低于项目总投资 30% 的比例。廉租住房建设贷款利率应按中国人民银行公布的同期同档次贷款基准利率下浮 10% 执行。廉租住房建设贷款期限最长不超过 5 年，具体由借贷双方协商确定。专款专用，不得挤占挪用。廉租住房建设贷款应为担保贷款。

政策五：

2008 年第四季度在全国房屋销售出现大幅下跌后，中国政府又出台了刺激房地产市场的措施，其中包括下调购房首付款、降低抵押贷款利率、减免印花税及售房土地增值税。这些对于整个房地产行业来说将是利好的消息。

2）2008年税收政策盘点

税收是房地产宏观调控是最重要工具之一，而且由于是经济手段，相对行政手段而言，对市场的负面作用小，因此近几年被频频使用。以下这两个政策性质相同，都是降低交易环节的税负，其目的都是为了降低交易成本，刺激需求。政策优惠的重点对象是普通住宅，这会使部分自住需求者提前放弃观望。

政策一：

2008 年 10 月 22 日，财政部和国家税务总局联合下发《关于调整房地产交易环节税收政策的通知》（财税 [2008]137 号），主要内容是：一是对个人首次购买90平方米及以下普通住房的，契税税率暂统一下调到1%。首次购房证明由住房所在地县（区）住房建设主管部门出具。二、对个人销售或购买住房暂免征收印花税。三、对个人销售住房暂免征收土地增值税。

政策二：

2008 年 12 月 20 日国务院办公厅出台《关于促进房地产市场健康发展的若干意见》（国办发〔2008〕131 号），其中规定：将现行个人购买普通住房超过5年（含5年）转让免征营业税，改为超过2年（含2年）转让免征营业税；将个人购买普通住房不足2年转让的，由按其转让收入全额征收营业税，改为按其转让收入减去购买住房原价的差额征收营业税。

3）2008年住房政策盘点

政策一：

2008 年 11 月 10 日，国务院出台了拯救经济的一揽子计划，即"国十条"，总投资规模达到4万亿人民币，首条内容是"加快建设保障性安居工程"。11 月 12 日，住房与城乡建设部副部长齐骥表示，今后三年内要新增加 200 万套廉租房、400 万套经济适用房，并完成 220 多万户林业、农垦和矿区的棚户区改造工程，总投资将达到9000 亿元。其中，对廉租房投资 2150 亿，棚户区改造投资 1015 亿元，经济适用房投资 6000 亿元，综合约 9000 亿元。通过 9000 亿元的住房保障投资，政府预计将解决约 1300 万户低收入家庭的住房困难问题。

政策二：

2008年12月20日国务院办公厅出台《关于促进房地产市场健康发展的若干意见》，其中规定：

A. 加大保障性住房建设力度，争取用3年时间基本解决城市低收入住房困难家庭住房及棚户区改造问题。到2011年年底，基本解决747万户现有城市低收入住房困难家庭的住房问题，基本解决240万户现有林区、垦区、煤矿等棚户区居民住房的搬迁维修改造问题。2009年到2011年，全国平均每年新增130万套经济适用住房。

B. 多渠道筹集建设资金。中央加大对廉租住房建设和棚户区改造的投资支持力度，地方各级人民政府也要相应加大投入力度，商业银行要加大信贷支持力度。

C. 开展住房公积金用于住房建设的试点。在部分地区试点将部分住房公积金闲置资金补充用于经济适用住房等住房建设。对不符合廉租住房和经济适用住房供应条件，又无力购买普通商品住房的家庭，采取发展租赁住房等多种方式，因地制宜解决其住房问题。

4）2008年土地政策盘点

我国人多地少，耕地资源稀缺，当前又正处于工业化、城镇化快速发展时期，建设用地供需矛盾十分突出，而土地市场比较失序，闲置用地规模持续增加。

政策一：

2008年1月3日，《国务院关于促进节约集约用地的通知》（国发〔2008〕3号）出台。内容包括五条：

第一条，按照节约集约用地原则，审查调整各类相关规划和用地标准；

第二条，充分利用现有建设用地，大力提高建设用地利用效率；

第三条，充分发挥市场配置土地资源基础性作用，健全节约集约用地长效机制；

第四条，强化农村土地管理，稳步推进农村集体建设用地节约集约利用；

第五条，加强监督检查，全面落实节约集约用地责任。

政策二：

2008年2月7日，国务院出台《土地调查条例》全文，对于土地调查作出比较全面的界定。根据国民经济和社会发展需要，每10年进行一次全国土地调查，根据土地管理工作的需要，每年进行土地变更调查。调查的内容包括：土地利用现状及变化情况，包括地类、位置、面积、分布等状况；土地权属及变化情况，包括土地的所有权和使用权状况；土地条件，包括土地的自然条件、社会经济条件等状况。

政策三：

2008 年 6 月 1 日《违反土地管理规定行为处分办法》施行，为了加强土地管理，惩处违反土地管理规定的行为，根据《中华人民共和国土地管理法》、《中华人民共和国行政监察法》、《中华人民共和国公务员法》、《行政机关公务员处分条例》及其他有关法律、行政法规，制定本办法。有违反土地管理规定行为的单位，其负有责任的领导人员和直接责任人员，以及有违反土地管理规定行为的个人，应当承担纪律责任，有关责任人员由任免机关或者监察机关按照管理权限依法给予处分。

政策四：

在 2008 年 10 月举行的中共十七届三中全会上，作出了《中共中央关于推进农村改革发展若干重大问题的决定》，其中包括农村土地制度改革，重点在于完善土地承包经营权，首次提出以多种形式流转土地承包经营权，政策目的在于发展农业，尤其是借此促进农业的适度规模经营。与房地产业相关的内容主要有三点：

其一，改革征地制度，严格界定公益性和经营性建设用地，逐步缩小征地范围，完善征地补偿机制。

其二，逐步建立城乡统一的建设用地市场，在合规前提下，农村集体经营性建设用地市场化出让，与国有土地享有平等权益。

其三，完善农村宅基地制度，严格宅基地管理，保障农户宅基地用益物权。

5）2008年外资政策盘点

2008 年 7 月 1 日起开始执行《商务部关于做好外商投资房地产业备案工作的通知》，主要内容是，商务部委托省级商务主管部门对外商投资房地产业备案材料进行核对。地方商务主管部门依法批准外商投资房地产事项后（包括设立企业、增资、扩股、股权转让、并购等），将原需报商务部备案的材料送省级商务主管部门进行核对。商务部会同国务院有关部门对外商投资房地产企业进行抽查，原则上每季度随机抽查 5～10 家。经核查不符合现行规定的外商投资房地产企业，商务部将通知外汇管理部门取消公司外汇登记，并取消其外资统计。同一地方商务主管部门两次出现违规的，商务部将在商务系统内对其通报批评，限期未改，收回授权。

（3）"价格调整"将成为行业趋势

2008年，中国房价一蹶不振，成交量萎缩。未来中国的房地产行业需要作全面调整，"价格调整"取代"成交量调整"将成为今后市场的主旋律，不同的调整模式综合，最终促使成交量上升将是未来的目标任务。

对开发商来说，房地产市场短期仍处于困难期，因此需要开发商主动采取收缩战略，包括减少土地购置面积、降低开工竣工进度、放缓现金流出的速度，而且开发商也应该逐步加大降价和促销策略，减少存货积累。

（4）业内并购趋势加剧

2008年对中国房地产市场可以说是一个寒冬，许多城市房价下跌，成交量大幅下降，在此情境之下，房地产商面临空前压力。地产熊市让很多地产商难受，但是却同样使更多的地产商得利。这轮调整过后，在房地产行业原有的四万多家企业当中，只可能有20%～30%的房地产企业会幸存下来。未来的房地产行业将会逐步向行业集中和资源优化的方向发展。

最近十年，每一年注销的房地产企业和注册的房地产企业，是几乎相等的，个别城市甚至出现了注销企业比注册企业更多的局面，这就说明房地产行业正在调整。

2009年开始进入商品房市场，使房地产企业的毛利率大大降低；而人工费用成本刚性上涨，保障性住房力度加大，都会挤压房地产企业的利润和市场的需求。尤其是房地产企业资金链非常紧张，一大批实力较弱的开发商会因此退出房地产行业或被有实力者兼并。房地产行业的企业数量会有所减少，产业集中度有望进一步提高，这对房地产业自身发展来说，无疑是坏事变好事。经过此次危机之后，业内的并购趋势将加剧。

（5）大型化、专业化将成为趋势

行业新的格局正在形成。首先是资本的集中，包括资金、土地、项目等。一批中小开发商将被淘汰，优秀健康的企业将崛起壮大，逐渐形成寡头局面；其次是人才的集中，中国房地产业经过十多年高速发展，产业链日益完善，但由于业务流程涉及十余个专业环节，对专业人才存在着迫切需求。

房地产行业跟制造业、服务业不同，它的资金密集型、人才密集型两个特点决定了有大量的中小企业是不合适在这领域发展的。中小企业在经营和诚信方面都缺乏，盖的房子需要管 50 年、70 年，这种商品由没有干过的人来干，本身就是重大风险。

未来洗牌后，不具备专业开发能力和管理水平的开发商将逐步被淘汰，以前开发商只要拿地建房就能赢利的模式也难以为继。生存下来的企业将更加认识到专业化开发和管理模式的重要性，各环节将越来越追求专业化，对产品品质的追求将重于对项目效率的追求，进而推动房地产业进入产品时代。

（6）住宅产品两端分化

国内目前住宅产品市场发展将大致向两端分化：一种是政府主导的保障性住房建设；另一种是开发商为主的个性化高端产品，这种变化主要取决于当前市场结构和开发模式的转变。

首先，从市场结构看，近年来国家大力推行两限房、经济适用房、廉租房等保障性住房政策，与市场化的普通商品房和高端住宅并存。且今后的保障性住房也将由原来政府提供相关政策、企业为主体开发的模式慢慢转变为一部分由政府主导来建设。这样的话，必然会使得保障性用房数量、规模扩大，非市场性的特点越来越强。

其次，保障性用房的大规模建设，也将导致开发模式的转变。像前几年开发商主导的大盘、新城、卫星城建设等项目会越来越少，今后企业拿地的规模会相对小一些，对土地位置的选择较以往增加了偶然性。因此，他们会更倾向于开发一些高端、特色的个性化住宅产品，满足市场上中产以上阶层二次或多次置业的居住、投资需求。

（7）融资环境逐渐宽松

2008 年 12 月 13 日，国务院的"金融 30 条"出台，房地产信托投资基金（REITs）终于获得了最高级别的准生证。"金融 30 条"中明确规定：开展房地产信托投资基金试点，拓宽房地产企业融资渠道。不过，关于 REITs 基金究竟是股票形式还是债券形式，以及何时正式开始募集，依然是个问题。

2008 年 12 月 21 日，国务院发布《国务院办公厅关于促进房地产市场健康发展的若干意见》（下称：《意见》），内容主要包括支持房地产开发企业积极应对市场变化、多渠道筹集建设资金；商业银行要根据信贷原则和监管要求，加大对中低价位、中小套型普通商品住房建设特别是在建项目的信贷支持力度；对有实力有信誉的房地产开发企业兼并重组有关企业或项目，提供融资支持和相关金融服务；支持资信条件较好的企业经批准发行企业债券，开展房地产投资信托基金试点，拓宽直接融资渠道。

上述政策的出台，无疑会放松开发商的外部融资压力，让资金极为紧张的房地产企业松了一口气。

二、内势修炼——经济变革催生房地产行业变革

1. 转型与变革

2008 年，注定要在中国房地产业历史上写下浓墨重彩的一笔，这是开发商从天堂踏入地狱的一年。故事总是这样，总是在不经意间发生戏剧性的变化。楼市就是一场买方与卖方角力的游戏，二者在博弈中寻求平衡。当众多开发商还沉浸在 2007 年"辉煌"的赚钱年代中不能自拔时，房地产市场却在 2008 年悄然发生了"巨变"。在这个变革的年代，我们需要知道以下两个问题：

第一，我们为什么要转型？

在金融危机以及政府调控的双重影响下，中国的房价进入了震荡整理阶段，购房者观望气氛浓厚，开发商与购房者之间的角力越来越紧逼，在这种市场氛围下，市场已经发生微妙变化，市场悄然转为买方市场，而且部分房地产企业还面临着房源积压的危机。

"逆水行舟，不进则退"。面对压力，我们更加需要主动地进行自身变革，因此企业"转型"势在必得。转型并不是一件容易的事情，这也是众多房地产论坛上房地产开发商经常提出的问题，转型成功则能更进一步，转型不成功可能赔了夫人又折兵。正因为如此，转型和变革的理念切不可盲目复制和引进，必须根据自身的资源状况和战略发展需求来予以贯彻。

第二，我们怎么转型？

转型不是放弃现有的业务不做了，而是结合自身的优势和劣势，资源和经验，逐步提高自己的核心竞争力，从而在房地产市场寒冬竞争上处于主导地位。这种转型过程中的核心竞争力包括四个方面：

一是必须要让公司上下都能体会公司转型和变革的目的，即为了公司的科学发展、诚信经营从而树立长久的经营品牌。

二是提高对市场的前期策划和判断能力，研究企业的开发期、开发目标、开发产品，包括积极参加经济适用房、廉租房的建设，开发省地节能环保型的建筑。

三是提高开发建设的能力，提高产品的含量，提高住宅的水平。

四是提高企业的融资和资金管理能力，加强成本核算和财务管理。

2. 减速与扩张

随着社会经济的发展，人们需求的提高，房地产开发活动变得越来越复杂。它不仅需要开发商的战略眼光和操作技巧，而且还要求开发商具有市场分析与市场推广、投资决策、城市规划、国家法律和各级政府的法规与政策、经济合同、建筑设计、工程施工、财政金融、风险管理、工程监理、市场营销以及资产管理等方面的知识。

现如今，市场的细微变化都会对如今的房地产开发产生举足轻重的影响，把握市场脉搏已经成为开发商们修炼"内功"的必修课。但是怎么把握呢？

我们一定要注意节奏问题和方向问题，由于环节众多，专业性强，涉及资金量大，一旦失误可能引起全盘皆输，我们有的时候必须慢下来，三思而行，慎之又慎。万科在 20 世纪 90 年代做"减法"，不是自减羽毛，而是为了让两只翅膀能更轻盈地飞起来。同样，万科经过减法战略之后，在 90 年代末专心于加法也不是盲目的扩张，而是市场竞争态势使然。

减速是为了修炼，扩张同样也是修炼。一张一弛的把握都是为了顺势，只有顺了大势，才能减小盲目，顺应行业发展规律。

在这里，我们要重点强调四点，这也是知名企业一直努力寻求的方向。

```
┌─────────────────────────┐
│    减速与扩张的四个方向    │
└─────────────────────────┘
```

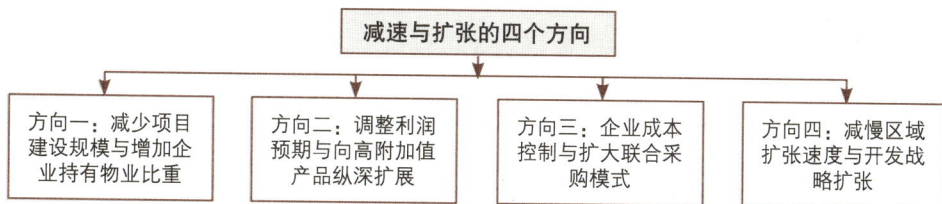

| 方向一：减少项目建设规模与增加企业持有物业比重 | 方向二：调整利润预期与向高附加值产品纵深扩展 | 方向三：企业成本控制与扩大联合采购模式 | 方向四：减慢区域扩张速度与开发战略扩张 |

方向一：减少项目建设规模与增加企业持有物业比重

当前的中国经济，好比到了一个化冰期。所有经历过冰雪天的人都有经验，最冷的时刻，其实不是下雪时，而是雪后结冰乃至化冰的时候。现在，大雪已经下完了，可是最冷的时刻却正在可怕地到来，需要我们大刀阔斧地改变原来的策略才会奏效。市场上常见的措施主要有两种：

第一：严格控制开发节奏和规模

在市场陷入萎靡不振之时，盲目进入市场往往事倍功半。因此，对于大多数企业而言，最好控制开发节奏，错过最低谷的时期。同时，也要收缩向外扩张的步子，避免战线过长。在这一时期，规范发展应大于规模发展，企业更应强化管理，练好内功。

第二：增加持有物业比重

尽管开发商们希望行业的冬天能够尽快过去，但回顾历史，房地产行业的冬天总是比人们想象的要长一些。20世纪世纪90年代初日本地产泡沫破灭后，房屋销量骤降50%，且在低位持续了3年时间。

一般来说，在第一年销售额萎缩30%的情况下，将有51%的房地产公司出现资金缺口，如果第二年销售额继续下降20%，出现资金缺口的公司将上升到58%；进一步，如果危机第一年销售额就下降了50%，即使第二年销售额维持第一年水平，出现资金缺口的公司也会从第一年的59%上升到66%；而如果第二年销售额进一步下降20%，则出现资金缺口的公司会扩大到71%，那些在第一年就已出现资金缺口的公司将面临更严峻的考验——危机第二年，通常是房地产公司集中破产的年份。

谁能够活下来？在这种情况下，采取主动调整产品结构，一方面是应对目前的楼市变化，另一方面开发商也不妨采用提高企业自有物业的比重的方法，比如把物业由售转租，转为企业持有的固定资产增加稳定的租赁收入，增强企业长久抗风险能力。

主题案例　**香港新鸿基的"过冬策略"**

香港新鸿基是值得我们学习的对象，在1984年至2007年的24年间里，一直保持着正的净经营现金流。在整个亚洲金融危机期间，尽管香港房价跌了六成以上，但新鸿基仍保持每年400万平方英尺以上的推盘量，在最低迷的2003年更是推出了620万平方英尺的新盘。通过不断消化开发物业的土地存量，新鸿基减少了开发物业的资产比重，并尽可能将存货周转天数控制在300天左右。如果要学新鸿基，开发商还需要更多一些勇气和魄力。"没有倒闭的行业，只有倒闭的企业。"企业必须时刻保持清醒，高估自己会失去方向，低估自己则会失去机会。冬天，走过去前面是春天，睡过去可能就永远没有机会醒来。

方向二：调整利润预期与向高附加值产品纵深扩展

降低房地产企业的期望值和加大高附加值产品的开发，已成为未来市场竞争不折不扣的主题。

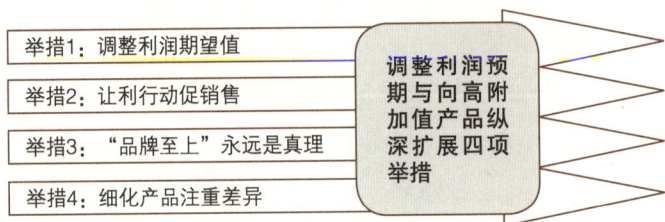

举措1：调整利润期望值

举措2：让利行动促销售

举措3："品牌至上"永远是真理

举措4：细化产品注重差异

调整利润预期与向高附加值产品纵深扩展四项举措

举措1：调整利润期望值

企业的成长能力受到利润率和周转效率的双重影响，而其中，利润率基本由外部市场所决定，周转效率主要由企业经营模式决定。在市场低谷中如何才能加速周转？降价卖房无疑是最常用的手段。

开发商要明白，以前那种买房找熟人、批条子的疯狂时代已经过去。而今天，世界好象颠倒。开发商首先在心态上要端正，不要再奢望2007年下半年那种楼市疯狂，也不要再像楼市暴利时一样高高在上，要真正把消费者当作自己的上帝。

因此，开发企业应该心态平稳，看薄利润。在楼市惨淡之时，做到薄利多销，尽多、尽快地回笼资金。

举措2：让利行动促销售

频出的房产新政，在于刺激消费者的购房冲动，为楼市加温，这更需要开发商让利。开发商必须给出老百姓认为到底的价格，才能打消市场的观望情绪，成交量才会回升，楼市才可能热起来，开发商才可能有钱赚。

所以，现在救市场等于救自己，烧热市场才是最好的过冬办法。

举措3："品牌至上"永远是真理

楼市在走下坡路时，正是做好品牌推广与提升的好时机。市场在步入上升通道时，做利润；步入下行通道时，做品牌，这是企业运作的规律。往往在市场步入低谷时，消费者更看重的是企业品牌。

市场越低迷，老百姓选择品牌企业的倾向性越大。同时，市场衰退时，往往是市场洗牌的关键时刻，市场以及各种资源都会向优秀和优势企业集中。因此，抓紧时机做好品牌尤为关键。

举措4：细化产品注重差异

以前开发商一直用经验在营造产品，但是从专业的眼光来看，产品和业主使用之间有多少差距，只有业主明白。在目前形势下，如果开发商在开发过程中多尊重一些消费者，认真研究目标客户的消费习性、生活习惯、鉴赏能力，把这些研究的结果应用到产品里去，使产品的细节符合目标客户的使用习惯，那么自然会得到消费者的追捧，这就犹如消费者给开发商穿上了厚厚的棉衣。

方向三：企业成本控制与扩大联合采购模式

前几年，不少本土房地产企业都在积极向外扩张，现在一些企业的扩张步伐已经明显放缓或停下。他们通过减小开工面积，减少投资规模，少拿地或不拿地来不断给自己瘦身，这在目前已经成为一种普遍现象。对房地产行业而言，开发商都缺钱，不管它大还是小，强还是弱，因此，开发必须一方面找钱，另一方面省钱。人力成本、管理成本所占比例相当小，裁员只是"下下策"，不到万不得已最好慎用。

主题案例　万科与北美枫情地板的"婚姻"生活

从2008年10月起，万科与北美枫情地板两家企业的"婚姻"生活也至此开始。未来一年内，"北美枫情"将成为万科北京区域装修房项目惟一指定使用的实木复合地板品牌，随后也将走进万科在天津、沈阳、长春、大连、鞍山、青岛等地的多个项目。

对他们来说，这种方式并非首次。在万科结盟的战略合作伙伴中，方太、施耐德等部品供应商榜上有名，而在北美枫情的合作名录上，富力地产、保利地产等开发企业赫然在列。联系到此前中体奥林匹克花园与北新建材、通力电梯、格力空调的"联姻"，房地产企业与部品供应商建立深层次战略关系已屡见不鲜。

上述合作在更广的范围内被复制的同时，传统采购方式正在悄然变革。即将启动的中国房地产工程采购联盟，将有力地推进战略采购模式走向成熟且在更多的企业之间达成，甚至可以扩展到不同开发企业之间的联合采购。

1）房地产工程采购联盟的现状

在采购联盟中有百余家大型房地产开发企业，也有来自电梯、门窗幕墙、空调、建筑陶瓷、壁纸、防水材料等建材行业的供应单位。一个显著的特点是，除了工装材料外，大量的精装修所需部品也积极参与到采购联盟之中。

2007年万科在全部新开工的项目里面，提供装修房的比例超过了50%，2008年的比例已经被提高到接近80%，而在未来三年之后，万科向消费者提供的产品基本上都会是一个全面的解决方案。精装修真正驶入"快车道"，万科更需要同供应商通力合作。

包括万科在内的更多开发商在未来开展的房地产项目中将"集成"更庞杂的部品体系，为业主提供家居解决方案，而战略采购无疑成为对合作双方最有益的方式之一。

2）房地产工程采购联盟会极大影响并改变地产行业的采购模式

传统的招标采购方式受制于成本、定标条件、地域发展等因素，不一定能够得到产品的最优组合。开发商对如何选择性价比高的产品亦存在困惑。尤其是规模化发展的大型房地产企业，采购模式将对企业运营产生较大影响。房地产工程采购联盟一方面可以为开发企业和部品供应商以及设计单位、代理商之间创造交流、沟通机会，更重要的则是为开发商采购优质部品提供渠道，为企业间的战略合作创造条件。

3）开发商联合采购的前景

工程采购联盟的成立初期只是搭建深入沟通的平台，未来发展则不排除建立对重要部品的议价机制。尽管联盟将发挥强大的聚合效应，但更多商务意向的达成仍有赖于企业双方能否达成共识。

此前，不同企业项目有采用同一品牌部品的先例，如果能够解决开发周期的矛盾，联合采购将成为可能，盟员单位则有望享有价格、品质等多重保障。企业发展亦将随着采购行为透明、规范而受益。

房地产市场前景尚未明朗，开发企业如今均面临成本控制的巨大压力，企业应该更关注自身的采购行为。

如果能够通过联盟而真正实现同行业的联手就更为人期待。

方向四：减慢区域扩张速度与开发战略扩张

很多本土房地产企业都在酝酿着实行大规模的跨区域发展，在他们的目标名单中不仅有上海、北京等一线城市，还有温州、宁波、大连等等这些的省内较发达城市，现在这些区域扩张计划已经从很多公司的发展议程上撤下。

第一：未来投资依然有热点

未来的房地产市场应该呈现出新的机会，主要表现为：市场地产 + 民生地产。而我们将市场地产与民生地产进行细分，我们会发现，以下四块将是未来房地产开发的四个热点。

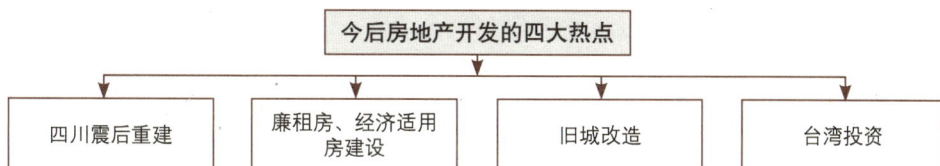

```
┌─────────────────────┐
│  今后房地产开发的四大热点  │
└─────────────────────┘
   │        │        │        │
┌──────┐ ┌──────────┐ ┌──────┐ ┌──────┐
│四川震后│ │廉租房、经济适用│ │旧城改造│ │台湾投资│
│重建   │ │房建设      │ │      │ │      │
└──────┘ └──────────┘ └──────┘ └──────┘
```

热点 1：四川震后重建

其他地方都在采用宏观调控、收缩投资的政策，但四川却在加大投资，这是对开发商巨大的投资机会。中央将启动汶川地震灾后城镇住房重建工作，力争通过3年努力，使城镇受灾群众住上符合国家居住区规划设计标准、安全可靠、经济适用、功能齐全、设施配套、环境优化的永久性住房，实现"家家有房住"的目标。地震没有改变四川的投资环境，反而是灾后重建2万多亿的投资带来了更多投资机会。而建材、地产、家具、物流等将成为灾后重建的投资重点。

热点2：廉租房、经济适用房建设

政府为拯救经济，多次下调了银行利率，并出台房地产新政以刺激房地产的成交。但更重要的是，房地产宏观调控的重点，将是调整结构，均衡供求关系，而加快廉租住房、经济适用房建设是今后房地产调控中最重要的政策之一。

热点3：旧城改造

城市更新依然是城市发展最为重要的核心。城市发展既包括扩张也包括更新，其扩张范围是有限的，而更新的内容是无限的，即使今天的新城，也必然为房地产行业在未来带来新的商机。

由于旧城土地面积小、成本高，因而不能以粗放的方法进行规划和开发，而应根据区位及传统资源进行市场细分和土地利用细分，这样才能发现更大的价值，这项工作可能就是旧城改造项目的利润所在。比较而言，旧城的中心区位更具区位优势价值，将成为今后投资的亮点。

热点4：台湾投资

随着台湾与大陆之间的"三通"逐步实现，两岸的经贸往来将有望实现"破冰"。加上内地的经济越来越强大，内地也逐渐有了资本优势，两岸在很多方面会优势互补，对两岸经济发展会更好。由于台湾方面政策限制，台湾的法律、财税制度和内地有比较大的差异。目前，还没有放开内地企业去台湾投资住宅和内地公民去台湾买房。但是，在未来的商贸发展中，台湾投资也势必将成为一个热点话题。

第二，寻找并购机会

未来房地产行业的洗牌已不可避免。尤其是一批天价拿地、囤地的开发商可能会因资金问题面临出局，或不得不寻求项目合作。相反，有良性流动资金、立足传统行业进行房地产开发的企业占有绝对优势，他们有充足的资金保障，手中没有囤压大面积土地，这时正好可以整合濒临倒闭的房地产企业，吸纳良好的土地、项目和人才资源。

3. 传统与创新

（1）拓展房地产对外融资渠道

房地产投资具有投资大、周期长的特点，客观上需要大量资金的支持。资金紧张是目前众多开发商目前面临的最大问题。这不仅仅是一个公司的问题，也是整个行业的问题。主要原因是许多公司前两年高速度发展，大量买地，导致银行借贷较大。2008 年银根紧缩，带来了连锁反应。因此，对于房地产行业对外融资渠道的拓展变得尤为重要。

1）房地产业与金融业的相互依存关系

金融业是经营货币资金的行业，房地产业是开发建设经营房地产的行业，两者相互依存、共同发展。

房地产开发投资额巨大、时间长；而对购置物业的投资者来说，房地产投资是许多人一生中投资额最大的项目，从客观上来看两者都需要金融机构的支持。

在香港，房地产业所占用的银行资金，高达香港银行放款的 1/4。因此，一个国家或地区的房地产兴旺发达，该国或该地区的金融业必定兴旺发达，反之亦然。

2）房地产金融的特点

房地产金融是与房地产投资开发经营相联系的货币金融活动和金融资产投资活动。与其他金融相比，房地产金融具有以下一些特点：

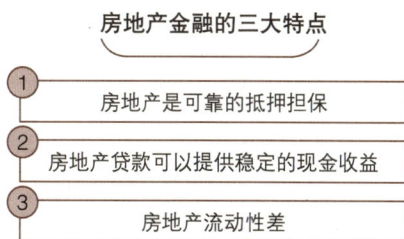

房地产金融的三大特点

① 房地产是可靠的抵押担保
② 房地产贷款可以提供稳定的现金收益
③ 房地产流动性差

① 房地产是可靠的抵押担保

融资机构从事信用贷款，首先要考虑贷款资金的安全。房地产作为不动产具有保值和增值的特点。以房地产作为抵押品进行贷款，债权不仅可靠，而且安全。

② 房地产贷款可以提供稳定的现金收益

以房地产作为抵押所取得的贷款，一般来说时间长，利息率较低，但可以为贷款者提供较为稳定的、可靠的收益来源。

③ 房地产流动性差

房地产流动性差，但可以通过有组织的抵押贷款交易市场的建立，增加其流动性。目前有许多国家和地区出现了与股票、债券相类似的抵押贷款交易市场，增大了抵押贷款的流动性。

房地产金融的上述特点，大大提高了房地产抵押贷款对金融机构的吸引力，并将房地产信贷作为自身发展的一个重要方向。

3）房地产融资具有融资杠杆效应

融资杠杆是指项目贷款对权益投资收益率的影响，即使用贷款与不使用贷款所造成权益投资收益率的差异。我们可以简单的列举一个例子：

某物业投资所需的总投资为 15000000 元，该项目预计每年可获得 240000 元的净经营收入。物业投资者可向银行申请 1000000 元的抵押贷款，贷款年利率为 14%，贷款期限为 25 年，要求按月等额还本付息。根据抵押贷款的计算，可求得年偿付的本息为 144456 元。

融资杠杆效应（正）			单位：元
指标	**不使用贷款**	**采用100万元贷款**	**采用120万元贷款**
年净经营收入	240000	240000	240000
减：偿付本息	0	144456	173352
所得税前收入	240000	95544	66648
总投资	1500000	1500000	1500000
减：贷款额	0	1000000	1200000
权益投资	1500000	500000	300000
权益投资收益率	16.0%	19.1%	22.2%

从上表可以看出，在未使用抵押贷款的情况下，投资者所得税前权益收益率为16%，使用了 100 万元抵押贷款时的权益投资收益率为 19%。采用同样的方法，若将抵押贷款额增至 120 万元，那么权益投资收益率将增至 22.2%。

以上说明的是抵押贷款对权益投资所产生的有益的影响，也称为正的融资杠杆。但是当总投资收益率（净经营收入与总投资之比）小于抵押贷款常数（年偿付贷款的本息与抵押贷款总额之比）时，会出现负的融资杠杆，即采用抵押贷款时的权益投资收益率小于没有使用抵押贷款时权益投资率，而且采用的抵押贷款越大，权益投资收益率越小。为说明这一点，现假定上例中的年净经营收入降为190000元，而其他数据保持不变。

融资杠杆效应（负）		单位：元	
指标	不使用贷款	采用100万元贷款	采用120万元贷款
年净经营收入	190000	190000	190000
减：偿付本息	0	144456	173352
所得税前收入	190000	45544	16648
总投资	1500000	1500000	1500000
减：贷款额	0	1000000	1200000
权益投资	1500000	500000	300000
权益投资收益率	12.7%	9.1%	5.5%

除了正的融资杠杆效应以外，使用借贷资金还可以避减权益投资者的所得税，这是因为净经营收入需扣减偿付的贷款本息得到所得税前收入；而经营收入中需扣减折旧和偿付的贷款利息求得应税收入。

4）房地产开发融资新趋势

由于面临资金紧张的困境，地产商们行之有效的圈地模式正受到严峻挑战。地产商们纷纷谋求上市，或运用定向增发、公司债等多种再融资途径。实际上，房地产企业融资的途径较广泛，包括：银行贷款、上市、REITS（房地产投资信托基金）、发债和促销回笼资金等，但REITS和发债众多房企很少采用。

① 常规的三种资金来源

现在开发商的资金来源主要集中在下图的三个途径：

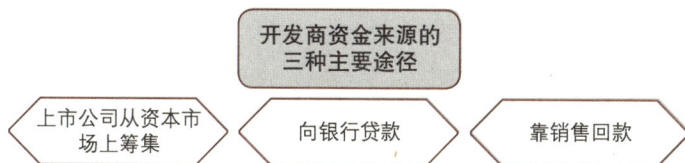

开发商资金来源的三种主要途径

上市公司从资本市场上筹集　向银行贷款　靠销售回款

上市是房地产公司融资的一个重要渠道，也是房企发展的必由之路。对于已经上市的房地产企业来说，应该更好地利用上市所带来的品牌效应，扩大融资渠道，比如利用债券等其他融资方式，使募集资金多元化，这样才能使一个企业的资金链条不会中断。

考虑到宏观环境持续不明朗、内地房地产开发商财政紧缩以及市场供过于求等因素，最主要的一招是加快卖楼，尽快回笼资金。回笼资金可以采取两种策略：一是降房价促销；二是重新"定位"开发计划和节奏。

② 民间融资渠道

民间融资渠道包括四种方式，第一种是发行公司债，第二种是向民间贷款，第三种是境外私募资金，第四种是房地产投资信托基金。

第一种：发行公司债

公司债是由企业发行的债券。企业为筹措长期资金而向一般大众举借款项，承诺于指定到期日向债权人无条件支付票面金额，并于固定期间按期依据约定利率支付利息。2007 年以来，为了增加公司的流动资金，很多公司加入发行公司债的行列。2007 年，金地集团发布公告说，拟发行规模不超过 12 亿元人民币的公司债券。金地集团成为中国内地首家推出公司债券发行方案的上市企业。2009 年，上海上实（集团）有限公司 18 日发行公司债 20 亿元人民币，固定利率，期限 5 年。

主题案例　富力发行 60 亿元公司债应对金融危机下的资金短缺

在广州珠江新城，富力地产有 15 个项目，富力中心、富力丽思卡尔顿酒店、富力君悦大酒店等等，涉及世界顶级酒店、大型甲级写字楼、酒店公寓、购物中心等多种业态。曾经以盘活旧厂房起家的富力，前两年大举进入商业地产，在房地产市场低迷的现在，这一点被业内称为是富力资金链紧张的关键原因。富力 2008 年的中报显示，富力仅一年到期的短期贷款达 80.73 亿元，长期贷款达到了 125.16 亿元，此外还有 88 亿元的土地出让金未付，下半年需要付 38 亿元，以及建筑费 20 亿元。为了缓解资金压力，富力于 2008 年 12 月通过股东大会通过决议，申请发行不超过 60 亿元人民币的公司债券，用于偿还部分银行贷款，以及补充公司营运资金，这批债券的期限在 5～10 年。

第二种：向民间贷款

2007 年还曾疯狂拿地坐享地价上涨带来的巨大收益，2008 年却开始面临一场由大量囤地倒逼而来的融资困局。目前房地产开发企业大多面临着资金困难，要避免资金链断裂，除了银行贷款，要主动寻求更多的融资渠道。

向民间借款也成为众多房地产企业增加自身血液的重要手段。但目前找民间高利贷，其贷款年率都在 25% 以上，利息较高，而且操作起来缺乏规范，如果房地产企业不是急需资金，尽量不要走这一步。

第三种：境外私募资金

由于美国的金融风暴，使得境外有大量的资金正在不断地寻找较好的投资机会，在国际投资者眼里，我国房地产领域的成长空间依然值得青睐，而国内房地产企业引入国际投资者的目的一般来说就是为了未来赴海外上市。例如广州恒大集团旗下恒大地产集团获得了来自美林、德意志银行、淡马锡等三家国际战略投资者总额 4 亿美元的注资。境外私募还在继续，这可能与随后的海外上市相关。

房地产企业在新的市场局面下需要进行战略调整。银行信贷、信托等融资门槛已经较高，成本较低的上市之路应该会成为今后开发商融资的首选，而且不局限于内地，境外资本市场也是很好的选择。

第四种：房地产投资信托基金

未来政府将采取行动准备实施一项期待已久的计划——允许内地房地产开发商通过房地产投资信托基金募集资金。这种公开上市的房地产融资工具可以给投资者提供稳定的收入流和资本升值的机会。依据其结构，房地产投资信托基金将会引起当地散户和机构投资者或是潜在国外投资者的兴趣，吸引数十亿美元额外资金进入房地产领域。不过在中国，推出这种工具之前，必须首先通过有关基金结构、税收政策的具体法规以及其他监管条例。所以，这种方式的实现还需要耐心地等待一段时间。

（2）调整原有产品结构

硝烟刚起，一部分开发商已经对未来市场作出了快速反应。调整产品结构也应是开发商过冬的必修课。比如 2008 年万科开发的项目中，高档与中高档、中档的比例为 3：7 左右，但是 2009 年将再进一步调整到 2：8 的合理比例。在市场低迷时，做大众性产品的风险相对更小。

无独有偶，滨江集团也在作类似调整。2008 年以后的两三年内不准备拿高端产品的开发用地，希望能增加刚性需求产品的开发量。"刚性需求产品"用比较直白的话来说就是中档、平价商品房，类似其万家花城这样的楼盘。

除了改进产品结构，积极介入政府安居房、农转居公寓、旧城改造的建设也是一个不错的选择。开发商可以与政府正式签订战略合作协议，参与城市的规划研讨、"城中村"改造的安置房建设以及廉租房、经济适用房的建设。这些项目可能赚不了大钱，但能够提高企业的周转率，而企业能否在危机深化前就主动加速周转，影响着他们在危机后期能否用手中的现金来变被动为主动。

（3）创新营销渠道

通过各种营销手段，来减少企业产品存量，尽量拥有更多现金流。这需要通过更精准的项目市场定位、产品定位、产品推广、渠道营销、销售控制、价格等营销手段来实现。由于项目的特点以及推盘的时段不一样，就必须寻找恰当的策略，来准确把握市场。

目前一些创新的营销渠道，正在悄然打破原有地产行业的销售格局，这些新的营销渠道包括了直销、团购、网络营销等等。

（4）打好主动战

现代营销就应该由被动变主动，努力寻找消费者的内心需求，做客户的贴心管家，需要我们拿出"只有想不到，没有做不到"的精神进行市场拓展。

例如：2009 年北京有的楼盘利用春节前这段时间在 CBD 各种高档的商场、写字楼等主动送"福"字，"福"字同时包括楼盘相关信息，此举收到了不错的效果。

（5）找准结合点

在房地产的冬天，生存问题却比发展问题更为实际，实行错位竞争，先巩固市场，借助品牌和管理优势，站稳脚跟，是目前竞争之根本。

02

J U D G E

住宅项目策划攻略　　　第二章 CHAPTER 02

审势

本章使用指南：

准确地掌握市场的动向，是面对当前复杂形势变化的有力保障。"势"既有宏观之势，也有微观之势，而只有审时度势才能真正抢占先机。我们改变不了宏观层面上的走势，但却可以在市场层面上把握微观方向。了解市场，才能赢得市场！

当竞争个案遇到销售困难，或者市场发生变化，更要凭借自己优势战胜对方，抢占市场。商场如战场，谁能准确地掌握市场和竞争对手的情况，谁就有机会占领市场。而楼市变化万千，在变化中许多原有的优势就有可能丧失。

市场走向是需要我们审慎对待的，对于市场的把握既有定式也没有定式，我们需要专业的市场分析过程，对于各种数据结果我们更需要理性和准确的判断，同时我们也需要跳出原有思维定式去思考未来的路应该怎么走。

本章以最简洁的方式向你展示了房地产市场信息的获取，以及对于信息的分析处理所需要的各个步骤。

如何实现地产价值？最浅层的做法应该是"守株待兔"的等市场，或变被动为主动，"见缝插针"的找市场。而真正要做到"四两拨千斤"的造市场，就必须从城市经济、城市消费水平、市场供求状况、项目自身分析、竞争对手分析等等这些方面来对项目进行诊断，跳出项目本身、跳出定量分析的逻辑怪圈才能找到答案。花更多的时间去阅读市场，从市场中找答案将是一个令人兴奋的有效方法。

一、审读市场

俗话说："随行随市"，这个"行"字，讲的就是行情。那么，行情怎么得来呢？你可以去问问那些在做房地产中介的人，只要他在房地产业内做久了，自然就会知道哪块地是"旺地"，哪个是"吉屋"，甚至哪个开发商实力雄厚，都可以全部问清楚。但是，要真正透彻地了解某类房地产的行情，恐怕仅凭某个人的那点经验是远远不够的。

正所谓："内行看门道，外行看热闹"。要了解整个房地产市场的真实"行情"，就必须真正全面地掌握市场信息，并对市场信息进行深入分析，才可以看懂市场。

1. 市场调查是审读市场的重要方式

市场调查是指为实现信息目的而进行研究的过程，包括将相应问题所需的信息具体化、设计信息收集的方法、管理并实施数据收集过程、分析研究结果、得出结论并确定其含义等。在分类中，包括定量研究、定性研究、零售研究、媒介和广告研究、商业研究、民意调查以及桌面研究等。

房地产开发是一项综合性的经济活动，投资额巨大，影响因素多，建设时间长，涉及面广。要想使开发项目达到预期的经济效果，首先必须明确拟投资的方向、项目的类型、地点、规模、建设内容、方案与技术可行性，所投资项目的市场需求、竞争情况以及投资效果等，从而作为开发项目投资决策的依据。

那么针对变化的市场，该如何全面地、准确地去了解需求？其实问题非常简单，一个注意观察的心和一个善于分析的头脑，再加上科学的方法，问题即可迎刃而解。

通过进一步聚焦市场研究，我们可以发现，对市场的研究最终将落脚于对供给和需求的分析。相对而言，供给的研究比较方便，一般通过详细的调查基本可以得到。问题在于需求，特别是一些难点楼盘的需求，是困扰众多开发商的主要难题。从市场营销角度来看，市场需求的研究是一个项目或者一个产品成功与否的关键所在。

2. 市场调查的四种常用方法

上面已经说过，市场调查是审读市场的重要方式。因此，市场调查的方法可以用于对阅读市场的重要判断和分析，我们重点分析一下如下四种方法：

第一种：观察法

观察法是社会调查和市场调查研究的最基本的方法。它是由调查人员根据调查研究的对象，利用眼睛、耳朵等感官以直接观察的方式对其进行考察并搜集资料。如我们看到各地楼盘都已打出大幅促销广告、报纸上有铺天盖地的促销宣传，据此我们可以判断竞争对手是否正急于套现出货。

第二种：实验法

由调查人员跟进调查的要求，用实验的方式，对调查的对象控制在特定的环境条件下，对其进行观察以获得相应的信息。控制对象可以是产品的价格、品质、包装等，在可控制的条件下观察市场现象，揭示在自然条件下不易发生的市场规律，这种方法主要用于市场销售实验和消费者使用实验。我们发现很多新楼盘上市考虑采用何种价格策略时，经常通过实验的方式，不断对比各种参考楼盘，从而制定最富有竞争力的价格策略。

第三种：访问法

访问法可以分为结构式访问、无结构式访问和集体访问。

结构式访问是实现设计好的、有一定结构的访问问卷的访问。调查人员要按照事先设计好的调查表或访问提纲进行访问，要以相同的提问方式和记录方式进行访问。提问的语气和态度也要尽可能地保持一致。

无结构式访问的没有统一问卷，由调查人员与被访问者自由交谈的访问。它可以根据调查的内容，进行广泛的交流。如：对楼盘的价格进行交谈，了解被调查者对价格的看法。

集体访问是通过集体座谈的方式听取被访问者的想法，收集信息资料。可以分为专家集体访问和消费者集体访问。

第四种：问卷法

问卷法是通过设计调查问卷，让被调查者填写调查表的方式获得所调查对象的信息。在调查中将调查的资料设计成问卷后，让接受调查对象将自己的意见或答案，填入问卷中。在一般进行的实地调查中，以问答卷采用最广。如某楼盘长期滞销，而外在环境并没有明显变化，那是哪儿发生变化呢？通过问卷法，开发商可以准确把握"势"，从而尽快调整方针策略。

二、审读市场环境

审读市场不是抽象的工作，它通过一定的科学方法对市场的了解和把握，在调查活动中收集、整理、分析市场信息，掌握市场环境发展变化的规律和趋势，为企业进行市场预测和决策提供可靠的数据和资料，从而帮助企业确立正确的发展战略。

1. 宏观环境

对项目进行多维资源评估，从宏观经济运行环境的重要指标、房地产市场的总体供求关系的重要指标、城市规划发展的利好因素和重点发展方向所在、城市文化历史及地理位置的重要情况的了解。主要通过对政府相关的职能部门的宏观经济数据获得、从市场运行的调研和房地产职能部门对房地产市场供求数据获得、对项目进行初步勘查获得地块资源条件。

（1）经济环境

经济环境就是指宏观经济环境对项目立项的利好程度。它主要包括如下九个指标：

① 人口（常住人口、户籍人口）；

② 国内生产总值（人均 GDP）；

③ 社会消费品零售总额；

④ 社会固定资产投资总额；

⑤ 房地产开发投资；

⑥ 银行贷款年末余额；

⑦ 居民储蓄存款年末余额；

⑧ 人均可支配收入；

⑨ 恩格尔系数。

（2）城市规划和版块规划

1）城市发展资源评估

即是城市规划发展对项目立项的支持程度。它主要包括总体规划要点、城市重点发展方向及其规划、项目区域和地段内的规划详细情况、规划可能变更的因素研判。

2）城市文化资源评估

即是城市文化地理位置对项目立项的利好程度。它主要包括城市的经济和交通地理优势、城市人文研究、城市综合竞争力、历史文脉的研究。

（3）法律环境

房地产投资者可能会碰到差异相当大的法律约束。中国的房地产商在国内投资，必须考虑中国的法律。在不同的国家、地区进行投资，必须适应不同的法律法规，其复杂性和尺度都会有所不同。在海外有些国家，法律仅提供一轮廓性指导，由法院负责具体解释。而有的国家，法律条文则极为详尽。因此，房地产投资商必须小心行事，以确保其行动符合当地法律和法规的要求。

房地产法、开发条例、规划条例、税收条例等

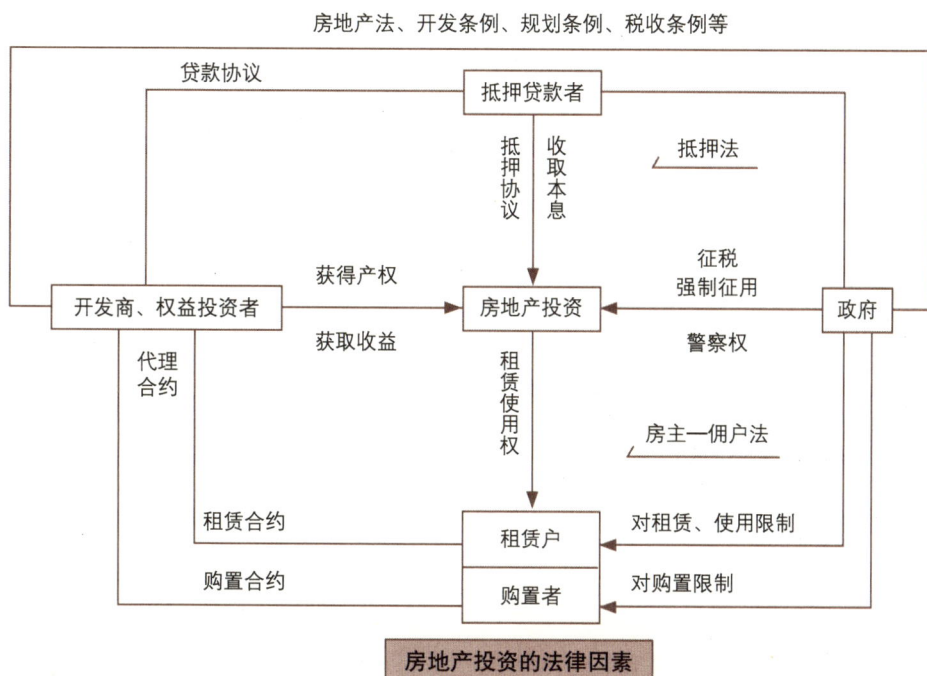

房地产投资的法律因素

2. 微观环境

区域环境一般是针对具体项目的立项条件及周边区域状况进行阅读。如果说上面说的是大方向的审势，那么这是对操作上手法上的审读。上面是宏观判势，这是微观定势。两者之间相辅相成。而我们常说的区域环境主要包括地块的自身分析及周边区域分析。

（1）地块自身环境

地块自身环境即是地块自身条件资源对项目立项的支持程度。它包括地形地貌、地质条件、地块内及周边的自然景观资源、地块周边的城市配套状况。

（2）周边区域市场环境

从多个角度研究市场的同时，可以跳出本地区的参照系，通过其他类似城市的发展状况来分析本区域的发展态势，这就是所谓的"对比的方法看需求"。其思想很简单，通过寻找相类似的城市，来比较市场需求。从实践操作来看，这也是一个行之有效的方法。当然，在选择类比城市中，需要关注几个重要的指标，并遵循一定的逻辑，借助一定的分析手段，确定可比较的空间。从指标的选择上来说，需要列出地理位置、城市人口、购买力、消费习惯、城市产业结构，所在经济圈的地位等多方面。

这些因素定下来后，我们即可得到一个市场发展潜力的对比图景。这样，未来市场走势怎样，基本可以了然于胸。

三、审读消费者

地产商开发地产项目的终极目的是赚取利润，利润是通过消费者购买来实现的，因此买家研究就显得尤其重要，它直接关系开发的产品是否被消费者认同并最终成功销售。审读消费者实际上我们就是要解决以下七个问题：

第一，哪些人是买家？

第二，买家要买什么样的房？

第三，买家为什么要买这些房？

第四，谁参与了买家的购买行动？

第五，买家以什么样的方式买房？

第六，买家什么时候买房？

第七，买家在哪里买房？

在得出这些答案后，相当于为买家画了一幅"素描"，这幅"素描"是对买家的文化特征、社会特征、个人特征和心理特征进行的最全面、最准确的描绘，然后再根据这些特征设计出适销对路的产品。

另外，准确地市场分析实际上是一个清晰的分析思路。清晰的思路包括能清晰地把握核心因素，然后准确地勾勒出这些核心因素的传导机制，这个是真正高质量的市场研究的根本因素。因此，可以说一个准确的需求预测，不是一个定性的判断，而是一组用数据描述出来的需求图景。

居民的基本生活形态

研究内容	内容细分
当地居民的基本构成与职业状况	当地居民的从业状况，与来自各个行业的社会差别
当地居民的基本生活方式（饮食、衣着、交通工具等）	（1）基本的生活与购买习惯，主要影响区域； （2）基本的交通方式与交通工具选择的倾向； （3）基本的饮食习惯与发展倾向，主要的影响区域
当地居民的基本娱乐、休闲方式	（1）基本的娱乐偏好，不同层次的差别，发展的倾向，主要的引导区域； （2）基本的休闲方式，不同层次的差别，发展的倾向，主要引导区域
当地居民的媒介接触习惯	（1）基本的媒介接触习惯与关注方式； （2）基本的信息来源途径与获取方式
当地居民的思维方式与价值倾向	（1）一般事物的判断标准与习惯接受方式； （2）影响居民价值取向的主要因素

居民商品房消费需求特征与倾向

研究内容	内容细分
当地居民现有的住房来源、使用、评价状况	当地居民目前的居住情况、住房来源、类型、面积、使用年限、周边环境评价等等
当地居民对商品房的消费习惯与态度	（1）选择商品房的标准（规划需求），购买过程特征； （2）选择购买商品房主体需要与担心因素，判断依据等
当地居民对理想居住环境的理解与认识	（1）居民对理想居住环境与住房的理解，对理想居住的发展倾向判断
当地居民对房地产的主要接受倾向与障碍	（1）当地居民对目前楼盘的评价与接受特征； （2）当地居民对商品房开发的主要担心与期望

四、审读竞争对手

在如今的市场，埋头苦干是不行的，我们必须要时刻收集竞争对手的基本情况、竞争对手的竞争能力、经营战略、新产品、新技术开发情况和售后服务情况，还要注意潜在的竞争对手。对竞争企业和竞争性楼盘进行跟踪和审读是审读竞争对手的基本手段。

所谓"知己知彼、百战不殆",时刻跟踪竞争对手的动向,对于处于竞争白热化市场中的地产商而言,诚乃致胜的关键。了解竞争对手动态包括:了解对手的背景、组织构架、资金状况、管理机制、考核机制、土地储备、历来项目开发状况以及未来的项目开发计划。

对竞争性楼盘而言,一类是同一片区的楼盘,另一类是不同地区但定位相似的楼盘,对这些楼盘进行4P-M组合分析,即产品定位、市场定位、价格定位、销售及推广和物业管理5个方面,拿到这些楼盘数据后,要进行价格、销售率、营销推广、户型等多方面对比分析。

1. 住宅房地产竞争结构研究流程

房地产竞争结构的研究,主要是对区域内单个的产品及由单个产品汇总而成的区域整体竞争结构的分析。

由于房地产开发的不动产性质,特定楼盘产品的辐射能力、影响区域往往有限,因此,在分析特定楼盘所面对的竞争压力前需要对其竞争的有效区域进行界定。并且,除界定区域内整体竞争结构明确以外,还需要视项目投资情况对重点竞争对手作出深入分析,讨论其得失成败,以为项目开发借鉴和规避。

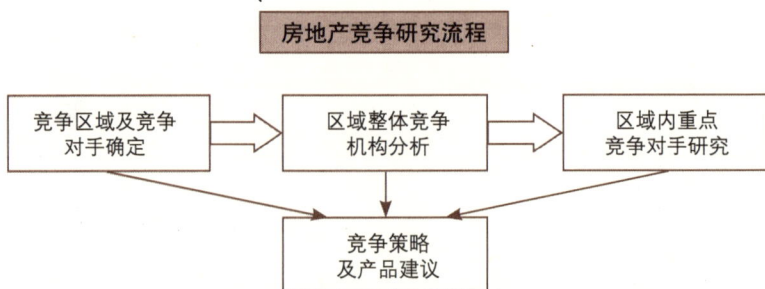

房地产竞争研究流程

竞争区域及竞争对手确定 → 区域整体竞争机构分析 → 区域内重点竞争对手研究 → 竞争策略及产品建议

2. 有效竞争区域及竞争对手确定

同一个楼盘，受限于环境、交通、位置及楼盘本身体量等因素，它所能影响的消费群往往有强烈的地域限制（别墅除外）。一般性质的楼盘，尤其是住宅类楼盘，首先就注定了只能占有整体市场（所有消费者及城市整体区域）中有限的一部分，即项目本身的有效辐射区域是有限的。

另一方面，其他楼盘也存在对应的有效辐射区域，一旦该楼盘的有效辐射区域与项目楼盘的有效辐区域存在交叉，那么，势必与项目楼盘发生对潜在消费者的争夺，因此，虽然该楼盘不一定位于项目楼盘的有效辐射区域之内，但仍然应将其视为潜在竞争者，也是项目可能的竞争对手。

房地产竞争区域及竞争对手界定模型

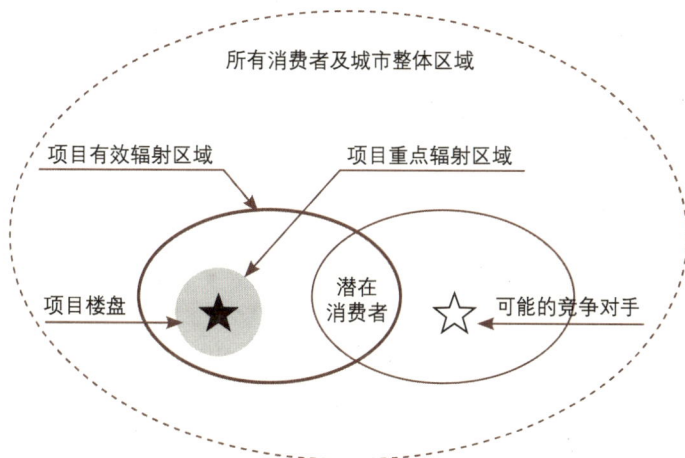

如此，房地产开发项目所要面对的竞争将主要发生于上述有效辐射区域内各类已有、潜在楼盘以及因针对同一批潜在消费者的可能的竞争对手。

进一步地，根据与项目楼盘竞争强度的不同，还需要在有效竞争区域内划分出重点竞争区域，此部分区域正是项目重点考虑的部分。

需要说明的是，由于影响楼盘竞争力的因素众多，从外围的位置区位、环境、交通、规划、人文，到楼盘本身的体量、价格、产品类型、建筑形态等，无一不对其综合竞争力产生细微而深远的影响。因此，对楼盘有效辐射区的界定只能是上述多方面因素定性的综合判断。

3. 竞争"面"分析

在对楼盘的有效辐射区域作出界定，明确了各种可能的竞争对手后，可以开始对项目所需面对的竞争压力及所处的竞争结构进行全面研究。

按照传统的产业组织理论，可根据竞争者的发展状态将项目可能面对的竞争分为现实竞争压力及潜在竞争压力两大类。

现实竞争压力来源于有效竞争区域内现实供应楼盘及非有效竞争区域内其他可能的竞争对手。此部分分析的主要意义在于从"面"的角度揭示有效区域内房地产开发在"数量"方面的基本状况及项目本身将要面临的总体竞争态势。

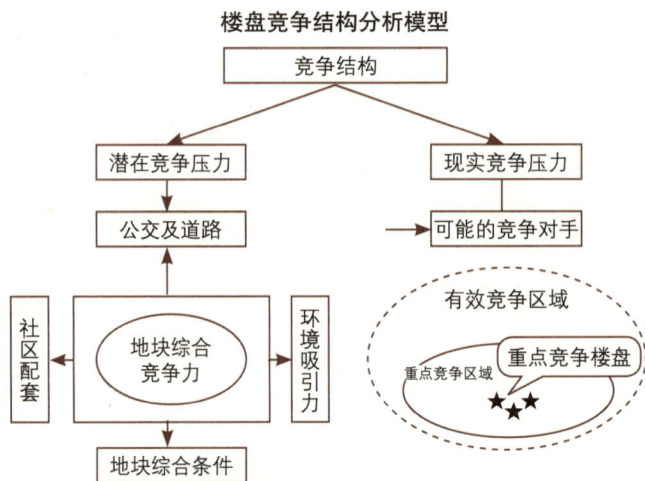

楼盘竞争结构分析模型

因此，上述竞争面的分析，其主线是基本的供、销、存量。但在房地产产品日益创新和丰富的今天，笼统而不加区分的供、销、存量的分析由于缺乏针对性，已经不能很好的揭示真实的竞争状况，也不能满足需求。因此，需要将之与价格、面积、户型特征、建筑形态、景观、位置（主要针对别墅楼盘）等作交叉分析，从而找出各种建筑形态、各类户型结构、各面积段及各价格段的住宅产品的具体供、销情况，才能得出更深入的研究结论。

4. 竞争"点"分析

在完成上述"面"上的研究后，还需根据项目特点从中选取有代表性的重点竞争楼盘进行"点"上的深入研究，其目的是为项目提供对比性的参考。潜在竞争压力主要也是"点"上的深入分析，此为竞争压力主要来自于有效竞争区域内其他尚未正式启动，但根据各方面情况综合判断很有可能参与未来的楼市竞争者。

第一：考虑地块价值

一般地，由于此类楼盘大都处于前期研发中，楼盘体量、类型、价格等大多未能确定，但此类楼盘又具有比较明确的开发意向，对此类楼盘视为潜在竞争者，关于它们的分析和研究除了常规的供应量、价格的统计外，更有意义的是对其开发地块本身的研究和比较。

第二：考虑消费者需求

从市场角度考察房地产地块的综合竞争力，不是对地块进行经济价值评估，更多的是从消费者的视野，从满足消费者日常居住的角度来分析其优、劣势并评价其综合竞争力。

从消费者角度来说，公交线路及道路状况、环境在景观、建筑、人文环境等方面的吸引力、社区配套条件如农贸市场、医院、银行、超市、邮局等以及地块本身在体量、相对位置如是否临街等方面的综合条件，是消费者购买时最为关注的因素。因此，对于潜在竞争者对项目所产生的可能的竞争压力的研究将主要从上述角度展开，并最终找到该地块竞争的优、劣势及对项目本身的压力所在。

第三：他山之石可以攻玉

一般地，重点竞争楼盘的专项研究要求从该楼盘的规划，建筑设计，具体供、销、存情况，到营销的主要概念、广告宣传语及传播的渠道等作出全方位的综合分析，后者更多的以定性研究为主。对于项目周边的楼盘市场要着重抓好两个方面，即借鉴和创新。

其实，"拿来主义"有时候并不是不好的，但是在"拿来"之前，我们需要进行聪明的分析。对于早前竞争对手的分析，会使得我们对于整个市场情况有了一个比较清晰的判断，所以，这时我们能够完整的回答出以下这些具体或是比较抽象的问题：

A. 同类楼盘的供应量；

B. 同类楼盘的空置率；

C. 同类楼盘的实际价格；

D. 同类楼盘中，哪些楼盘的销售情况具有代表性；

E. 同类楼盘中哪些地段的楼盘最好销；好销的原因是什么；

F. 同类楼盘普遍的营销情况是理想的还是不理想的；如果是不理想的，造成不理想的普遍原因是什么；

G. 同类楼盘的买家最感兴趣的是哪些东西；

H. 其他种类的楼盘开发对本类楼盘的市场是否会造成冲击；

I. 同类楼盘的存在着怎样的集团购买力；

J. 炒家的作用有多大。

实战案例 1
Combat case

ZYMD 审读市场出具的分析报告及相应策略形成

一、区域市场经济环境分析

1. 城市概况

上饶位于江西省的东北部。东邻浙江，南靠福建、北接安徽，下辖：上饶、广丰、玉山、婺源、铅山、弋阳、横峰、波阳、余干、万年 10 县和信州区，代管德兴市。行政区面积 22791 平方公里，人口 660 万。

素有"上乘富饶"之称的上饶，全市有耕地 607 万亩；水域 421.69 万亩；牧草地 0.31 万亩；林地 1911.58 万亩；药用植物达 216 种；野生动物 300 多种。矿产资源丰富，已探明的矿产达 70 余种，金、银、铜、铅、锌、铌钽储量均居全省之首，德兴铜矿是亚洲最大的铜矿。上饶市城区是全国 13 个空气、水质量最优的城市之一。

信州区，古称信州，是上饶市政治、经济、文化中心。全区总面积 338.8 平方公里，行政区辖四乡二镇三个街道办事处。城区面积 14 平方公里，全区人口 34 万人，共 9.8 万户，每户家庭约 3.5 人，其中市区人口 16 万人，全区非农业人口 18.24 万人，所占比例达 56.6%。

信州区交通便利。浙赣铁路穿区而过，横南铁路在上饶接轨，上海至南宁的 320 国道及黎温高速公路横贯市区东西，以信州区为中心的公路四通八达。同时，信州区周边旅游资源丰富，东临三清山，西接圭峰、龙虎山，南通武夷山，北连黄山，是江南旅游景区的中介结合点。有旅游热线中转站的独特优势。

2. 整体经济发展水平

在国家宏观调控下，2006 年上饶市实现生产总值 451.38 亿元，同比增长 16.3%，增幅比 2005 年明显放慢。其中第一产业增加值 87.65 亿元，第二产业增加值 200.69 亿元，第三产业增加值 163.04 亿元，三大产业分别比去年同期增长 6.0%、16.7% 和 14.3%。全市三大产业比重约为 4：9：7，第二产业比重明显上升，产业结构向良性方向发展。

（1）旅游经济快速发展

2006年全市接待国内游客760万人次，同比增长32.1％；实现旅游总收入40亿元，同比增长25％；接待境外游客35827人次，同比增长了96.5％；旅游外汇收入1013.4万美元，同比增长78.8％。

（2）消费品市场购销两旺

2006年全市实现社会消费品零售额158.04亿元，同比增长16.39％。其中餐饮业累计实现零售额15.4亿元，同比增长19.1％；批发零售贸易业零售额完成140.6亿元，增长16.54％。

（3）外贸招商形势良好

全市进出口总额为17945万美元，其中出口16445万美元，同比增长29％；利用外资18592万美元。

（4）金融形势发展良好

金融机构存贷款持续稳定增长，12月末存款余额453.77亿元，比年初增加73.1亿元，增长19.2％。其中，城乡居民储蓄存款余额为335.67亿元，比年初增加46.6亿元。贷款余额为324.62亿元，较年初增加28.1亿元，同比增加9.4％，其中工业贷款为48.77亿元。

江西上饶市信州区近三年经济发展情况

年份	生产总值（万元）	第一产业		第二产业		第三产业	
		生产总值（万元）	占比	生产总值（万元）	占比	生产总值（万元）	占比
2004	439006	26087	5.94％	204490	46.58％	198429	45.20％
2005	518019	37517	7.24％	243055	46.92％	237447	45.84％
2006	636778	37785	5.93％	274918	43.17％	324075	50.89％

从上表我们可以看出，江西上饶市信州区这几年经济飞速发展，2005年GDP增幅达18.0％，2006年GDP增幅更是达到了22.9％，经济增长速度高于上饶市经济增速，经济结构以第二、三产业为主。

预计信州区今后3年经济增长速度仍将保持较快增长，产业结构不断优化。服务产业的大力发展也必将为经济的持续发展提供强劲动力。

3. 人口增长、分布与结构

截至2006年,信州区人口约34万,人口出生率在1.306%、人口自然增长率约0.811%。2020年预计发展到75.6万人,老城-带湖片区是主要人口居住区。

各居住区人口增长、分布与结构关系表

居住区	目前人口数量（万）	2020年规划人口（万）	所占人口百分比
老城-带湖片区	16.6	35.5	48.8%
民主区	5.6	11.8	16.5%
旭日经济开发区	5.2	11.1	15.3%
三江区	2.7	5.8	7.9%
新站片区	2.4	5.3	7.0%
水南区	1.2	2.6	3.5%
罗桥区	1.6	3.5	4.7%

人均GDP与发展阶段的关系

宏观经济增长	房地产业发展状况
小于4%	萎缩
4%～5%	停滞
5%～8%	稳定发展
大于8%	高速发展

2006年上饶市信州区人均GDP为2506美元。按照国际惯例,此时城市经济发展跨入高速增长阶段,各类产业都将蓬勃发展,城市化进程加快。而另一组数据研究显示,2006年上饶市信州区人均GDP增长了近20%,根据房地产的发展规律,此时该产业也进入了发展的高速通道。

4. 居民生活水平和消费结构

从下表可见,信州区居民人均可支配收入不断提高,生活水平也不断提高,恩格尔系数不断降低。人们在衣着、文化娱乐、居住及相应服务上的支出显著增加,说明人们开始注重生活的品质,生活消费结构已经从温饱型向享受型过渡。

居民生活水平和消费结构表

消费结构	2006		2005		2004	
	绝对数	与去年同期比 ±（%）	绝对数	与去年同期比 ±（%）	绝对数	与去年同期比 ±（%）
可支配收入	9832	13.95	8629	13.94	7573	11.81
消费性支出	6844	22.92	5568	16.12	4795	6.95
1. 购买食品	2645	2.55	2579	14.42	2254	8.67
（1）粮油	450	−0.50	452	4.87	431	22.88
（2）肉禽蛋水产品类	796	2.22	779	0.52	775	16.65
（3）菜类	375	10.24	340	−0.87	343	2.33
（4）干鲜瓜果类	207	20.15	172	13.16	152	2.74
2. 衣着	1083	51.20	717	34.27	534	18.25
3. 家庭设备用品及服务	271	29.76	209	−10.30	233	−13.48
4. 医疗保健	456	−4.49	478	33.15	359	8.51
5. 交通与通信	512	26.47	405	−2.17	414	22.06
6. 娱乐教育文化服务	737	53.04	482	5.70	456	−14.25
（1）文娱耐用消费品	60	−21.81	77	−9.41	85	−42.63
（2）教育	260	6.66	244	−7.92	265	−10.48
（3）文化娱乐	416	158.66	161	50.47	107	20.47
7. 居住	956	76.33	542	8.84	498	34.16
8. 杂项商品与服务	184	17.04	158	236.17	47	−59.41

2006 年上饶市信州区居民消费占可支配收入的比重为 69%，比全国 83% 的平均水平低约 14 个百分比之多，尚有部分消费力未能得到有效释放，这些将给本项目的发展提供一定空间。

"审势分析"：近几年上饶市和信州区当地经济状况持续健康发展，产业结构不断优化，居民消费购买力不断增强，但消费潜力尚未充分挖掘。

二、城市建设与城市规划发展

1. 城市建设及规划发展方向

上饶市信州区城市总体规划分为三期实施，其中从 2006 年到 2010 年为近期，从 2011 年到 2015 年为中期，从 2016 年到 2020 年为远期。

近期（2006 ~ 2010）开发建设以点状建设为主，形成分布于中心城区的重要建设点和局部区域。

1）继续加快推进民主片区建设，近期完成市级行政中心、文化中心的各项建设。

2）新站片区建设物流中心，启动相应配套设施及住宅建设。

3）改善部分重要道路设施，信江北岸地区完成凤凰大道、吉阳路、滨江路和龙潭路的延伸扩展，打造城市东西向交通；信江南岸完成新余路的建设；龟峰大道向三江地区延伸，建设跨河机动桥；龟峰大道、带湖路和庆丰路向北延伸，为城市北部地区发展做好基础设施先行的工作，完成320国道的外迁。

4）旭日片区继续填充经济技术开发区梨温高速公路东侧用地，并形成自身集中的服务中心。

5）水南组团严格限制新的开发建设和人口流入。

6）重点挖掘亲水空间，提高滨河景观利用率。

7）对水系沿岸用地实施严格控制。

8）住宅建设仍以民主片区和带湖片区现有用地的内向填充为主。

中期（2011~2015）开发建设逐渐由点及面，形成分布于中心城区的重要建设区域。

1）启动老城地区改造，拆除违章建筑和危旧房，尽量挖掘绿化空间。

2）完善民主片区各项配套设施。

3）配合三江口地区的城市中心形象打造，沿水系改造和美化逐步扩大；启动南部茅家岭森林公园建设。

4）水南组团豆芽巷地区人口外迁，用地置换为森林公园用地。

5）适时启动东部城市北部地区建设，建设市级体育中心，建设环境优异的住宅区。

6）完成三江片区和三清山大道南侧的工业向经济开发区的搬迁。

7）经济技术开发区基本完成，并开始向梨温高速公路西侧适当发展。

8）完成并形成中心城区环路，截流外部过境车辆。

9）优化城区交通条件，构建成型城区道路网骨架。

10）住宅建设以民主片区和带湖片区的北部地区为主。

远期（2016~2020）开发建设逐渐由外延伸式转向内涵式，着力于中心区完善和老城改造，大力改善城区环境，塑造城市特色，提升城市品质，发挥城市的服务功能。

1）扩大新站片区居住用地建设，完善片区各项设施。

2）扩大罗桥组团居住用地建设，完善片区各项设施。

3）完成城市中心城区内用地建设，形成具有完善服务功能的大城市。

4）构建完善城市绿地景观系统，完成中心城区外围森林公园建设，营造"青山清水新上饶"的城市整体形象，突出城市环境品质。

5）完善成熟民主片区和带湖片区的北部地区住宅综合配套设施及环境建设。

6）推动城市产业升级改造，形成无污染，高效能的西部产业空间。

7）发挥城市的服务功能，进一步吸引市域的要素集聚，促进城市化进程，并形成服务于全市的、分散而就业便利的优美的居住空间。

2. 政府重点建设项目

带湖片区是集商贸、金融、商业、生活居住等功能于一体的综合型的城市片区，是上饶城市总体规划中确定的未来城市商贸中心，是建设上饶成为辐射闽、浙、赣的主要贸易中心的主要发展空间，也是城市向北发展的重要场所。上饶城市总体规划提出在带湖片区内除江西光学仪器厂以外，不再布局工业用地。

3. 项目所在区域的规划发展

（1）打通上饶县城连接市区的主干道，建设凤凰大桥，三清山大桥和丰溪大桥。

（2）铁路北移和建设新火车站场。以城市道路骨架建设拉开城市框架，优先建设天佑大道、稼轩大道等城区主干道，形成"五横七纵"主干道路网，有效推动城市规模扩张。

（3）大力发展城市公交网络，全面提高城市交通质量，力争"十一五"规划期末，市区人均拥有道路面积达到10平方米，公交线路总长度400公里。

（4）建设辛弃疾公园、双塔公园和西郊森林公园等一批特色公园，改造森林公园景观，修复信江书院，推进中心城区"十湖"建设，努力提升城市品位。

（5）扶持凤凰光学、鑫新股份等市区内优势企业做大做强。

（6）建好上饶蔬菜批发大市场、鄱阳国际水产城、江南米业、月亮湾汽车城、江南商贸城、佳利商城、上饶国际家具城、新华龙物流园、上饶盛水农副产品交易市场、上饶市粮食饲料物流中心等重点项目。

4. 城市规划对项目的潜在影响

城北新行政文化中心的打造和火车站的北迁，使得信州区在中短期内发展重心北移，直接得益的当属带湖片区和民主片区，这两个区域将成为房产开发热点和市民置业热点区域。

本项目所在的带湖片区在中短期内，在城市规划发展中处于一个有利的地位，对消费者来说，无论投资，还是自住，都带来一定程度的利好消息。

"审势分析"：江南商贸城、佳利商城和凤凰大道、带湖路等的商业规划将发展和繁荣带湖片区。本项目作为带湖片区第一高楼，位于带湖片区的中心，与江南商贸城对街而立，与其相互造势，共同发展，可使得本项目在市政规划方面处于有利位置；但江南商贸城内规划的住宅和商业项目也必将分流本项目的客户，可谓双利之刃。

三、房地产现况分析及发展趋势预测

1. 房地产总体发展概况

2006年受国家宏观调控政策的影响，上饶市房地产开发投资由2005年的较快速度增长迅速回落，房地产市场总体呈现出平稳、理性的发展态势。2006年全市房地产开发投资完成47.4亿元，比上年同期增长20.1%。其中：住宅建设投资完成34.2亿元，比上年同期增长68.4%；商业营业用房投资完成6.4亿元，比上年同期增长8.7%；办公楼完成投资0.28亿元，比上年同期增长307.9%；其他房屋建筑投资完成6.4亿元，比上年同期下降50.9%。

这几年房地产投资开发速度持续高于经济增长速度，消费者购买力在不断透支，然而未来供应量依然巨大，市场竞争将激烈，价格上涨将乏力。希望随宏观调控政策的进一步实施，房地产投资和市场供应量得到有效控制，以稳定市场价格，保持总体行业健康持续发展。

2. 住宅物业的供求与分布情况

上饶前几年房地产市场集中放量，再加上国家宏观环境的调控影响，上饶房产市场已经开始出现拐点，将逐步转入买方市场，楼盘的品质和配套已经成为购房者关注的重点购房因素，实力型和品牌型开发商将占据市场主导地位。

住宅物业的供求与分布情况表

住宅项目	供应量（平方米）	去化率	售价（元/平方米）
1. 现代城	150000	90%	2300
2. 绿景家园	100000	90%	2100
3. 带湖花城	91908	90%	1800
4. 东湖花园	70000	50%	1900
5. 黄金水岸	40000	80%	2000
6. 月泉花城	60000	80%	2000
7. 香樟花园	36000	90%	1800
8. 润丰广场	40000	70%	3000
总计	587908	—	—

对本项目而言，地段、楼盘规模、周围配套都没有优势的情况下，必须花大力气提升楼盘品质，完善社区内部配套，强化品牌形象，在市场竞争中走差异化路线以获得市场较强的竞争力。

（1）规模楼盘占据市场主流

外来实力派房产开发企业不断进军上饶房地产市场，将大大改变上饶房地产市场过去投资小，开发规模小的旧格局，开发商品牌和实力将成为市场竞争的利器。

（2）价格稳中有升，供需逐渐平衡

随着江西整体经济的稳步增长，刺激房地产需求的多种利好政策频频出台，信贷放宽，公房上市，梯度消费即将形成，上饶商品房预计价格将稳中有升，但升幅不大。同时由于国家宏观调控影响，以及前几年市场放量，上饶房地产市场开始供需平衡，将逐渐步入买方市场。

（3）社区品质和物业管理成为物业主要卖点

追求高品质生活是改善居住条件的终极目标，拥有完善的生活配套设施、清新宜人的居住环境和居无忧的物业管理是走向成功的开发商的最佳选择。人文气息浓厚、居住环境优越的住宅小区成为置业亮点，竞争的激烈将促使越来越多的上饶房地产开发商着手提高所开发物业品质和物业管理水平。

（4）置业半径逐步扩大

随着城市规模的不断扩大，交通道路的拓展，居民生活水平的提高，郊区置业已成为现实。尽管不少受传统市中心情结影响的消费者，仍然关注中山路、五三大道、胜利路、解放路、赣东北大道等市中心地段的住宅发展，但受城市规划市中心用地限制的影响，未来几年上饶市房地产业将围绕市政规划而展开，叶挺大道、南环路、带湖路、三清山大道、光学路、北环路、民主路、东环路将受到很多购房者的关注。

3. 地块分析和市场前景

根据最新的规划，到 2020 年，上饶市信州区人口总数将达到 75 万人。本项目在带湖片区，其与老城区是信州区最主要的居住区，规划到 2020 年，人口总数将达到 35.5 万人，约占信州区总人口的一半。

由于历史的原因，其他区域发展相对缓慢，各种配套还跟不上，市民在其区域购房意愿还不明显。

所以，为配合本项目研究，着重介绍老城区、带湖片区及板块内主要竞争个案。

从居民希望购房区域来看，主要集中在老城区、带湖片区和水南区，所以以下文着重介绍这三区域。而民主片区、三江区等区域人气不旺，也非购房者主要考虑区域，故此区域内的物业上市对本案影响甚小。

（1）老城区板块介绍

该板块范围为沿河路以北，浙赣铁路以南，在信州区中心位置。因其地理位置优越且周边配套齐全，较受市民青睐，此区域居住人口多，密度高。新开发物业档次大多定位为高档或中高档，物业类型以高层为主，但规模都较小；目前已有楼盘均价突破3000元/平方米，目标客户群多为当地中高收入人士。同时板块内拥有上饶市目前品质最好、口碑最好的小区——现代城，其项目对本案有相当大的影响。

（2）带湖片区介绍

该板块大致范围为：浙赣铁路以北，明叔路以东，在信州区北面。随信州区城市发展和规模扩大，城市中心从老城区外迁是城市发展的必然，短期切实可行的策略是往北发展。带湖区域板块作为政府北移的前沿地带，处于市政规划发展的顺势龙头地位，是上饶目前房产开发的热点区域，也是购房者非常关注的板块。目前开发楼盘以多层和小高层混合型社区为主，一般开发规模较大，注重社区配套、小区环境和物业管理，而价格已经站上1800元/平方米。各新楼盘房型多样，产品也求新求变，错层设计、270°户型窗、入户花园……说明市场竞争已经从简单价格战升级到产品设计层面。

而此板块很多地方，交通还不便利，周围环境还有待改善，商业和配套设施还不丰富，这也是选购此板块内消费者担心的问题。但相信随着城市的发展，这些方面会逐步完善。

（3）水南片区介绍

该板块大致范围为信江以南，丰溪河以东，在信州区南面。该板块由于离市中心也就一桥之隔，在市中心新开楼盘不多，价格又超过3000元/平方米的情况下，在水南区置业是不少消费者的选择。目前该区房地产开发也以起步，以多层为主，1800～2200元/平方米。比较知名的有黄金水岸和书院路上的别墅项目君临天下。

不过，该区域目前居住人口并不多，人气不旺，配套设施还不齐全。而且该区南部有山，短期内向南发展潜力不大，因此对于长期居住在北岸的市民来说，考虑在水南区置业还是有一定顾虑的。

（4）民主板块介绍

该板块大致范围为浙赣铁路以北，庆丰路以西，槠溪河以东，在信州区北面。民主区域板块开发的楼盘数量不是很多，作为政府北移的又一前沿地带，以及未来上饶市行政文化中心，该地区潜在的开发量很大，房产发展空间看好。

（5）三江板块介绍

该板块大致范围为信江以南，丰溪河以西，在信州区南面。三江区域板块不是市政府近期发展方向，目前板块内开发的楼盘很少，除了大红鹰香溢云天纯别墅项目正在开发中外，体量较大的旧盘世纪花园前几年早已售完并已入住外，其他项目多为单栋多层商住楼，物业档次整体较低。除了大红鹰香溢云天外，三江板块物业开发量少、档次低、配套缺乏。购房者普遍反应该板块较为偏僻，存在相当的心理抗性。

（6）旭日片区介绍

该板块大致范围为旭日镇范围，即信江以北，槠溪河以西，在信州区西面。旭日区域板块位于上饶县县政府所在地，板块内开发规模较小，各个项目多为单体多层商住楼，物业档次较低。

四、主要竞争项目分析

1. 主要竞争个案的选择

本项目在一年不到的时间即进入销售状态，因此对目前市场上销售的楼盘进行调研和分析就很有必要。下文将从市场中挑选出热点和亮点楼盘，对其产品、价格、营销和市场去化等进行综合研究，从中研究市场的共性，找出市场的热点和消费者偏好，从而挖掘本项目的卖点，做到扬长避短。此外，这也有助于开发商对未来客户消费趋势的把握和针对性对本项目产品进行微调和销售推广。

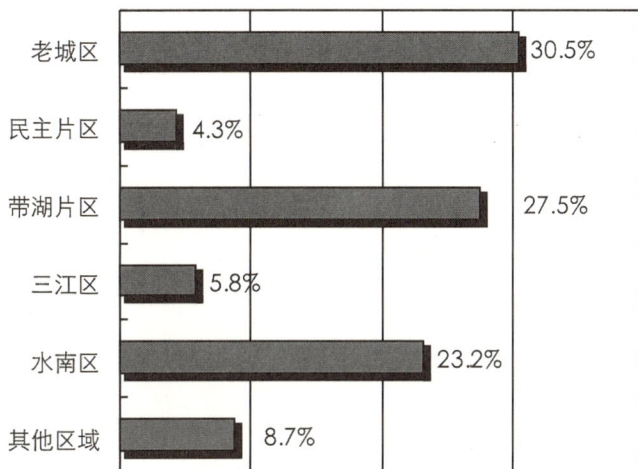

居民希望购房区域调查表

从消费者希望置业区域来看，主要集中在老城区、带湖片区和水南区。这三个区相对交通方便、生活配套齐全，新开发项目也多集中在这些区域。而民主片区、三江区等区域目前暂时人气不旺，也非购房者主要考虑区域，而且这些区域内物业与本项目参照性不大。

所以下文着重介绍这三区域老城区、带湖片区和水南区内主要楼盘。

老城区、带湖片区和水南区内主要楼盘情况表

	知名度	所在区域	物业类型	市民印象
现代城	40%	老城区	多层、小高层、高层、别墅混合型社区	绿化好、房型好、配套好、出行方便
绿景家园	16%	带湖片区	多层、小高层为主	绿化好、性价比高
带湖花园	12%	带湖片区	多层、小高层、别墅混合	景观好
东湖花园	4%	带湖片区	多层、小高层为主	性价比高
香樟花园	4%	带湖片区	多层、小高层为主	配套好
黄金水岸	12%	水南区	多层、小高层为主	性价比高、离市区近
君临天下	6%	水南区	纯别墅	依山傍水、离市区近、最高档小区
其他	6%	—	—	—

据调研统计，本地市民认为信州区最好的楼盘提名统计如上，这些楼盘也无一例外的在前述三大板块之内。从知名度、物业类型和所属区域综合来看，现代城、绿景家园和带湖花园应该着重研究，其他作一般研究。

2. 竞争个案的介绍

由于本项目住宅项目定位于上饶市最高档的住宅小区，所以我们罗列板块内购房者主要考虑的楼盘，对其进行研究。

（1）现代城

1）楼盘概况

楼盘位置：五三大道延伸段。

开发商：江西立天唐人房产。

建筑面积：38 万平方米。

容积率：1.6。

绿化率：58%。

总户数：2740 户。

面积范围：84 ~ 375 平方米。

主力面积：三房两厅 125 ~ 135 平方米。

销售价格：均价 2300 元 / 平方米。

销售进度：一、二期已全部交房，三期销售约 80%，剩余房型基本为小高层和高层内的四房，面积在 170 ~ 200 平方米。

客户群体：当地中高收入人群。

推广主题：百年公馆、宅以人传。

2）优劣势分析

①良好的地理位置，闹中取静，隔江望水，周围环境优美静谧，但不失交通便利。

②良好的规划设计，集中式绿化和较低的容积率实现小区与环境的天然融合。

③作为上饶最大最成熟的社区，注重周围配套和社区配套设施。

④房型丰富，满足各种层次，设计求新求变，入户花园、270° 弧形窗、错层……

⑤专业的物业管理形成良好的口碑。

⑥聘专业的营销队伍，瞬间将本地房产开发提升到一个新的台阶。

3）房型分析

现代城		
户型	房型优点	房型缺点
四房二厅两卫（约190平方米）	入户花园设计； 错层设计，动静分离； 房型方正，全明，多阳台和凸窗设计； 主卧270°弧形窗设计	北面次卧面宽过小，实际使用效果不好； 存在过道较长，面积浪费
四房二厅两卫带保姆房（约205平方米）	入户花园设计； 错层设计，动静分离； 房型方正，全明，多阳台和凸窗设计； 带保姆房，双入户设计	客卫设计不合理，使用不方便； 北面次卧面宽过小，实际使用效果不好； 南面次卧存在过道较长，面积浪费

（2）绿景家园

1）楼盘概况

楼盘位置：凤凰大道 / 紫阳路。

开发商：江西龙盛置业有限公司。

总户数：一、二期约740户。

业态配比：11幢小高层、13幢多层。

主力面积：130～144平方米；三房两厅。

销售时间：2006年12月开盘。

销售价格：均价2100元／平方米。

销售进度：去化80％。

销售人员：销售人员专业性一般，服务态度一般。

优惠措施：一次性付款9.9折。

推广主题：实力成就品质。

2）优劣势分析

① 地理位置尚可，但不如现代城，也无外部景观。

② 集中式绿化和较低的容积率实现良好小区内部人造景观。

③ 在产品品质上下了功夫，如外立面采用面砖、彩铝平开窗、无管道设计、屋面板双层现浇。

④ 房型设计中规中矩，面积合理控制。

⑤ 专业的物业管理形成良好的口碑。

⑥ 形象推广语切合物业。

⑦ 目前剩余四房由于房型设计不合理和大面积导致的高总价，去化存在相当的压力。

3) 房型分析

绿景花园

户型	房型优点	房型缺点
三房二厅两卫（约144平方米）	房型方正，全明； 动静分离，卫生间干湿分离； 进户有玄关设计，私密性好	中规中矩的房型设计缺乏特色
四房二厅两卫（约177平方米）	房型方正，全明； 动静分离，卫生间干湿分离	进户无玄关设计； 主卧朝北； 三房设计面积偏大，主要滞销房型

（3）带湖花园

1) 楼盘概况

楼盘位置：三清山大道。

开发商：江西江湾房产。

占地面积：571428平方米（858亩），其中一期91908平方米（138亩）。

业态配比：10幢小高层、21幢多层、7幢叠排、17幢联排。

主力面积：120～140平方米，三房两厅。

销售时间：2006年5月开盘。

销售价格：多层均价1700元/平方米，小高层均价2200元/平方米。

销售进度：多层售完，叠排、联排别墅基本售完，小高层80%。

销售人员：销售人员服务态度较好，专业素质一般。

优惠措施：一次性付款9.9折。

推广主题：居自然之中。

2) 优劣势分析

① 虽偏离市中心，但凭借带湖美景，主打亲水生态牌。

② 别墅靠湖，多层在社区北面，实现小区梯度变化，利于整体景观和销售。

③ 整体规划，分期开发，价格低开高走，利于积聚人气。

④ 房型方正，但缺乏变化，设计有缺陷。

⑤ 市区设接待中心，方便购房者咨询购房。

⑥ 注重周围配套建设。

3）房型分析

带湖花园

户型	房型优点	房型缺点
四房二厅两卫（约 150 平方米）	房型方正，全明； 厅和两房都朝南	入户过道浪费面积； 客卫设计不合理，不靠近客房； 厨房直通厅，通透性不佳； 北卧面宽过小，实际使用不佳； 主卧面积过小，且卫生间通风性不佳； 动静不分，客厅稳定面少，使用效果不佳
三房二厅两卫（约 135 平方米）	房型方正； 厅和两房都朝南； 主卧带衣帽间设计	存在暗间，主卫不明； 客卫设计不合理，私密性较差； 北卧面宽过小，实际使用不佳； 入户进厨房动线不合理
三房二厅两卫（约 145 平方米）	三卧室面宽合理； 动静分离，卫生间干湿分离； 主卧带衣帽间设计	不方正，缺角，朝南面宽过小； 客厅朝北； 主卧面积过小； 入户进厨房动线不合理； 入户无玄关设计，私密性差
四房二厅两卫（约 159 平方米）	三卧房朝南； 三卧室面宽舒适； 房型方正，全明； 八角窗和步入式衣帽间设计	客卫设计不合理，使用不方便； 进户过道存在浪费； 入户进厨房动线不合理
三房二厅一卫（约 120 平方米）	厅和三房都朝南； 面积紧凑，三房设计	入户无玄关设计，私密性差； 书房采光不佳

（4）月泉花城

1）楼盘概况

楼盘位置：光学路 1 号（凤凰大道）。

开发商：上饶国光房产。

建筑面积：160000 平方米。

容 积 率：1.6。

绿 化 率：40%。

业态配比：共 45 幢多层，4 幢小高层，共 1000 余户。

面积范围：80 ～ 200 平方米。

主力面积：多层 105～110 平方米，小高层三房两厅 130 平方米。

优惠措施：一次性付款 9.8 折，按揭 9.9 折。

推广主题：都市工作、公园生活。

2）优劣势分析

① 虽然靠近市中心，但由于地块条件不是很好，所以基本没有小区景观设计。

② 房型设计鲜有变化和亮点，但房型面积紧凑，有 126 平方米的三房设计。

③ 由于规划和产品上鲜有亮点，所以月泉花城的价格不敢提很高。

④ 2000 元 / 平方米的价格颇受市区上班的普通工薪阶层欢迎，估计月泉花城今后价格会略微上扬。

3）房型分析

月泉花城		
户型	房型优点	房型缺点
三房二厅两卫（约 126 平方米）	两厅相通，通透性佳； 动静分离，卫生间干湿分离； 房型方正，三房朝南	客卫离厅过远； 入户进厨房动线不合理
三房二厅两卫（约 107 平方米）	面积紧凑，三房设计	动静不分； 入户正对卫生间，私密性差； 房型进深长，通透性差

（5）黄金水岸

1）楼盘概况

楼盘位置：上饶市水南路。

开发商：江西鑫迪房地产开发有限公司。

建筑面积：203032 平方米。

容积率：2.6。

绿化率：42%。

业态配比：11 幢多层，16 幢小高层，6 幢高层，共 1560 余户。

面积范围：100～200 多平方米。

主力面积：多层 100 多平方米的小三房，小高层三房两厅 130 多平方米。

销售进度：一期去化 80％，二期小高层也已推盘。

优惠措施：一次性付款 9.8 折，按揭 9.9 折。

推广主题：依山、聆江、美宅。

2）优劣势分析

① 虽然地处水南片区，但从离市中心的距离上看，该案还是很有优势的。

② 小区规划集中绿地，但从容积率上看，密度偏高。

③ 在产品上，注重设计，外立面是徽派风格，虽然购房者不一定喜欢，但在千篇一律的现代风格前面，独树一帜的风格还是让人眼前一亮。

④ 房型设计上，丰富多变，面积紧凑合理。

⑤ 从价格上看，该案还是有优势的。

⑥ 案场销售人员服务态度尚可，但专业水准还有待提高。

⑦ 该案后期还有大量物业上市，值得关注。

3）房型分析

黄金水岸

户型	房型优点	房型缺点
三房二厅两卫（约 131 平方米）	房型方正，全明设计； 动静分离，卫生间干湿分离； 双阳台设计； 主卧和厅面宽舒适	客卧面宽小，实际实用效果差； 厨房与厅直通，影响厅的通风采光
三房二厅两卫（约 138 平方米）	房型方正，全明设计； 动静分离，卫生间干湿分离； 双阳台设计； 厅通风采光性好	无明显缺点
三房二厅两卫（约 103 平方米）	房型方正，全明设计； 面积紧凑，三房设计； 双阳台设计； 玄关设计； 多功能小房间设计有较大弹性	厨房与餐厅直通，影响餐厅通风采光
三房二厅两卫（约 141 平方米）	餐厅 270° 弧形落地窗设计； 多阳台和凸窗设计	厨房离入户门过远； 客厅缺少足够稳定面，空间利用率不高； 客卧面宽小，实际使用效果不佳
三房二厅两卫（约 140 平方米）	三房朝南； 双阳台设计； 玄关设计； 动静分离，卫生间干湿分离	厨房直通厅，餐厅通风采光有影响； 客厅缺少足够稳定面，空间利用率不高； 客卫离客房过远

（6）东湖花园

1）楼盘概况

楼盘位置：上饶市三清山大道 / 紫阳大道。

开发商：江西佳利商城住宅开发有限公司。

建筑面积：一期 7 万多平方米。

业态配比：多层，小高层，别墅混合型社区。

主力面积：109 ~ 142 平方米的三房。

销售价格：1900 元 / 平方米。

销售进度：一期去化 50%。

优惠措施：一次性付款 9.8 折，按揭 9.9 折。

推广主题：以上海的标准，为少数上饶人造终生住宅。

2）优劣势分析

① 东湖体量很大，尽管和本案定位有较大差异，但由于距离较近，所以或多或少对本案造成销售影响。

② 东湖位置在购房者心中已经是很偏了，所以价格开得比较低，凭借较低的单价和总价，还是会吸引中低收入人群的关注。

③ 虽然规划不错，但从目前看来，整个销售周期会非常长，到若干年后能否实现是个问题。

④ 该案的形象推广存在一定问题，高档的定位和本身的品质存在较大差异。

⑤ 房型设计无亮点，但估计得房率会较高。

3）房型分析

东湖花园

户型	房型优点	房型缺点
三房二厅两卫（约 123 平方米）	房型方正，面积紧凑，实用性强；多阳台和凸窗设计，有工作阳台；动静分离，卫生间干湿分离；三房朝南	入户进厨房动线不合理；厅稳定面不多，存在面积浪费；客卫离客房过远
三房二厅两卫（约 117 平方米）	面积紧凑，实用性强；多阳台和凸窗设计，有工作阳台；动静分离，卫生间干湿分离	入户进厨房动线不合理；厨房与厅直通，不利于餐厅采光

（续表）

户型	房型优点	房型缺点
三房二厅两卫（约117平方米）	面积紧凑，三房设计； 多阳台和凸窗设计； 动静分离，卫生间干湿分离	面宽小，进深长； 入户进厨房动线不合理
三房二厅两卫（约109平方米）	面积紧凑，三房设计； 多阳台和凸窗设计； 动静分离，卫生间干湿分离	面宽小，进深长； 入户进厨房动线不合理

（7）香樟花园

1）楼盘概况

楼盘位置：带湖路/吉阳路。

开发商：江西瓯能房地产开发有限公司。

建筑面积：12万多平方米。

业态配比：多层，小高层。

主力面积：123～133平方米的三房。

销售价格：1800元/平方米。

销售进度：一期6栋去化90%，顶层2000多元/平方米送顶层阁楼。

推广主题：领秀，优雅生活。

2）优劣势分析

① 该案和本案位置相当，但相对交通便利，有多条公交线路，周围配套设施也齐全。

② 小区规划7000余平方米的集中绿化和中心景观，1182平方米的会所，1577平方米星级幼儿园，商铺90间，停车位456辆，不难看出该案定位于高端，但行列式布局和缺少灵动的建筑造型对高端定位无疑是一大败笔。

③ 房型设计方面多以两进深为主，面宽较小，且厅朝北设计较多，这对销售带来一定难度。

④ 由于起价不高，1800元/平方米的价格对购房者还是有很大吸引力的，销售速度非常快。

3）房型分析

香樟花园

户型	房型优点	房型缺点
三房二厅两卫（约134平方米）	三房朝南； 多阳台和凸窗设计； 动静分离，卫生间干湿分离	面宽小，进深长； 入户进厨房动线不合理； 厅稳定面不多，存在面积浪费
三房二厅两卫（约112平方米）	面积紧凑，三房设计； 多阳台和凸窗设计； 卫生间干湿分离	面宽小，进深长； 入户进厨房动线不合理； 厅稳定面不多，存在面积浪费； 厨房与厅直通，不利于餐厅通风采光； 北卧实用效果不佳
三房二厅两卫（约123平方米）	面积紧凑，实用性强； 多阳台和凸窗设计； 动静分离，卫生间干湿分离； 三房朝南	面宽小，进深长； 入户进厨房动线不合理； 厅稳定面不多，存在面积浪费； 主卧隐私性不佳
三房二厅两卫（约134平方米）	多阳台和凸窗设计； 卫生间干湿分离； 三房朝南	入户进厨房动线不合理； 厨房与厅直通，不利于餐厅通风采光； 房型不通透； 两厅朝北
三房二厅两卫（约133平方米）	两厅相通，通透性佳； 动静分离，卫生间干湿分离； 房型方正，三房朝南	客卫离厅过远； 入户进厨房动线不合理； 主卫通风采光性不佳
二房二厅一卫（约95平方米）	板式结构全明通透	厨房与厅直通，不利于餐厅通风采光； 入户正对卫生间，私密性差

3. 综合分析

（1）目前市区新盘价格已破3000元/平方米，带湖片区约2000元/平方米左右；

（2）社区规模大，配套齐全，绿化率高，内部环境营造好的小区卖得好；

（3）中套户型销售形势最好，目前100～140平方米的户型比较热销，面积偏大的户型存在着较大的销售阻力，即使品质最高，口碑最好的小区——现代城也存在同样问题；

（4）市场上各大楼盘剩余户型中140平米以上的户型比例相对较高，较难去化；

（5）消费者偏好多层住宅和带电梯的小高层，而考虑到得房率，高层住宅的销售相对多层来说并不太乐观；

（6）居民对购房的地段位置考虑得多，越靠市中心，卖得越快；

（7）产品设计求新求变，应注重房型设计；

（8）对于小高层或高层，楼层差价不宜过大，不应大于50元/（平方米·层），否则高楼层单元去化存在较大阻力；

（9）应注重产品质量和推广形象，开发商也应注重自身品牌形象，以形成市民中良好的口碑来带动销售。

五、房地产消费群体分析

1.住宅消费群体

调研目的：了解上饶信州区潜在购房者特征，他们对居住的需求特点，以及他们对本项目住宅的认可程度。

住宅消费群体调研情况表	
调研区域	上饶人民广场附近及以本项目为核心向周边辐射区域
抽样选择	以上饶信州区中等收入以上人群为主
调研方法	定量调查，问答式结构问卷
样本量	300 份
样本要求	未来一年内打算购房的家庭；家中购房的主要决定者

2.住宅消费群体

（1）从文化程度与年龄上均呈正态分布，说明本次调研的可信度高。26～30岁基本为初次置业，主要是小夫妻婚房；31～50岁，多数为二次以上置业，基本为改善居住环境。

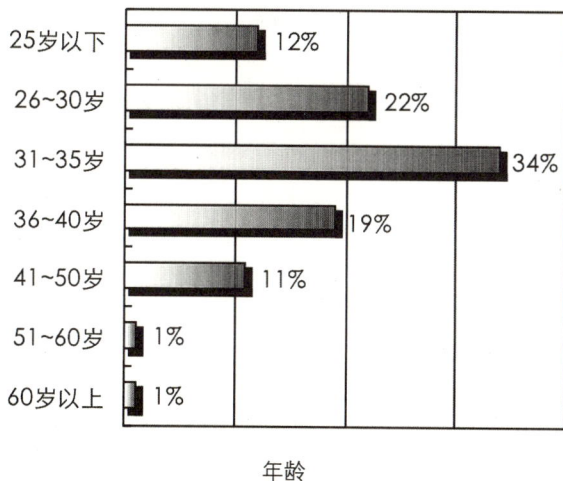

年龄

初中或以下 9.6%

高中/中专/技工 32.6%

大专 30.5%

本科 25.2%

硕士或以上 2.1%

教育程度

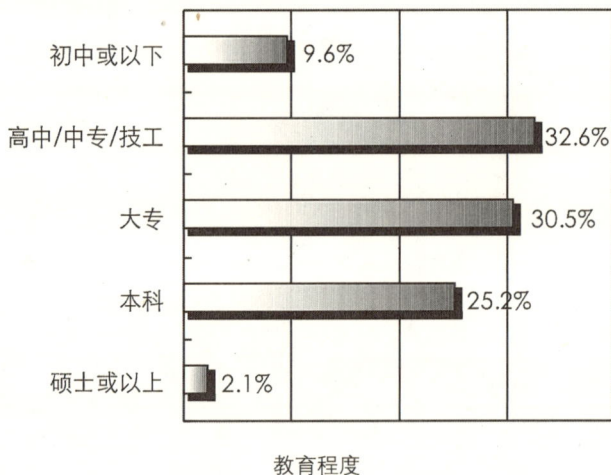

（2）从职业特征来看本次调查覆盖了企事业各层职工、私营企业主及个体经营者。被访问者五成以上来自上饶本地。

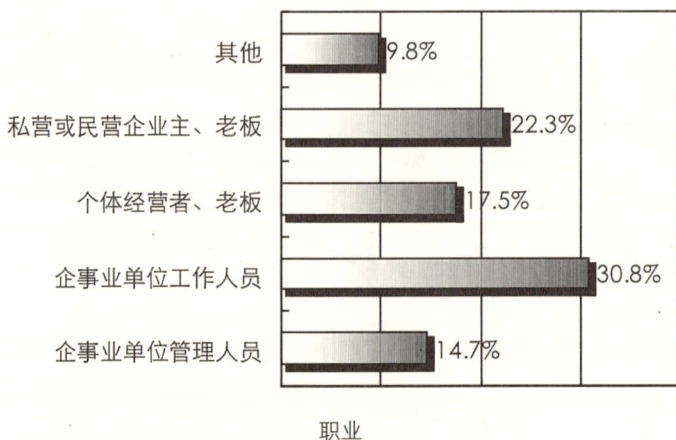

其他 9.8%

私营或民营企业主、老板 22.3%

个体经营者、老板 17.5%

企事业单位工作人员 30.8%

企事业单位管理人员 14.7%

职业

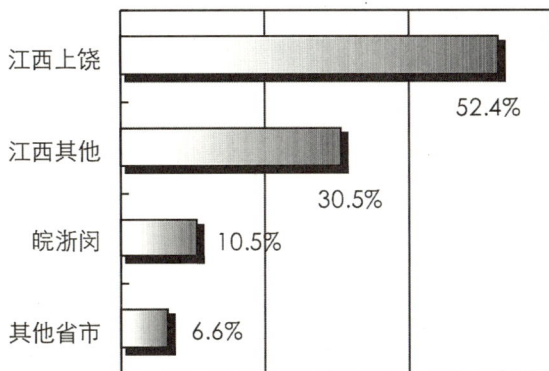

来源区域	
江西上饶	52.4%
江西其他	30.5%
皖浙闽	10.5%
其他省市	6.6%

来源区域

（3）从家庭收入来看，本次调查家庭收入水平集中在3000元/月左右。从置业次数来看，本次调查发现购房者中46%属二次以上置业客户，置业消费具有理性特征。

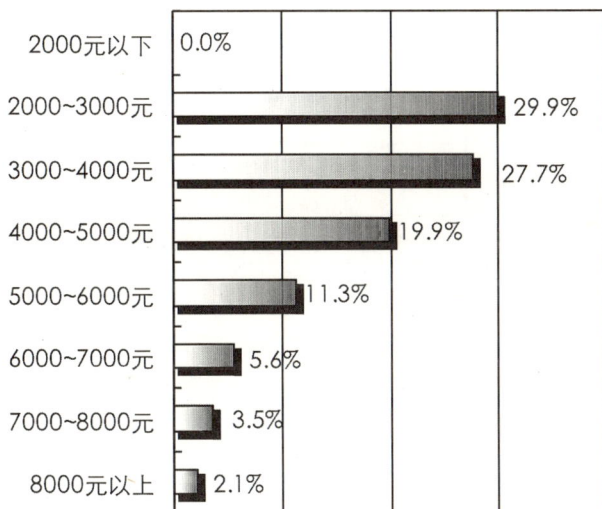

家庭月收入	
2000元以下	0.0%
2000~3000元	29.9%
3000~4000元	27.7%
4000~5000元	19.9%
5000~6000元	11.3%
6000~7000元	5.6%
7000~8000元	3.5%
8000元以上	2.1%

家庭月收入

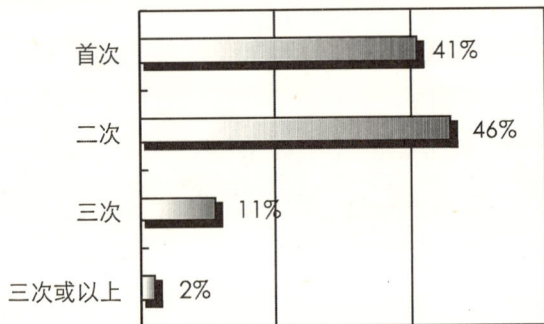

置业次数

（4）从家庭人口来看，调查的被访者以三口之家最多，家庭平均人口约3.5人。从交通工具来看，被访问者出行交通工具多样化，其中公交车、摩托车/单车为主要使用工具。

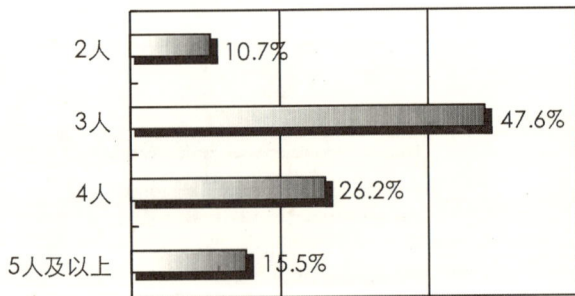

家庭人口

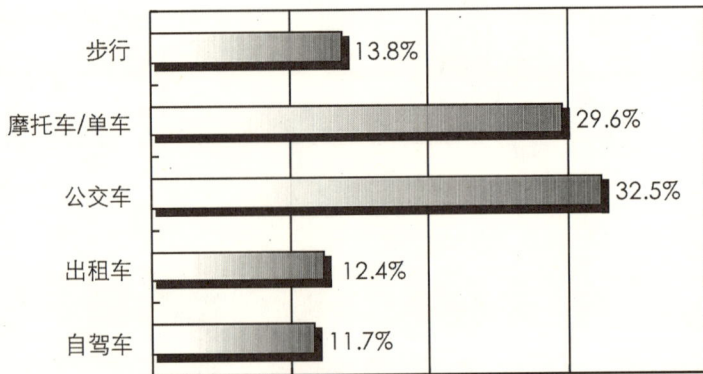

交通工具

（5）从置业考虑因素方面来看，消费者对物业的价格最为敏感；其次是地理位置；交通便利性、环境景观和户型设计也是主要考虑的因素；虽然数据显示本地居民对开发商品牌意识较低，但通过前文主要竞争楼盘的介绍，我们可以发现他们在实际选择上还是倾向于大盘和知名的开发商。

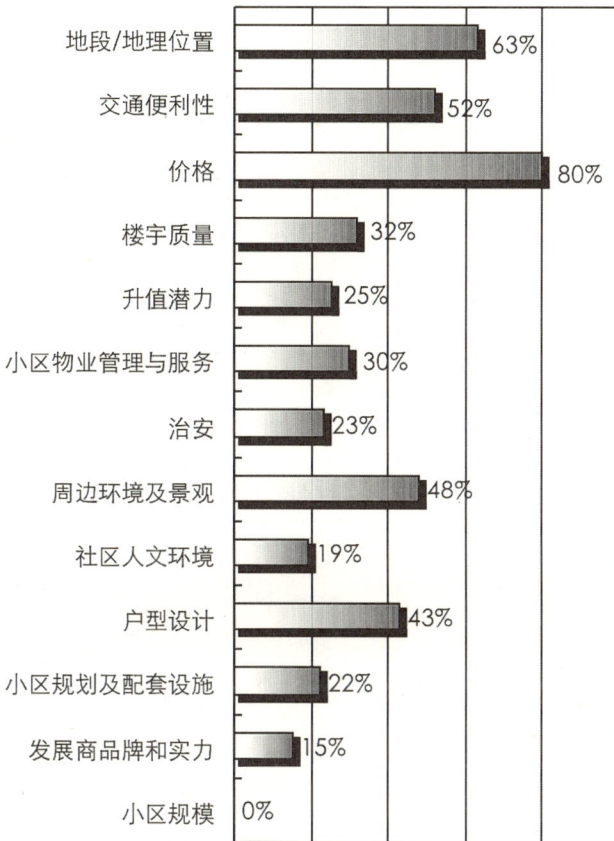

置业考虑因素	百分比
地段/地理位置	63%
交通便利性	52%
价格	80%
楼宇质量	32%
升值潜力	25%
小区物业管理与服务	30%
治安	23%
周边环境及景观	48%
社区人文环境	19%
户型设计	43%
小区规划及配套设施	22%
发展商品牌和实力	15%
小区规模	0%

置业考虑因素

（6）从户型选择来看，选择三房户型的比例最高，超过50%。很多人只要一卫主要出于经济性考虑，受制于购买力。户型面积主要集中在111～130平方米和91～110平方米。

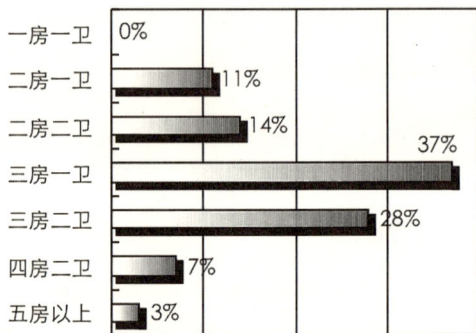

房型

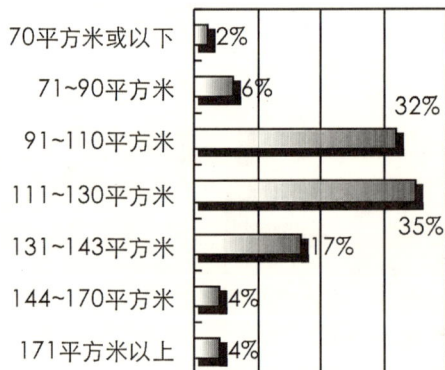

面积

（7）从被访者可接收的总价来看，21～25万者占最多，其次为16～20万和26～30万。而总价超过35万基本无人问津，而且有这预算的消费群体中基本考虑别墅产品，所以对于本项目缩小面积、合理控制总价成首要问题。

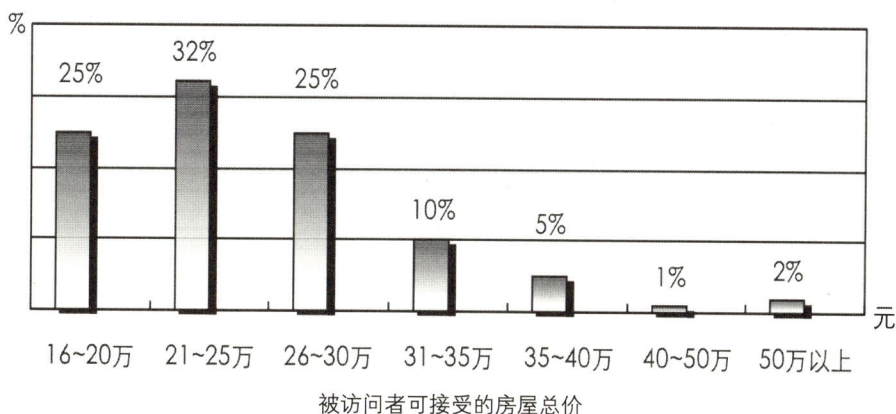

被访问者可接受的房屋总价

（8）下表是被访问者需求房型比例与需求面积比例的矩阵。阴影部分说明该项人群数量较少，企业可重点观察明亮部分的需求情况，这部分人群数量约80%。

被访问者房型需求比例					
需求比例（%）／总价（万元）	面积（平方米）				
	71~90	91~110	111~130	131~143	144~170
16~20	1.5%	8%	8.75%	4.25%	1%
21~25	1.92%	10.24%	11.2%	5.44%	1.28%
26~30	1.5%	8%	8.75%	4.25%	1%
31~35	0.6%	3.2%	3.5%	1.7%	0.4%
36~50	0.36%	1.92%	2.10%	1.02%	0.24%

（9）下页图表反映了对应需求房型和需求面积的单价水平，由于目前上饶信州区房价主要集中在1700～2400元/平方米，故可重点观察明亮部分。

被访问者面积需求比例					
单价（元/平方米）／总价（万元）	面积（平方米）				
	71~90	91~110	111~130	131~143	144~170
16~20	2250	1800	1500	1313	1146
21~25	2875	2300	1916	1679	1465
26~30	3500	2800	2333	2043	1783
31~35	4125	3300	2750	2409	2102
36~50	5375	4300	3583	3138	2739

结合被访问者面积需求比例，目前当地市场对两房单价接受力在 2080 元 / 平方米，三房单价接受力在 2089 元 / 平方米。

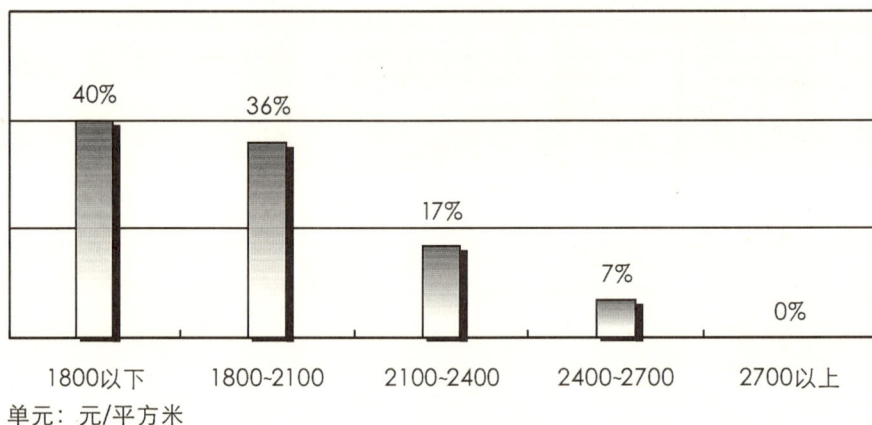

单元：元/平方米

房型与需求面积单价

对本项目的住宅价格，虽然 40％ 被访问者认为应在 1800 元 / 平方米以下，但这与消费者承受力 2080 元 的价格并不吻合，这只能说明被访问者希望买到实惠。这也从侧面说明目前信州区新楼盘都已站上 1800 元 / 平方米。当然还是有 36％ 被访问者比较"老实"，1800 ～ 2100 元 / 平方米的价格说明了目前本地房地产市场的一个均价。

（10）从建筑风格来看，近 1/2 的受访家庭喜欢现代时尚的建筑风格外观设计；有 46％ 的受访家庭选择小高层建筑形态；近 1/2 受访家庭偏好错层的套内结构，显示对新产品的接受度较高，追求更好的居住氛围及空间感。

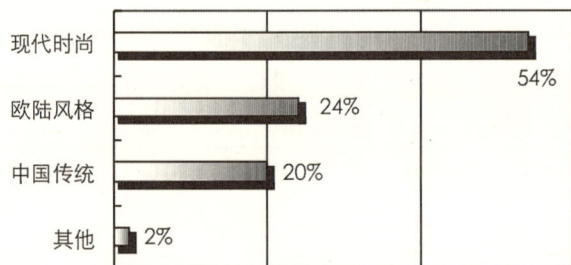

建筑外观风格

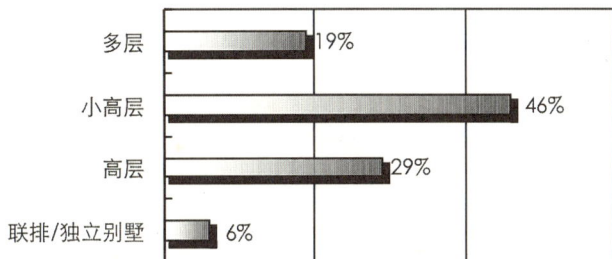

建筑形态

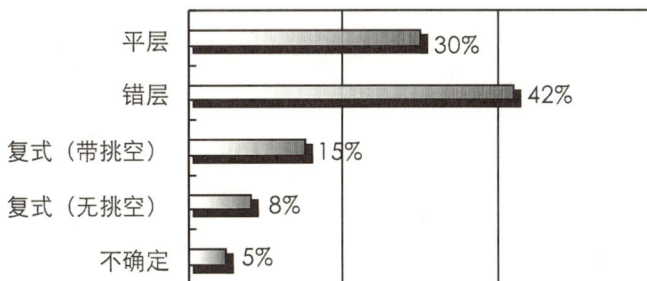

套内结构

（11）在小区景观中，丰富的园林绿化、健康运动设施、小溪流水的水景是受消费者关注的前三位；在房屋内部设计考虑最多的为主人房带卫生间；其次是厅带阳台和南厅、南卧室。

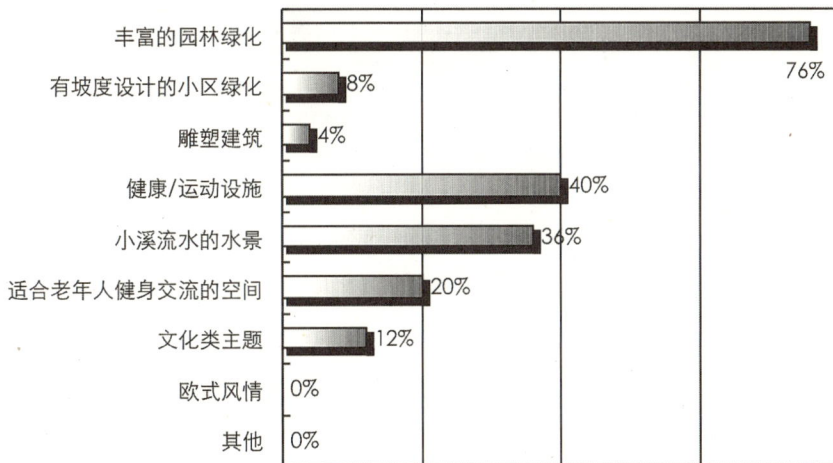

小区景观

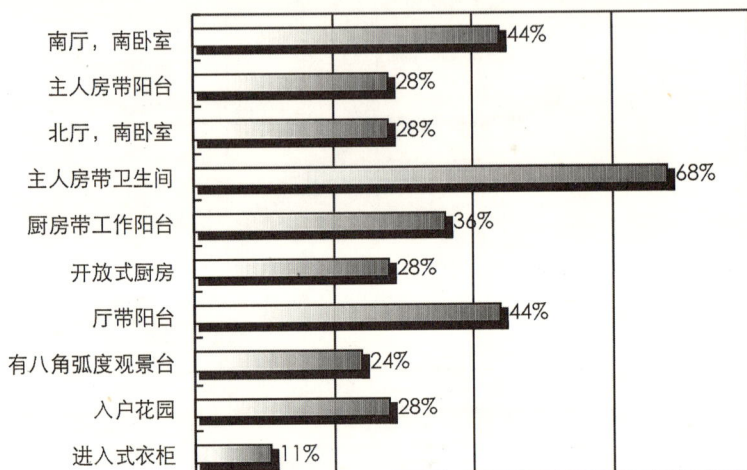

南厅，南卧室	44%
主人房带阳台	28%
北厅，南卧室	28%
主人房带卫生间	68%
厨房带工作阳台	36%
开放式厨房	28%
厅带阳台	44%
有八角弧度观景台	24%
入户花园	28%
进入式衣柜	11%

内部设计

（12）从生活配套来看，认为最需要的前五位为商场超市、肉菜市场、公园/花园、医院/门诊、幼儿园。从休闲配套来看，认为最需要的前五位为健身房、图书室、儿童活动中心、羽毛球场、老年活动中心。

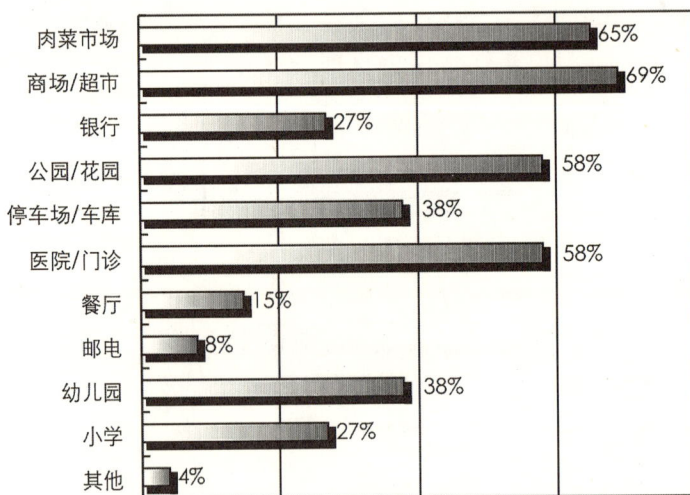

肉菜市场	65%
商场/超市	69%
银行	27%
公园/花园	58%
停车场/车库	38%
医院/门诊	58%
餐厅	15%
邮电	8%
幼儿园	38%
小学	27%
其他	4%

生活配套

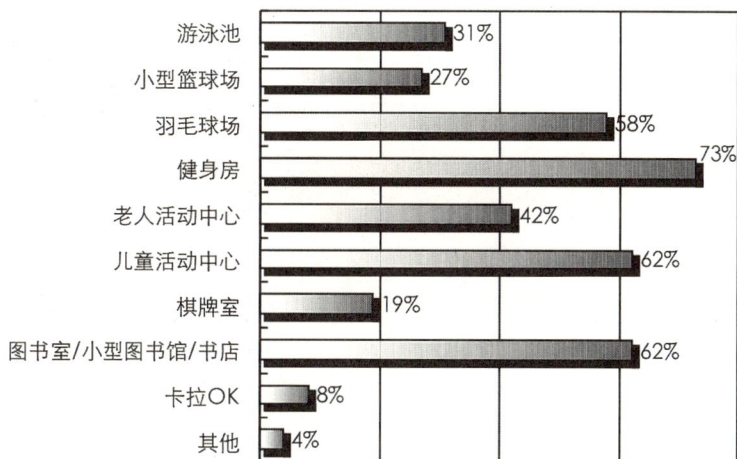

休闲配套

（13）从付款方式来看，一次性付款为主流的支付方式，比例为36%；公积金和商业
贷款选择分别为36%、28%；一次性付款比例较高，说明本地房地产消费潜力尚未完全充
分的被挖掘，超前消费意识较低。

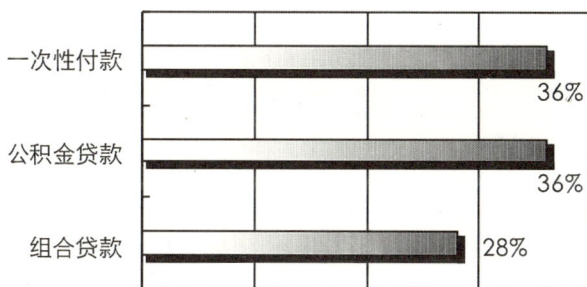

付款方式

（14）被访者获取房地产资讯最习惯的渠道为：电视广告、报纸广告、朋友介绍和户
外路牌广告。朋友介绍选项比例较高，说明良好的口碑很重要，一方面要把产品做好，另
一方面也要把营销工作、售后服务、开发商品牌做好。对于消费者最关注的销售价格，需
要慎重思考。

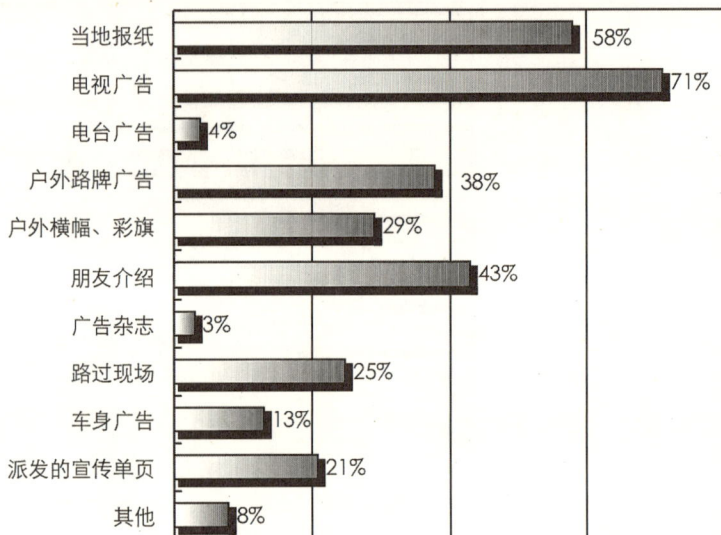

资讯渠道

（15）从购买意愿来看，"可能会买"比例非常高，达77％，符合经济学中"二八法则"；购买后常住的达五成，有投资考虑而购买的比例占了另外五成；"绝对不购买"原因主要因素为交通不方便和配套不完善。

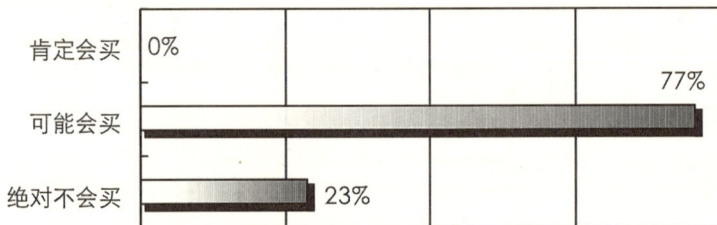

购买可能性

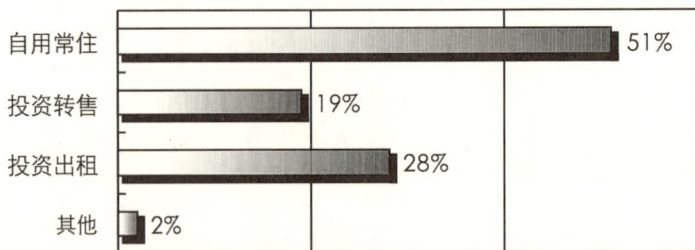

购买的目的

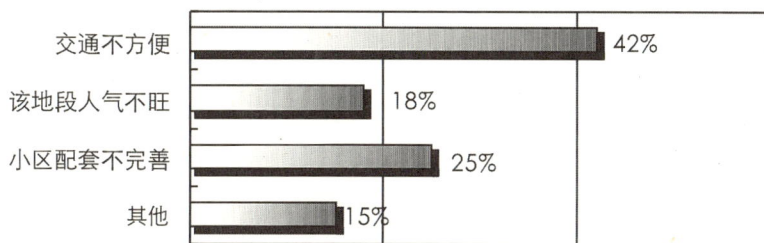

交通不方便		42%
该地段人气不旺	18%	
小区配套不完善	25%	
其他	15%	

不购买的原因

3. 总结

（1）消费群体特征

潜在购房群体半数居住在上饶信州区，年龄 26 ~ 40 岁，学历为中专或大专，家庭人口在 3 ~ 4 人之间，三代居为主。

家庭月收入在 3000 元左右。多为二次购房者，目的是改善居住质量和提高生活品质。

（2）消费群体需求

需求房型集中三房，需求面积在 91 ~ 130 平方米，单价在 2080 元 / 平方米。目前市场对现代风格外立面的小高层接受程度最高。

市场普遍认为该项目地理位置太远，现区域配套设施不完善。

六、市场调研分析总结

整体市场：本地经济状况持续健康发展，产业结构不断优化，居民消费购买力不断增强，但消费潜力尚未充分挖掘。

城市规划：城市的发展将使本项目所在的带湖片区成为房产开发热点和市民置业热点区域。

住宅市场：市场将进入买方市场，未来供应量依然巨大，市场竞争将激烈，大户型、高总价滞销，消费力突破乏力，价格上涨空间较小。

五、审读项目自身价值

项目自身价值的分析是对项目区域开发价值的判断和项目资源优势的挖掘。其核心问题是为项目寻求差异化，构建具有唯一性、排他性、权威性的竞争优势提供支撑，从而塑造出既符合市场需求又最具竞争力的房地产产品。

1. 项目区域价值判断

对于项目区域价值的判断，其发展潜力不在于区域的现状，而在于未来的发展规划及功能定位。主要分析内容包括：

A. 项目所在区域分析；

B. 项目区域在城市发展规划中的定位和地位；

C. 消费人群对项目区域的认识和心理定位；

D. 附近区域发展带来的外溢效应分析；

E. 项目区域重大城市建设对本项目的影响；

F. 项目区域的历史文脉分析；

G. 项目区域的交通分析，交通与生活成本问题；

H. 项目资源分析；

I. 土地价格优势；

J. 地形地貌分析；

K. 环境景观分析；

L. 城市配套设施分析等；

M. 规划要点分析。

2. 企业价值判断

企业分析是明确企业战略目标和商业模式对项目开发的要求，梳理企业的资源优势和竞争能力，发现并构建竞争对手不能轻易复制和模仿的核心竞争力。其核心是排除不符合企业战略要求和企业核心竞争力的定位方向，即回答"不能做什么"的问题，是项目定位分析的前提条件。主要分析内容包括：

A. 企业发展战略目标与发展思路；

B. 企业的商业模式，是追求利润最大化，还是追求现金流；

C. 是长期经营还是短期变现等；

D. 企业资源优势与竞争能力分析，包括研发创新力、资源整合力、资本运营力、产品把控力、团队执行力、品牌形象力、市场应变力、企业文化力等等。

3. 项目市场供求判断

同时，对于自身项目的市场供求情况，我们需要做最详尽的判断：

A. 供求关系的判断；

B. 供应判断；

C. 成交判断；

D. 价格判断。

其中，供求关系，重点关注的是当月预售面积和销售面积的比例。所谓市场供应，对供应的判断标准，就是指项目在拿到预售许可证的时候，就判定其为当月市场供应量，如果拿当月开盘的面积作为衡量标准，所出现的问题会是，在拿到一个阶段项目的预售许可证后，根据市场反馈（前期蓄客情况等），分批推量进入市场，这样，一个预售项目可能会跨越几个月份，影响月度供求分析的准确性。而利用预售许可证面积的参照数据，能够有效规避项目的市场运作影响，保持数据的准确性。而成交分析和价格分析，一方面能够反映区域市场的潜在需求潜力，以及需求方的市场态度；另一方面，也能够得到一个区域的地产价值几何。

4. 分析方法

（1）SWOT分析法

对于楼盘的自身状况分析我们常常采用项目的 SWOT 分析。对项目各个层面包括区位、交通、景观、区域特色与历史文脉、服务对象、竞争项目情况等的综合剖析，再结合项目的市场空间，挖掘项目的市场空白点，从而进行准确定位。制定计划的基本思路是：发挥优势因素，克服弱点因素，利用机会因素，化解威胁因素；考虑过去，立足当前，着眼未来。运用系统分析的综合分析方法，将排列与考虑的各种环境因素相互匹配起来加以组合，得出一系列项目未来发展的可选择对策。

（2）层次分析法

层次分析模型在解决房地产项目投资决策问题上提供一条捷径。建立层次分析模型，将有效的因素一层一层递进展开，建立相应的相对重要性比较矩阵再展开分析，既能得出有效的结论，也能节约时间成本和工作量。该方法亦应与其他评价决策方法相结合，以尽可能地真正反映出房地产项目的真实情况，从而为作出正确决策提供依据。其实，SWOT分析方法＋层次分析方法，这就是定性与定量分析的结合。

实战案例 2 **Combat case** 从"滞销荣祥"到"华庭绽放"

济南实力·荣祥花园位于济南市经十西路中段南侧，规划总建面 30 万平方米。荣祥花园虽然入市较早，但开发与销售进度均较为缓慢。在项目的营销策划环节中，开发商实力房产走过了一条"自销—找营销公司代销—自销"的曲折路径。但因前期项目营销推广环节存在诸多问题，致使项目在 2006 年度出现了较为严重的滞销现象（甚至连续几个月月均销售不足 5 套）。直到 2007 年，该项目才重新进行了包装定位，并最终取得了很好的成绩。

一、市场背景

1. 济南房地产市场最显著消费特点

"住东不住西，住南不住北"是济南房地产市场的最突出特征。

首先，济南的东部和南部两个区域集中了济南市最优良、最齐全的城市配套与生活资源，其中东部凭借政府机关与高校林立而以人文素质高著称，而济南南部则是济南公认的最佳居住区域，以自然环境出众而被称为济南的绿肺。

其次，济南西部和北部的众多成功人士与高收入群体，大多会选择脱离原住地，到东部、南部购房置业，这更进一步强化了济南东部和南部的人群素质高与购买力强的优势。

2. 竞争对手异常强劲，区域市场白热化

对周边直接和间接竞争楼盘做了全面的调研，共有十余个项目进入本次研究范围之列。济南西部住宅市场呈现着"存量巨大、分布集中"的突出特征：

阳光 100 国际新城、新世界阳光花园、连城水岸、凯旋新城、外海·中央花园、翡翠郡、泉城花园、金色阳光花园、景绣苑……统统是我们的调查对象，涵概位置交通、周边环境、小区配套、户型配比、产品形态及规模、整体规划、物业管理、外立面形象、销售状况、价格分析等方面共十大门类六十余个因素都进行了详细的调查。

区域内依据产品品质与竞争烈度大体可作以下划分：

（1）以阳光 100（总建面 200 万平方米）、新世界阳光花园为代表的高市场影响力楼盘，将济南西部高端消费群体的注意力牢牢吸引。前者是济南两个超级大盘之一、客户群体面向济南全部中高端人群，后者为济南西部第一高端楼盘，其主要消费群体为政府官员、企

业高管、私营业主及垄断行业的高收入人群。

（2）以近在咫尺的连城水岸（约20万平方米）、凯旋新城（约30万平方米）、外海•中央花园（约88万平方米）、景绣苑等四个项目为代表的中档产品，与本项目构成了激烈的直接竞争，大量的分流客户。这四个楼盘与本项目同处在3分钟车程范围内的一条直线上，沿着经十西路自东向西依次为凯旋新城、连城水岸、荣祥花园、景绣苑、外海•中央花园，它们价格接近。

（3）各楼盘特点突出，广告投入普遍较高。阳光100作为超级大盘，仅销售中心投入就逾千万，通过多年的运做，向消费者不间断的传递着时尚、现代的生活方式；凯旋新城由山东莱钢集团开发建设，以钢结构住宅引领居住潮流，户型设计合理且得房率高于普通住宅；外海•中央花园88万平方米磅礴体量，容积率低、资源占有率高，且刚刚入市、前期价格优势明显。

二、老盘业障

对于一个已经运做多年的老盘，主要存在产品落伍和营销乏术两个障碍。

1.产品落伍

（1）荣祥花园在建、在售产品均为塔楼设计，此种产品形态在与板楼的竞争中毫无优势、完全落于下风；

（2）开发进度迟缓、常年施工，在建楼座严重影响了社区整体景观、交通以及卫生状况，故而严重影响了先期入住业主的生活质量，口碑不佳；

（3）项目一期产品老化，从立面到院落，其对外所展示的形象对楼盘后期运做起了减分作用；

（4）塔楼的产品形态进一步导致了户型设计不够合理；

（5）楼盘在立面设计、景观、物业、智能化等方面均无突出亮点；

（6）容积率高、楼间距小，楼座分布相对密集，降低了小区档次。

2.营销乏术

（1）项目包装与推广不利

1）没有统一的形象包装，无法在客户心目中形成一种清晰品牌印记；

2）卖点挖掘不够，没有鲜明的项目特色，无法激发目标客户群的购买欲望；

3）广告推广内容比较虚浮，连贯性不强，冲击力不够，很难引起目标客户群的关注；

3）宣传物料档次较低，仅有一份单张。

（2）销售环节积弊已久

1）售楼处给人年久失修的感觉；

2）销售团队不专业，销售人员水平良莠不齐，销售技巧尚欠火候，对客户心理把握不到位，无法达到掌握整个谈判进程的水准；

3）营销体系不完整，缺乏系统考核与培训制度，没有统一说辞、答客问；

4）销售道具不完备；

5）销售人员之间缺乏团队配合，互不支援、各自为战。

（3）整体操盘失当

1）房源销控不当，优质户型总是提早低价售罄；

2）没有"长蓄短爆"的操盘技巧，销售周期漫长且无高潮；

3）营销活动匮乏；

4）价格策略使用不当。

三、核心客群分析

通过对项目地块、交通、户型等多方面因素的综合分析，荣祥花园客群可作如下划分：

1. 在槐荫区及经十路沿线辐射区域工作的政府公务员、事业单位人员、驻地部队军官等将是消化本项目的重要客群组成部分。

2. 以项目为圆心、半径3公里范围内的大型国有企业人员、私营业主和个体老板、白领阶层等；济南西部城市建设和西进拓展速度加快，使周边城市化进程也稳步提升。城市化进程的加快和市区的扩张将迅速使得周边区域内原有居民对生活和居住质量有更高的要求。

3. 城市拆迁改造所产生的一批手中持有现金、急需住房的人群。

4. 无力购买市区房产的部分中青年白领阶层、工薪阶层，他们的共同特点是，有一份相对稳定的工作，收入又不是很高同时手中又有部分积蓄，只是为了满足基本的生活需求。

根据对目标客户群的仔细分析，通过对楼盘形象的重新塑造，首先留住区域内的高购买力刚性客户，再吸引经十路沿线的市区内客户购买。

四、老盘蝶变，精彩涅槃

1. 崭新概念，动人心弦

荣祥花园原先的核心推广主题是"西部首席高层健康生态社区"，不仅内容冗长难记，而且"西部"、"高层"等字眼恰恰令济南消费者所不能接受，而"健康生态"则是虚无缥缈，毫无支撑。

基于此，首先必须摒弃"西部"这个自暴其短的字眼，既然项目紧临济南的第一城市大道——经十路，那么"经十路"就是第一卖点。同时由于自身产品的不足，计划打造一条贯穿整个小区南北的水景带，并设计有一个主题景观喷泉在社区主入口、一片中央水景园林坐落于社区中央，项目建成后，水景将是项目的最大优势——"水景华庭"从而破图而出。

"经十路•水景华庭"概念的提出，成功点有三：

第一，彻底在思维上扭转了楼盘的空间概念，巧妙拉近了消费者的心理距离；

第二，将产品的核心特色与价值感非常直接的概括出来，跳出了周边竞争对手的包围圈；

第三，将原先老概念的5个元素减少为2个元素，易读、易记、易传播。

在后期的推广中进一步得到证实，新概念彻底征服了消费者，很多客户甚至把"水景华庭"当作了项目的案名，完全忘记了昔日的荣祥花园，很多人买房后直接向亲友说买的就是"经十路•水景华庭"。

2. 全面包装，新鲜亮相

（1）围绕新概念进行包装

围绕"经十路•水景华庭"这个全新的概念，首先重新包装了售楼处，增加户外指示牌、工地围挡、社区围墙，起导引作用；统一内外形象，把项目主要卖点制作成展板，在售楼处悬挂；鲜亮的广告看板、吊旗等对营造良好的销售氛围起到了巨大的烘托作用。其次完善了楼盘导视系统，将楼盘的新logo贯彻到社区内部的每一个细节。第三完善了项目的宣传物料，单张、楼书、客户通讯——筹备到位。

（2）通过改造软环境，增加项目附加值

在深入了解了楼盘现状之后，鉴于规划、单体、户型等主要产品因素已成定局，主要着手在软性环境和细节方面对楼盘进行改造，增加项目的附加值，主要内容包括：水景的加快建设与维护、物业服务的提升、绿植及建筑小品的增设、社区内 VI 导视系统的完善等。在宣传推广中，结合产品的优化情况，从园林升级、配套升级、交通升级、户型升级、产权升级、物业升级、装修标准升级、社区配套升级、发展潜力升级等各方面描绘出楼盘品质的全面升级，从而支撑项目实现从老盘到水景华庭的全新飞跃。

这一切给新老客户一个耳目一新的楼盘印象。

（3）结合项目不同的产品情况，在不同的阶段里都塑造出了不同的产品主题

例如：把位置最佳的 7 号楼定位为"水景华庭·至尊王座"，并在产品景观上寻找支持，打造出独有的水景大堂；针对北向大户型现房，推出"三居水景大宅"概念，针对这部分早出晚归的客户群，推出了"月光族"系列报广，包装定位为"月光族水景大宅"；针对 115 套 30 平方米～80 平方米的小户型，推出了"爱情·梦想·家"的感性主题系列广告。

就这样，一个老盘不断的向市场展示出自己的崭新形象与独特魅力，让一批又一批购房者倾慕而来，安家于此。

五、精准定位是审读市场的最终目的

传统的营销理论，营销组合包括了 4 个 P 分别是：产品、价格、渠道、促销。其实，一个好的销售人员不是仅仅为客户提供他们已经准备购买的产品，而是通过让客户意识到新的需求，或者使客户对旧产品产生不满意的感觉，而新技术提高了产品的性能、弥补了这次缺陷，来尽可能寻找机会创造出新的需求。所以，我们需要理性分析的同时，我们还需要具备感性的创造力。最终，我们将会通过对项目的正确判断，实现对市场的精准定位。

1. 市场营销定位

所谓市场营销定位，就是将产品置于某个特定的细分市场中，针对目标客源，设计出符合市场状况的营销方案。

因此，地产市场营销定位虽然是以热销楼盘为最终目的，但定位的对象却并不是楼盘，而是造势推广后楼盘在潜在客户心目中所确定的位置。面对纷繁的市场情况，我们需要以

怎样的心态去面对它呢？

决定市场营销定位的第一步。这就是要明确所要定位的载体是什么，这个载体是服务、用途、楼盘价值，还是特定的目标消费群。

开发商能否在当前激烈的市场竞争中站稳脚跟，对竞争对手的深入分析和准确应对以及培育自身独特的竞争优势很重要。为此，树立竞争营销理念，练好内功，不断提高自身素质，加强培养企业的核心竞争力。开发商要在各区域市场上取得竞争优势必须建构完善的企业治理机构，创造一种持久的发展动力和动力支持系统，以独特而优越的品牌、质量、技术、营销网络等区别于竞争对手的策略占领市场。

2. 市场细分战略是市场营销定位的前提

在市场营销定位选择中，并非每种选择都适用于在售楼盘，其市场细分还必须遵循一定的准则：

（1）细分市场必须足够大以保证商家"有利可图"；

（2）细分市场必须是可以识别的，应该具有合理的一致性；

（3）细分市场必须是媒体能够接触到的；

（4）不同细分市场对营销组合应该有不同策略；

（5）各细分市场应该是稳定的；

（6）细分市场应该不断增长；

（7）细分市场不应该与主要竞争者叠加，以免增加项目的营销压力。

认清了市场细分原则，其执行手法形式也可分为重新定位目标消费群、拓展或缩小目标消费群、对楼盘重新进行市场分割或项目功能转换等等。

3. 拓展或缩小目标消费群

拓展或缩小目标消费群的工作主要包括两个部分，第一是先区分不同区域消费群特征，第二就是描绘客户的形象。

（1）不同区域的消费群

一般来说，对于像上海、北京、广州和深圳等一线城市，研究区域就要以整个城市为准，具体研究整个城市目前在房地产行业方面的政治、经济、社会以及技术等方面的影响。

对于二线城市，有的项目就没有必要研究整个城市，通常可以分为城区和镇区两种形式，比如研究珠江三角洲二线城市房地产项目的时候，一般是分成城区和镇区两种区域形态。城区和镇区存在着很大的区别。此外，项目所能辐射到的人群还和其产品的定位高低有关系。越是高档的项目，其辐射的目标人群越广，越分散；越是普通的项目，其辐射的目标人群越集中。项目能够辐射到的具体人群受项目本身的定位和所在的城市性质差别很大。

在选定具体的研究区域以后，通常来说，其下一级行政区域，如果在具体的各项政策方面同上一级区域有不同的地方，也需要引起我们的强烈关注。一般而言，具体的研究区域包括市、区（镇）两级。通常我们需要了解该城市和该区（镇）目前房地产市场的一个大概状况（供需状况、价位分布、不同档次楼盘的目标人群的具体特征、目前房地产市场存在的一些有利和有害的问题、未来二、三年内的发展趋势等等）。

（2）为客户描绘形象

具体来说，第一个问题就是要为该项目的目标客户做一个形象的描绘。通过对这些方面进行系统的研究，我们就可以为该房地产项目的目标客户画一幅形象的素描。内容包括：

1）目标客户的人口统计学特征（性别、年龄、职业、家庭生命周期、家庭年均收入、目标客户的年均收入、居住位置、日常的交通出行习惯、有无私车、私车的价位等等）；

2）目前的居住状况（工作位置、居住位置、目前经常居住的住宅的性质（房改房、商品房、公司宿舍等等）、户型结构、建筑面积、对目前经常居住的住宅满意的地方、不满意的地方等等）；

3）购房的消费行为和习惯（打算购买的住宅的位置、打算几个人居住、具体住的人的人口统计学特征、购房目的、能够承受的最高单价、总价、对装修、家私和电器的要求、购房的关注要素、购房的信息来源等等）；

4）购房的情感需求和功能需求（希望购买的住宅带来的心理感受、对于建筑风格、社区环境、小区和周边的配套、景观、会所和小区物业等方面服务和配套的要求）；

5）生活形态和价值观（日常的生活和休闲方式、理想的生活和休闲方式等等）。

实战案例 3 Combat case 重庆华立·天地豪园大获成功的秘诀

华立·天地豪园位于重庆江北华新分流道旁的一个集独栋别墅、Townhouse、花园洋房、小高层为一体的高尚社区。

由于开始决策层在项目产品打造上走的是高端路线，因此在形象定位上提出"翔于天地，颐于豪园"的宣传口号，以居高临下的姿态傲视重庆房地产市场，其前期广告的平面设计也得到业界人士的好评，从表面上看一派歌舞升平的景象。但是，在满是山地的重庆，坡地别墅在市场接受度不高，销售缓慢。

在这样的背景下，该项目重新对目标消费群进行梳理，大胆采用营销策划、品牌包装和广告策划三力合一的非常手段，以局部热点带动市场关注，然后再进行强势定位，最终在短时间内打开市场，以最优化的投入形成强大的品牌合力，促进了项目的销售。其成功的密决有二，分别是：

成功密决之一：品牌软着陆——将高高在上的形象适度降低，让消费者产生亲近感，进而接受本案。

成功密决之二：精耕市场——紧紧抓住不同消费群特点，重新定位，细分市场。

一、前期市场诊断

1. 基于产品层面的诊断

（1）建于山地上的联排别墅，其排列方式让人产生不好的联想——重庆很多公墓就建在这样的山坡上，远远看去就像别墅一样，特别是在还没有人入住时这种感觉更加强烈。

（2）小区内的人造景观缺乏吸引眼球的特色和主题。

（3）周边的自然景观也缺乏吸引力。

（4）联排别墅底层主要客厅的面积过小，不符合本地人对客厅的要求。

2. 基于市场层面的诊断

（1）缺乏明晰的居住主题。

（2）目标客户群（中产阶级）不明确，并且这一阶层在重庆本地的存在状况一直都是业界争论的焦点。

（3）缺乏针对目标客户群有效的营销活动，让很大一部分具有消费能力的人游离于视野之外。

（4）在视觉表现上过于追求惟美，实效表现不足。

（5）对重庆本地人的消费习惯理解不足，缺乏生活化的描述，有曲高和寡的嫌疑。

（6）现场接待尊贵感不足。

二、项目 SWOT 分析

1. 本案优势

（1）地理位置：自华新分流道通车以来，从本案进出市区仅仅需要几分钟车程，地理位置的优势十分明显。

（2）区域优势：本案所在的黄金堡片区是重庆最早的"富人区"，目前已经没有多少房屋可以供应。并且该区域处在大重庆城市的中心位置，就更加显得难能可贵。

（3）环境优势：本案紧邻规划中的鸿恩寺森林公园、花卉园和市政公园，自然环境在主城区中非常罕见。

（4）投资商的品牌优势：华立地产集团作为跨地区的开发企业，在各地开发了不少项目，且华立控股是著名的上市公司，影响力也是较大的。

（5）品质优势：产品打造上采用了大量国内外优质建材，建筑施工更是一丝不苟。

2. 本案的劣势

（1）复杂的产品形态面对不同的客户群，很难予以整体形象的整体定位。

（2）作为综合性大社区的规模不足，难以吸引更多的人气。

（3）周边的生活配套不足。

（4）公共交通线路不足，生活出入不便。

（5）小高层和花园洋房户型配比不合理，大户型过多，市场消化力有限。

（6）联排别墅的客厅太小，不符合本地客户的消费习惯。

（7）对于高端楼盘而言，本案缺乏主题景观。

（8）推广预算十分有限。

3. 本案面临的机会点

（1）整个社区逐步进入现房状态，成品房已经可以看到，不确定因素减少，对购房者产生一定的吸引力。

（2）现房发售体现出开发商的实力，增强消费者购房的信心。

（3）另一座连接江北与主城区的大桥已经开始建设，本案正好处于这一交通线上，将使本案与其他各区的交通环境得到很大程度的改善，升值潜力巨大。

4. 本案面临的威胁点

（1）政府关于中高档楼盘的消费信贷等政策逐步出台，消费力受到抑制。

（2）2004年下半年大量的中高档楼盘进入市场（蓝湖郡、棕榈泉、保利、鲁能星城、中央大街、中央美地、阳光100、武夷滨江、阳光华庭等等大都为上千亩的大盘），竞争更加激烈。

（3）重庆本地对大户型依然缺乏消费能力。

三、项目重新定位

1. 房地产企业品牌和项目品牌的整合传播

（1）在市场竞争日益激烈、产品乃至推广手段都日趋同质化的今天，项目的营销策划、广告推广必须以品牌形象的建立为起点，以品牌知名度和美誉度的提升为目的，从品牌传播的高度进行营销策划、形象策划和广告策划，整合产品力、形象力和销售力，形成三力合一，才能够以较少的投入，形成长期的"传播力"和顾客忠诚度，最终形成品牌的核心竞争力。

（2）房地产企业大都是近几年才崛起的，像万科这样的企业并不多见，而且房地产开发又是地域性比较强的行业，因此作为品牌在这里就存在着企业品牌和项目品牌怎样互动的问题，特别是2004年很多"二外"企业（外地企业、外行企业）进入房地产开发的行列，其所在原行业的品牌也通过各种方式嫁接到现在的产品当中，形成强大的市场攻击力。

2.本案卖点简析

（1）环境——卖生活质量；

（2）品位——人文氛围、好的邻居；

（3）升值潜力——城市建设带来未来；

（4）建筑风格——卖艺术氛围、卖生活梦想；

（5）硬件设施——新材料、新工艺、楼间距大；

（6）空间价值——跃式、露台；

（7）情感——孩子、情缘、亲恩。

3.本案核心利益点

以上都是本案极为重要的卖点，但是都不能够起到总领全局的作用，因此我们提炼出本案的核心利益点——都市养生！

此概念既符合产品的实际利益，又可以从中端楼盘延伸至高端楼盘，起到了总领全案的作用，在分卖点上又保持了各自的特色。

4.核心策略

（1）形象——软着陆

在对外宣传中，降低调子，给以前空洞的诉求注入实质的内容，让目标受众从实际的产品中感受生活方式的提升。这个过程并不要求改变以前的所有风格，只需在延续调性的基础上适度降低。

（2）平面表现——生活情景化

改变前期广告表现缺乏策略指导的弊端，根据针对目标客群的策略思想，利用生活场景的描述展现本案的特色和优势，达到引人入胜的目的。

（3）客群——分众市场

针对不同产品的消费者当然要采用与之对应的诉求方式和语言，推广时把不同建筑形态完全分开，在共享品牌前提下的分别予以引导。

六、"多角度"的企业品牌定位

在住宅市场我们进一步增加质量、品牌、包装以及服务等等营销手段。质量（特色、种类及样式）与项目的建筑设计、结构、平面布局和装修相关。品牌相当于开发商的社会声誉或一栋住宅的等级。包装一个房地产产品是指为吸引特定客户而为物业增加的外形特色、功能和利益，例如额外的电子插座或良好的景观设计。服务代表了开发商对将要进行的物业管理的承诺，例如提供保安服务。

1. 明确优势资源竞争力

对项目的优势资源条件，经整合后，通过开展的一系列造势工程使楼盘在市场推广中得到有效体现，再现楼盘的优势资源竞争力。

优势资源竞争力可分为楼盘自身优势资源和与城市发展战略的联合两个方面：

楼盘自身优势资源——优化利用现有的自然生态、独具特色的楼盘设计、优质服务以提升楼盘附加值、楼盘升值潜力等。

与城市发展战略的联合——与城市区域规划的优势互动、与政府的政策走向相关联、顺应城市发展民众关注热点等。

2. 价值优化竞争力

价值优化是形成楼盘整体竞争壁垒和差异化竞争的主体，策略可以分别从三个竞争力指标的价值优化组合中得到。

项目的价值优化竞争力体现如下：

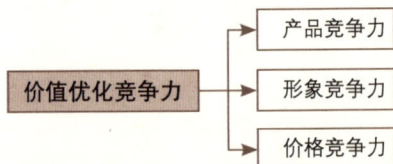

```
                    ┌──→ 产品竞争力
  价值优化竞争力  ───┼──→ 形象竞争力
                    └──→ 价格竞争力
```

产品竞争力——楼盘的风格、楼盘的质量、楼盘的重新包装、社区配套设施；

形象竞争力——提倡楼盘的某种精神文化、楼盘品牌的提升与整和；

价格竞争力——以合理价格，重新整合产品市场竞争力，开启热销市场。

将三种竞争力组合到一个价值战略的高度，整合项目的实际定位和优势资源，就可得出楼盘"起死回生"的营销最优价值组合："高品质、高形象、高性价比"。

在造势营销的方向及市场开拓中，楼盘实际的理性价值战略围绕"三高"而开展，故楼盘造势与价值战略的理性组合便体现如下：

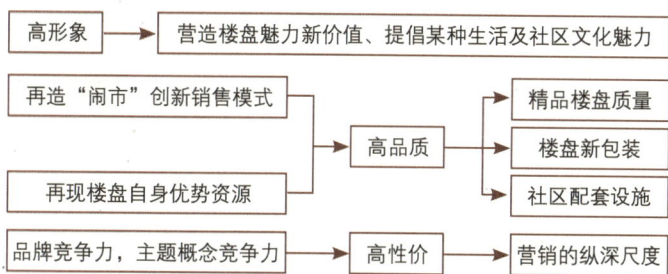

高形象 → 营造楼盘魅力新价值、提倡某种生活及社区文化魅力

再造"闹市"创新销售模式 ┐
　　　　　　　　　　　├→ 高品质 → 精品楼盘质量
再现楼盘自身优势资源 ┘　　　　　　　→ 楼盘新包装
　　　　　　　　　　　　　　　　　　　→ 社区配套设施

品牌竞争力，主题概念竞争力 → 高性价 → 营销的纵深尺度

3. 跃升项目竞争力

最优化整合优势资源结合最多元化的造势活动，引导利用楼盘再创市场竞争力，从产品价值、形象价值、价格价值等具体方面打动消费者，进行针对楼盘失利因素的市场跃升。

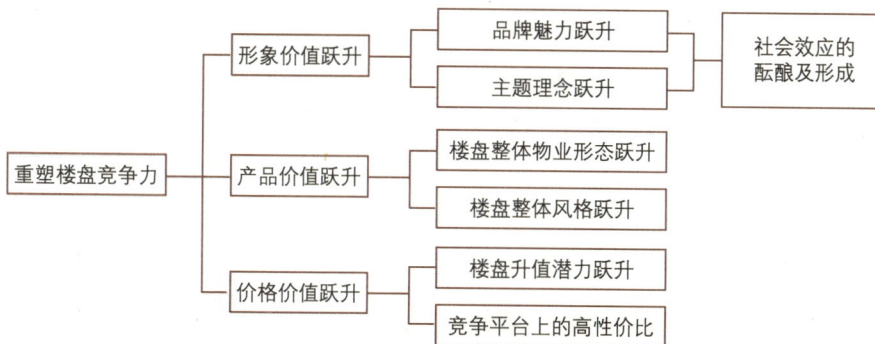

重塑楼盘竞争力
- 形象价值跃升
  - 品牌魅力跃升
  - 主题理念跃升
  → 社会效应的酝酿及形成
- 产品价值跃升
  - 楼盘整体物业形态跃升
  - 楼盘整体风格跃升
- 价格价值跃升
  - 楼盘升值潜力跃升
  - 竞争平台上的高性价比

4. 楼盘核心价值体系的实施策略

所谓"三流企业做事,二流企业做市,一流企业做势"。其实,地产营销也是如此。最聪明的营销就是在市场中审时度势、顺势而为,以时势造市场,故地产造势营销的本质也是"营势"、"谋势"。因此,再完美的营销定位细分、再精练的产品价值提炼,都应围绕消费市场的变化趋势而作出相应的对策才是制胜的关键。正如兵法所云:"故善战人之势,如转圆石于千仞之山者,势也"。

跃升核心价值体系后的楼盘,将其亮点整合到实际的营销操盘中,把理念转化为楼盘新形象和新"高性价比"的营销核心,实现理念对市场的强化提升作用,这便是以核心价值指导楼盘"突围"的策略。

楼盘核心价值体系的实施策略重点在于:

① 整合楼盘可调动的优势资源全力配合造势运动的开展,提升和最大化利用之,避免弱化优势,以营造一种无市而上的"气焰";

② 在上述基础上,凸现楼盘价值的实用性和升值性,建立高性价比产品特性,以吸引各类型买家的消费需求。

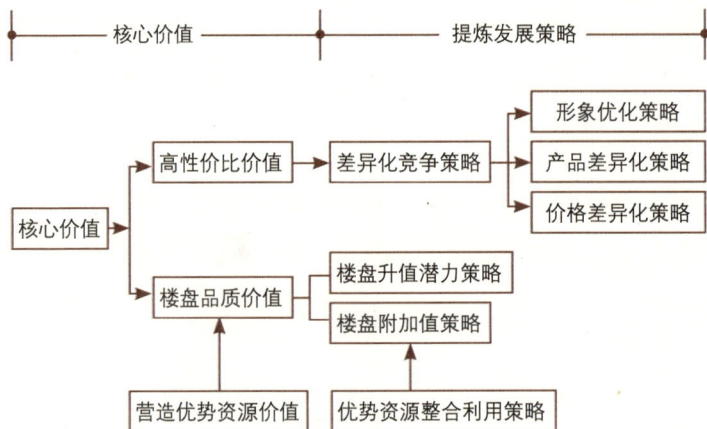

03

READY

蓄势

本章使用指南：

根据世界卫生组织对健康的定义："健康，就是指人在身体上、精神上、社会上完全处于良好的状态。"现代小区开发建设中，不仅要考虑到美的要素，更要充分考虑现代小区里的主体——人的需要。只有了解了这种需要，再从这种需要出发进行设计，进行必要的健康美的处理，才能达到居民满意的效果。

住宅消费市场如同巨大的财富磁场，吸引了各路英雄豪杰纷至沓来。对于一个能满足实用与美观、现代与自然和谐共融的小区设计，同时秉承着"以人为本"的思想，必然会受到消费者的亲睐。

本章从城市住宅区构成的物质及非物质要素入手，考虑人居环境的各个方位需求对住宅产品设计和定位的影响。住宅楼盘营销的"头响炮"即是因时因地创造项目的优势价值。占尽了"天时地利人和"的好项目，试问谁能与争锋？

▶▶

在房地产由营销时代向产品时代和品牌时代过渡的过程中，产品的优劣成为成败的关键因素。建筑基地千差万别，市场形势变化万千，在追求经济效益最大化的今天，优良的产品已成为制胜的法宝。

一、以人为本，人性关怀

1. 空间规划

住宅需求是人类的基本需求之一，住宅建设是城市建设的主要方面。在一个城市中，生活居住用地的比重一般占到城市建设总用地的 40% ~ 50%，住宅建筑因其在城市各类型建筑中量的优势而成为整个城市的风景。因此，住宅建筑集聚地的空间规划也就成了影响整个城市形态的重要因素。

（1）居住区的类型与规模

住宅区是城市中在空间上相对独立的各种类型和各种规模的生活居住用地的统称，它包括居住区、居住小区、居住组团、住宅街坊和住宅群落等。住宅区的组成不仅仅是住宅和与其相关的通路、绿地，还包括与该住宅区居民日常生活相关的商业、服务、教育、活动、道路、场地和管理等内容，这些内容在空间分布上可能在该住宅区空间范围内，也可能位于该住宅区的空间范围之外。

第一：居住区

居住区是一个城市中住房集中，并设有一定数量及相应规模的公共服务设施和公用设施的地区，是一个在一定地域范围内为居民提供居住、游憩和日常生活服务的社区。它由若干个居住小区或若干个居住组团组成。

规模：人口 30000 ～ 50000 人，户数 10000 ～ 15000 户，用地 50 ～ 100 公顷。

第二：居住小区

居住小区指由城市道路或自然界线（河流等）划分的、具有一定规模并不为城市交通干道所穿越的完整地段，小区内设有整套满足居民日常生活需要的基层服务设施和公共绿地。它由若干居住组团组成，是构成居住区的一个单位。

规模：人口 7000 ～ 15000 人，户数 2000 ～ 4000 户，用地 10 ～ 35 公顷。

第三：居住组团

居住组团指由若干栋住宅组合而成的，并不为小区道路穿越的地块，内设为居民服务的最基本的管理服务设施和庭院，它是构成居住小区的基本单位。

规模：人口 1000 ～ 3000 人，户数 300 ～ 700 户，用地 4 ～ 6 公顷。

（2）居住区的区位价值

每个城市都会因为某些区域由于长期经济繁荣，导致大量高质量的就业人口集中居住，从而促使该区域住房需求持续增长，最终形成了售价高、品质高的高尚住宅区。

"地段、地段、还是地段"已经成为房地产开发的至理名言，突显地段在营销过程中占有关键的一环。地段的不同、开发理念不同等因素造就了每个楼盘都是独一无二的，因而在对其进行营销时，可借助自身的特征来进行突围热销。

交通是区位的最直接表现，交通的便利可最大程度的吸引消费者的眼球。在借交通便利营销过程中，可突出楼盘附近公交站台多、公交路线多，或地铁线路，或项目可以提供楼巴等等，还可借助城市规划，如政府几年后在本项目附近有地铁线路的开通，或道路的修建等等。

（3）居住区四大基本物质性内容

卫生、安全、方便和舒适是住宅区适居性的基本物质性内容。

第一：卫生

包含两个方面的含义，一是环境卫生，如垃圾收集、转运及处理等；二是生理健康卫生，如日照、自然通风、自然采光、噪声与空气污染防治等。

第二：安全

包含两方面的含义，一是人身安全，如交通安全、防灾减灾和抗灾等；二是治安安全，如防盗、防破坏等犯罪防治。

第三：方便

主要指居民日常生活的便利程度，如购物、教育（上学、入学等）、交往、户内户外公共活动（儿童游戏、青少年运动、老人健身、社区活动等）、娱乐、出行等，包括各类各项设施的项目设置与布局。

第四：舒适

主要指居住者的直观感受，小区合理的规划布局为居民提供了良好的现代小区环境，现代化的设施、优美的自然环境等这一切能够使人们带来一种舒适的满足感。

（4）项目地形条件

基地地形的条件，对规划总体布局的土地使用、道路的走向和线形、各项基础设施的建设、建筑配套及视觉形态都有一定的影响。地形的形态包括山谷、山坡、冲沟、平地、盆地、谷道、阶地等。

对于这么多种不同的地形条件，全部将其夷为平地后再进行房屋修建无疑耗资巨大且工程难度系数相当高，并没有太大的现实操作可行性。在对项目进行规划设计时，唯有根据基地地形特点，依形而建，既可以节约大笔建设成本费用，又可以创造项目独特的竞争优势。

缓坡地形	→	可以利用地形抬高楼体，开阔住户视野；也可以利用项目天然坡度，以点式组团式总平布局，创造微坡住宅小区，巧妙利用地形高差，使组团及建筑布局错落有致，保证每家每户的居住均好，令视野更开阔，景观更丰富
中坡地形	→	可以利用原坡地高差，把项目建成高低错落的多层斜屋顶建筑群，让项目带有一定别墅风格，又有更加开阔的视野
坡度稍大的基地	→	多考虑建独栋别墅。项目可利用山体坡地地形，结合低层、中层、高层住宅采用椭圆形螺旋式上升的围合建筑形态，从而使建筑空间错落有致。在尽可能多地吸纳周围美景的同时，将建筑藏身于山体与园景的绿意空间内，以达到项目与自然最完美的融合

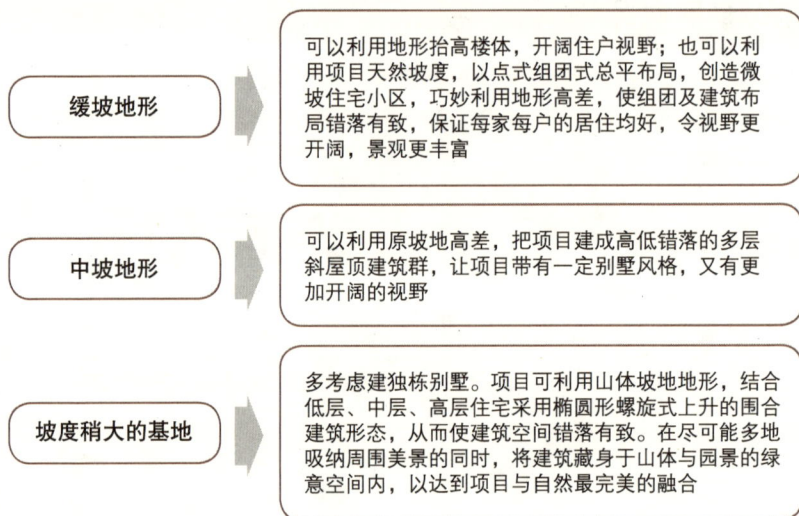

（5）外部空间的合理规划布局

空间需要人感知其的存在，它和发生在其中的生活内容在空间的形式、尺度、比例、质感等物理性要素具有某种程度上的相关性。一个空间对某些特定的人群来说是有意义的，它是这些人群的个人生活和社会生活的一部分，意味着某种归属。空间具有层次性，它是由人心理上的安全感、归属感和私密性要求决定的。

住宅，已不仅仅是遮风挡雨、安身立命之所，更是人们休闲、娱乐、进行人际交往的场所。这就要求开发商在进行住宅小区规划时，必须以人为本，统盘考虑客户的各种需要，最大限度地满足人们在舒适、方便、安全、审美、健康、体现自我价值等方面的需求。

1）外部构建物的构成要素

外部构建物的构成要素可分为基本构成要素和辅助构成要素。基本构成要素是指限定基本空间的建筑物、高大乔木和其他较大尺度的构筑物（如墙体、柱或柱廊、高大的自然地形等）。辅助构成要素是指用来形成附属空间以丰富基本空间的尺度和层次的较小尺度的三维实体，如矮墙、院门、台阶、灌木和起伏的地形等。

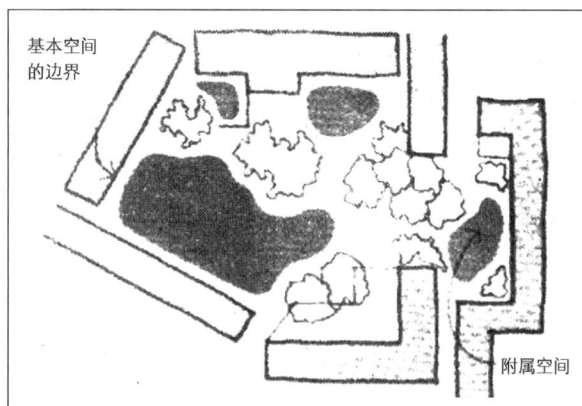

基本空间的边界

外部空间一般由基本空间和附属空间构成

附属空间

2）交通路网

① 交通路网是城市路网的延伸

住宅区内的交通路网使住宅区与整个城市形成了一个紧密的整体，而不是社区成为都市中的一个个封闭的"孤岛"。所形成的地块也相对比较规整，便于使整个城市有着一种统一感和秩序感，而不是像现在这样五花八门，特色仅仅是混乱。与此同时，也有利于解决现代城市交通拥挤的状况。通路是住宅区内外各种路径的统称，包括小径、车路和街道。通路在住宅区中的作用极为重要，它在规划结构中是住宅区的空间形态骨架。

② 交通路网对建筑群体布局的约束作用

这些生活次街的建立，所形成的相对规整且规模较小的地块（一般 4 公顷左右）从某种程度上减少了建筑群体布局的随意性，引导其与更大范围的区域甚至整个城市保持统一性。这就从宏观上对住宅区的空间形态进行了控制，以适应人们的共性需求，然后在微观上面对建筑群体的布局起到了约束的作用。

③ 通行功能是住宅区各类通路的基本功能

居民出行与区内交通方式的选择直接影响着住宅区各类各级通路的布局与连接形式，虽然受经济发展水平、生活习惯、自然条件、年龄和收入等因素的影响，不同地区、不同年龄和不同阶层的居民所选择的交通方式有不同的特征，但仍然有其一般的规律。

④ 住宅区的交通特征与类型

交通方式按采用的交通工具分有机动车交通、非机动车交通和步行交通三种。

住宅区交通呈现出明显的生活性特征，其交通内容主要是上下班、上下学、购物、服务等日常生活行为。

⑤ 依照原有地形地貌进行改造

小区交通设计可以尽量减少对原始地貌的破坏，车道的尽端应开放出回车用的广场。

⑥ 采用"人车分行"的设计理念

住宅区交通组织的方式有人车分行和人车混行两种基本方式。"人车分行"的交通组织方式是 20 世纪 20 年代在美国提出的，并首先在纽约郊区的雷德朋居住区中予以实施。

⑦ 休闲人行系统的设计

作为补充，小区的人行交通系统完善而发达，垂直交通则可由室外电梯承担，将住户由主路送至家门前的花园广场。人行交通也是横贯小区的休闲步道，分别设于不同层面上，让人感受全然不同的郊外景致。

⑧ 小区停车

小区停车带的设计需要有高效安全性的"人性化"的设计理念，地下行车的便捷性、停车环境的舒适性和车库管理可使行车者自愿入库停车成为可能，从而实现居住环境和居住品位的提升。

主题案例　西安融发沁园的人车分流体现了一种人文关怀

西安融发沁园在最初设计方案中，小区主入口在主干道上，人车混流；而主入口旁边不远就是一个红绿灯十字路口，一旦红灯亮起，排队的车辆即可一直排到小区主入口，而且旁边还有公交车辆的车站，小区业主的车辆出入麻烦可想而知。在经过设计部门讨论后，把车辆入口改为另一个地方，做到了人车分流。这样的设计改善了住户的交通环境，体现了开发商的一种人文关怀。

2. 建筑艺术

在市场竞争日益激烈的今天，楼盘的建筑风格也逐渐成为项目的一大卖点。但一个项目的建筑风格并非空穴来风，由设计者想当然地采取某一种风格。而必须首先根据市场情况，然后结合项目自身条件，进而选取最合适的建筑风格。借助建筑营销手法，包括建筑的创新技术、建筑的新工艺材料、建筑的环保装修、建筑的特殊风格、建筑的楼间距、建筑的超高绿化率等，可以创造出另一个营销奇迹。

（1）建筑风格

建筑风格主要在于建筑的平面布局、形态构成、艺术处理和手法运用等方面所显示的独创和完美的意境。

世界代表性建筑风格荟萃	
类型	**特点**
地中海风情	分为西班牙式、意大利式、希腊式及法国式。建筑外墙的涂料经过细致操作，体现一种传统的手艺精神。不对称的建筑形态设计，弥漫阳光下的浪漫激情；尤其是西班牙风格的住宅，采用很多圆弧形结构，包括墙体、护栏、门窗框架乃至屋顶。最突出的是庭院，户外空间形成生活空间的重要组成，大户型设计一个环绕的庭院或天井，形成围合式的群落；通过大量连接室内与外界的长廊、天井等"灰空间"，将室内与室外融为一体
欧陆风格	主要以粘贴古希腊古罗马艺术符号为特征，反映在建筑外形上，较多的出现山花尖顶、饰花柱式、宝瓶或通花栏杆、石膏线脚饰窗等处理，具有强烈的装饰效果，在色彩上多以沉闷的暗粉色及灰色线脚相结合，另外，这一类建筑继承了古典三段式的一起表象特征，结合裙楼、标准层及顶层、女儿墙加以不同的装饰处理
北美风格	美式建筑体量普通比英式大，为多木结构，体现乡村感；运用侧山墙、双折线屋顶以及哥特式的尖顶等典型的北美建筑的视觉符号；有大窗、阁楼、装饰性抹灰木架，色彩丰富，线条流畅。美式住宅类建筑个性化和多元化风格成分高；规划整齐协调、建筑多元化和个性彰显。悠闲活力、自由开放的街区氛围形成独特的北美居住文化
澳洲风格	澳大利亚大部分人都居住在沿海一带，因此在建筑上最为突出的是通透和开放；经常采用首层架空以及飘逸的外阳台。海浪般的流线型设计取代了原本方正的棱角，独特的动感楼梯亦增强了建筑整体结构的稳定性，使得整个建筑轻盈、精致、有灵性。都采用纯净的自然色，整个给人的感觉是一派归于自然的朴素单纯的色调和干净的街道，分外安静。与欧洲古典建筑相比，澳洲建筑代表了现代、时尚、健康、休闲的生活观，在建筑中享受最完善的自然
中式风格	中国传统建筑主张"天人合一、浑然一体"，居住讲究"静"与"净"，环境平和，建筑含蓄。无论是重在写意的江南庭院，还是独立组团的四合院，都追求人与环境的和谐共生；追求环境的稳定、安全和归属感

类型	特点
现代风格	现代风格的作品大都以体现时代特征为主，没有过分的装饰，一切从功能出发，讲究造型比例适度、空间结构图明确美观，强调外观的明快、简洁。体现了现代生活快节奏、简约和实用，但又富有朝气的生活气息
新古典主义风格	新古典主义风格的建筑外观吸取了类似"欧陆风格"的一些元素处理手法，但加以简化或局部适用，配以大面积墙及玻璃或简单线脚构架，在色彩上以大面积线色为主，装饰味相对简化，追求一种轻松、清新、典雅的气氛，可算是"后欧陆式"较之前者则又进一步理性。目前国内这种建筑风格较多，属于主导型的建筑风格
后现代主义风格	这一风格的建筑在建筑设计中重新引进了装饰花纹和色彩，以折衷的方式借鉴不同的时期具有历史意义的局部，但不复古
园林风格	其特点是通过环境规划和景观设计，栽植花草树木，提高绿化，并围绕建筑营造园林景观
概念式风格	90年代开始在国际上流行，其实是一种模型建筑，它更多的来源于人的想象，力求摆脱对建筑本身限制和约束，而创再出一种个性化色彩很强的建筑风格

（2）五大元素成就建筑风格设计

1）外立面

作为表现住宅外部形象的外立面，既需要保持整体统一，又需要保持局部变化，并将这种局部变化服从于整体的统一。可以采用的方法包括：局部镂空，设计成观光之处，并创造"景中有楼，楼中有景"的效果；同一立面上施以不同色彩，形成对比，增强动态感；还可将立面从直线变为曲线。

2）表现风格

在建筑发展过程中，住宅细部色彩缤纷，千变万化。

3）空间及其组合

空间是无限连续的三维延伸，或者说是物质存在的广延性，建筑风格也是关于空间的艺术。一座住宅的建筑空间，无论从水平方向、纵深方向还是垂直方向，其空间形态、大小、方向明暗、阔狭等都产生不同的视察效果。

4）外部环境

外部环境包括自然环境（如花草树木等）和人造环境（如假山、喷泉、阳光、音响、雕塑等）。

5）色彩

颜色是表现风格的重要辅助手段，尤其是在调动人的情感方式上具有重要作用。一方面，色彩可以弥补建筑材料原始质感和自然肌理在调动人的感官方面的不足；另一方面，它又可以通过抽象手法，直接表达出一种风格。

（3）建筑风格设计原则

1）受地理气候左右

建筑设计要与当地地理、气候条件及人们的消费习惯相符。

2）受周边环境左右

根据不同的地块选择不同的建筑风格，如建在使馆区和大学附近的豪宅应选择欧式古典或现代主义的建筑风格，建在著名古迹附近的豪宅应选择纯粹中国的传统民居风格。

3）与园林景观相配合

园林景观与建筑风格应该是相辅相成的。所以，尤其是在园林景观保留原生植物的基地上，建筑风格应与园林景观风格相协调。如某项目园林中保留了大量热带植物，该项目就应围绕热带风情进行建筑风格选择，如东南亚建筑风格。

（4）住宅建筑分类

如何理解住宅产品的内涵和意义，不仅是一个开发理念问题，同时也是一个战略决策问题。这个问题不解决，谈创新、谈速度、谈品质就是一句空话。在新经济下，住宅就其产品形态来讲，本质上是为人们提供了一个空间，这种空间既是有形的，也是无形的；既有私有的，也有公共的；既包括物质生活的，也包括精神生活的。由于消费者需求的复杂性和多样性，以及产品的难以更改性和差异性，这就要求在设计时必须超越的开发设计模式，不仅仅是有形产品的设计，同时要把产品扩大到更为广阔的空间，实现住宅产品有形设计和无限空间交融。

目前，市面上的住宅产品总类繁多，叫法不一，包括：亲水住宅、花园洋房、联排别墅、叠拼别墅、单身公寓、酒店式公寓……在此，我们采用住宅建筑的常见分类方法，了解其不同特征。

1）按照层数的不同，可将住宅建筑分为四类：低层住宅（1～3层）、多层住宅（4～7层）、小高层（8～16层）、高层住宅（17层以上）。

2）按照建筑类型的不同，可以分为：普通类住房、别墅、多层多户型、小高层、高层、复式等等。

3）按照建筑结构的不同，可以分为砖木结构、砖混结构、剪力墙结构、框架结构、框架剪力墙结构、钢结构等。

4）按照居室数量区分的房屋，如一居、两居、三居等，细分又可再按照卫生间数量分为两居一卫、两居两卫、三居一卫，三居两卫等等。

5）从建筑设计方面，可以分为平层、错层、跃层、复式等。

（5）几种特殊的空间结构住宅

1）错层式住宅

错层式住宅分套内错层和套与套之间错层两种。套内错层指突破传统的楼层平面布局，套内楼层高度不一致，以提高住宅室内空间的多样性。套与套之间错层大多在多层住宅，在同一单元相邻之间二套住宅层面高度为分别错开半层高度，使原来每跑楼梯平台二户改为每跑楼梯平台一户，既为住户提供方便，又增加了住户的私密性。在功能与感觉上均展现出新的特色。还有的利用地形地势的高差在坡地上设计错层式房屋，可以减少挖土的土方量。错层带来空间丰富的感受，如不是身临其境很难想象得到，所以对于初次进入这种房屋的人有较大吸引力。但错层式房屋不利于结构抗震，而且显得空间零散，容易使小户型显得局促，更适合于层数少、面积大的高档房屋。

2）跃层式住宅

这类住宅的特点为：每套房屋套内拥有上、下两层。每层层高与普通住宅基本相同（部分第二层跃层高度会比标准层低），起居室、卧室、客厅、厨房、卫生间分层布置，上、下两层通过户内楼梯联接，而不通过公共楼梯。这类住宅的优点是户内使用功能布局合理，私密性好。在小高层和高层住宅中，还可以减少电梯停留次数，提高使用效率。

3）复式住宅

复式房屋实际上并不具备完整的两层空间，夹层在底层的投影面积只占底层面积的一部分。夹层可以做成房间，也可以做成跑马廊形式（夹层悬空的一侧不做墙壁或墙面后退，在平面的外边缘有栏杆或栏板，上面的人可以看见下面，下面的人也可以看见上面，形成一种不完全的空间，一般称其为"排空"），与底层之间有视线上的交流和空间上的流通。而跃层房屋的上下两层之间完全由楼板分隔，只通过楼梯联系，和复式房屋的空间是两种不同的类型。

复式实际是在建筑净空较高的套内增加一个夹层，高度多为 1.5 米左右，将使用频率较低的房间如卧室安排在夹层。复式住宅的优点是空间利用率高，经济适用。

3. 景观环境

人与环境是相互作用的关系，在这个作用中，人可以改变环境；反过来，人的行为和经验也被环境所改变。毋庸置疑，景观环境设计是一门艺术，通过对环境的设计、改造，人们获得了舒适、优美的环境，享受了高品质的生活。

（1）景观设计的要素

住宅区公共景观用地是指不属于住宅区其他用地（包括住宅用地、公共建筑用地、道路用地、停车设施用地、市政设施用地以及其他用地），为住宅区全体居民共同享用的活动场所，包括居住区公园、居住小区集中绿地、各类户外场地（不包括标准的运动场）、居住组团封闭休息场所、较大的住宅院落绿地或场地。住宅区的公共景观具有三种主要作用：

1）使用功能

使用功能是指具有可活动性，如游戏、运动、散步、健身、消闲等。

2）生态功能

植物是景观要素的重要组成部分，它不但能满足园林的空间构成、艺术构图需要，为人们提供遮荫、降暑、防灾等功能需求，具有生态平衡、调节气温的作用，如住宅区小气候的形成（包括降温、增湿；导风等）、环境污染的防治与质量的改善（有噪声减弱、空气降尘、减菌和吸收二氧化碳等）、水土保持、动植物生长与繁殖等，更是生态系统的初级生产者，是大多数生物种类的栖息地，是生命的象征。

3）景观功能

拥有自然景观资源的房子，本身便构成了一道风景，在风景与风景的对话中，消费者渴望发现一种源自梦想的最大价值，为了把这种价值利用最大化，在对楼盘营销过程中，可借助于楼盘的一线江景、二线江景、河景、湖景、海景、园景、山景等自然景观贯穿在整个楼盘项目的营销过程中。

园林景观的设计重在对自然环境的塑造，给人亲切舒适的享受，更多地融入轻松休闲的意境，也是住宅项目的一大卖点。而园林用地范围内有峰、峦、坡、谷、湖、潭、溪、瀑等不同的山水地形外貌，还有基地内原生的草地、树丛等植被植物景观。这些都是园林的骨架，是整个园林赖以存在的基础。

（2）园林景观设计的原则

按照园林设计的要求，应综合考虑同造景有关的各种因素，充分利用原有地形地貌，统筹安排景物设施，对局部地形进行改进，使园内与园外在高程上具有合理的关系。故在对住宅园林景观进行设计时应当遵循以下几个原则。

1）因地制宜

园林景观处理应遵循因地制宜的原则，宜山则山，宜水则水。以利用原地形为主，进行适当的改造。

住宅楼的投影面积所占用地面积的比例（密度）应控制在30%以下；绿化用地一般应超过35%，并尽可能扩大，有的优秀住宅区已达到50%以上。绿地公布应按集中与分散相结合，便于居民就近使用的原则。科学布置中心公园，分区中小公园。小区公园应大小有度，除特大型住区外，住区内一般不宜建大型公园，而应着重搞好分区中小公园或主题公园及组团绿化。公共服务设施尤其是体育锻炼、老人休闲、儿童游戏活动场地，既要适当靠近居住区域，方便居民使用，也要防止对住户的干扰。

2）自然即为美

园林景观设计要借鉴自然，以多姿多彩的自然地貌为蓝本。即所谓"以真为假"来塑造园林景观，而且要继承中国传统的掇山理水手法;"做假成真"，使园林景观"虽由人作，宛自天开"，出于自然高于自然。

3）多样层次

园林景观除注意本身的造型外，还要为园中建筑及其他工程设施创造合适的场地，施工时注意保留表土以利植物的生长。在造景方面，地貌同其他景物要相互配合，山水须有建筑、植物等的点缀，园中建筑及其他设施也需要山水的烘托。因此，在地形上处理必须与景园建筑景观相协调，以淡化人工建筑与环境的界限，使建筑、地形与绿化景观融为一体。

主题案例　万科"17英里"的3条设计原则

"17英里"项目是一个近距离接触海抚摸山，和山海紧密结合的项目。把住宅做成是融入到山海自然中的点缀，让大自然永远是美丽的主角。于是，建筑与自然、人之间的和谐，使"17英里"成为了海边的伊甸园。

在住宅的景观设计中，"17英里"主要有下面的3条设计原则：

（1）通过合理地布局，户户海景，充分引入海洋资源优势，体现家住海边的特色。

该项目具有非常独特的自然环境，面朝蔚蓝深邃的大海，背靠翠绿的山坡。因此，项目设计确定了营造具有鲜明海边坡地特征和休闲度假特性的高档居住小区，保护原有地貌及区域生态的规划设计理念。

（2）坡地住宅居住的层面于竖向分开，最大限度地延伸环境至建筑空间之中，实现真正意义的融合。

除了自然海岸景色外，还有周围山坡绿地，公用花园，天然及人造的景观，各住宅群本身及之间的庭院，在整体的布局上相互串连，使在不同的路径上，都能享受到不同层次的景观。天然及人造的景观相互衬托，相得益彰浑然一体。

（3）立面设计采用纯现代风格，简洁质朴而轻盈，是大海边的精致点缀，融于山海之间。

为了降低对自然山体的破坏，在尽量减少斜坡平整的情况下，通过住宅单体的平面设计及布局，做到户户有海景。为了体现资源的合理分配，面积越大住宅越高档，其位置越靠近海岸线，同时要做到不遮挡后面住宅的景观，体现海滨住宅特色。

4. 公共配套

配套设施已经成为消费者购房的一大决定因素，特别是郊区楼盘，由于远离市区，在休闲、购物等方面并不便利，这其实也是一种生活方式的体现。因此，在对项目进行营销之前，首先是建造配套设施。这样，弱势项目就可利用配套设施进行水到渠成的营销。

公共配套一般指公共服务设施、市政公用设施、停车设施、安防设施和活动设施五大类。广义地说，住宅区的所有物质实体均可归属为住宅区的设施。

（1）公共服务设施

一般而言，住宅区的公共服务设施可分为公益性设施和盈利性设施两大类。按其服务的内容，又可分为商业设施、教育设施、文化运动设施、医护设施、社区设施五类。社区中心的功能定义目前尚难明确，它应该是一种集社区管理、居民服务、社区活动和社区教育为一体的综合设施，也是达到住宅区社区发展目标和社区系统组建的重要物质设施。

公共服务设施分类

类型	主要设施
商业设施	24小时小型超市、菜市场、综合百货商场、旅店、饭店、银行、邮电局、服务型商业（洗衣、家政等等）
教育设施	托儿所、幼儿园、小学、普通中学
文化运动设施	文化活动中心、文化活动站、居民运动场
医护设施	门诊所、卫生站、医院
社区设施	社区活动（服务）中心、物业管理公司、街道办事处

（2）市政设施

市政设施包括为住宅区自身供应服务的各类水、电、气、冷热、通信以及环卫的地面、地下工程设施。住宅区市政公用设施的规划应该遵循有利于整体协调、管理维护和可持续发展的原则，节地、节能、节水、减污，改善居住地域的生态环境，满足现代生活的需求。

（3）停车设施

随着私家车的发展，小区停车设施需求不断地增大。一般的普通住宅小区停车设施面积要达到小汽车每户1.2平方米，自行车每户3.6平方米，摩托车每户0.6平方米。高档住宅区的停车设施面积必须达到小汽车每户8.4平方米，自行车每户2.4平方米，摩托车每户2平方米。

（4）安防设施

1）消防设计

在小区内的建筑一侧做消防车道，尽端路的尽头设回车广场供消防车掉头。多拼的住宅之间设计防火墙。绿化树木不宜高，这样有碍登高消防车的操作。高层公寓住宅则沿周边布置环绕车道。室内配备消火栓箱中水带、水枪、栓口、消防通道等配置，按照整体火灾报警系统。

2）安保设施

通过对车辆出入管理系统、红外线智能安防、信息通信、小区公共安全防范、建筑设备监控、家居智能化和小区综合物业信息服务等智能化系统，向住户提供先进的安全防范、信息服务、物业管理等方面的功能，为居住者创造安全、舒适、便捷、高效的生活空间。

（5）活动设施

住宅区内的活动配套设施可安排在小区花园或者二座建筑物的架空层内，通过设置住客会所的方式，增加住客活动空间。包括：网球场、室外泳池、健身中心、桌球室、游戏室、SPA、桑拿、地下层泳池等设施等，满足住客的实用需求。

小区会所如今已成为地产项目的必然配套。但随着经济的发展，人们在追求物质生活的同时，亦越来越重视追求文化精神生活的享受，追求生活的品味和内涵。集传统会所功能与文化内涵于一身的文化会所的形成是当前房地产市场发展的必然趋势。

实战案例 **1** 广州翰林会的特色"会所"
Combat case

　　传统的会所在多年的发展过程中形成了一个模式，是一个集健身、购物、饮食、娱乐于功能为一体的场所，它只能满足居民的物质需求，而翰林会在满足人们物质需求的同时，更注重精神的享受。它满足了人们对高雅生活的新的追求，除传统饮食文化、茶文化、酒文化之外，会所内还设有名人文化艺术沙龙、企业家协会、艺术品鉴赏中心等。邀请社会名流和政界要人，学术界、经济企业界名人（八成为名誉成员），定期召开研讨会、酒会等，为各界成功人士与文化艺术名人提供一个汇聚交流的高雅场所。并旨在弘扬中华文化，促进国内外经济、科技成果交流、合作与发展，为居者创造一个豪华舒适的文化家园，这是传统的会所所不能比拟的。

　　传统的会所因为是小区项目的配套设施，因而其建设费用无疑是羊毛出在羊身上。而翰林会是市政府为了发展文化事业所支持创建的文化传播基地，并与翰林阁有机地融合起来，形成一种天然的配套。这种结合既满足了文化传播事业的需要，同时又最大限度地满足了居户的生活需求，这是其他任何开定项目所不能比拟的。

　　广州翰林会的特色"会所"包括如下四个部分的内容。

第一：名人艺术文化

1. 名人艺术交流中心

　　（1）多功能博览鉴赏大厅（包括中国古今翰林文化展览、各国邮票展览（定期）、中国文物展览（定期）、珠宝汇展（定期）。

　　（2）古玩字画拍卖交易所（定期举办）。

　　（3）定期举行名人艺术沙龙（包括字画名师临摹展示、诗人作家作品共赏、文化界艺术研讨）。

　　（4）名校校友联谊会。

　　（5）科技成果交易中心。

2. 名人汇聚中心

　　（1）企业精英图书馆。

（2）名人互联网（包括全球500名大型企业网络资料、亚洲名流俱乐部网络资料、国内主要政府部门资料查询网络）。

（3）全球资讯网络（包括华尔街资讯、伦敦股市、日经指数、恒生指数等各大金融市场第手资料，全球经济动态发展，世界各地旅游资讯）。

（4）商界、文化界知名人会联谊。

（5）中外名片鉴赏室。

3. 中医中药馆

（1）医疗保健室（内容包括传统中药治疗室、营养保健顾问、针灸治疗）。

（2）药浴推拿室（内容包括药物浸浴、专业医师推拿、药物蒸气桑拿）。

（3）药物成份鉴证室。

第二：青少年艺术文化培训冲心

1. 青少年智力启蒙中心

（1）琴艺辅导（与星海音乐学院合作，提供优良师资）。

（2）舞蹈练习（与演艺学校合作，提供优良师资）。

（3）书画临摹（通过对文化界的关系，提供优良师资）。

（4）奥林匹克智力开发（内容包括青少年语文水平培养、青少年数理化知识培养、青少年高科技知识培养、青少年外语水平辅导、青少年文化内涵提高）。

2. 电脑联网图书馆

（1）阅读室（包括世界名著、中国文学巨著、世界百科全书、儿童智力开发专刊）。

（2）电脑网吧（包括因特尔互联网、电脑程序编程、电脑常识学习、电脑讲座）。

3. 家教中心上门辅导

提供家教上门服务。

第三：中西饮食文化

1. 岭南特色美食馆

（1）岭南风味食街（包括岭南特色粥类品尝，岭南特色糕点，岭南特色早、夜茶市）。

（2）宴会厅及厢房（包括喜宴布置、大型鸡尾酒会布置、卡接 OK 房功能、厢房附设名菜区）。

2. 中式茶艺馆

（1）茶艺品尝（包括潮州厅（功夫茶），台湾厅（泡沫珍珠茶，泡沫茶、花茶），传统名茶厅（铁观音、参茶及各类名茶），与荣艺师傅正面接触，互交茶艺心得）。

（2）棋牌娱乐室（包括围棋，国际象棋，中国象棋，国际桥牌，俄罗斯轮盘，超级大赢家）。

（3）西式咖啡酒廊（包括各国特色咖啡文化，提供商务套餐与西方套餐，各式纯酿、烈酒、红酒即场调试，啤酒文化共尝室）。

第四：岭南盆栽，花卉文化

1. 盆栽文化

（1）假鱼池。

（2）盆栽修剪。

（3）庭园绿化。

2. 花卉文化

（1）插花展览。

（2）名花共赏。

3. 电话送衣服务

提供干洗衣服送达服务。

4. 娱乐配套内容

（1）桌球室。

（2）壁球室。

（3）飞镖室。

（4）儿童游乐中心。

5. 新形势下的户型设计突破

（1）户型设计的四大核心考虑因素

是否具备良好的采光、通风，对人体健康和环境卫生是住宅设计是否合理、是否成功的一个重要标志。

第一：住宅的采光

每套住宅卧室和使用面积在 10 平方米以上的起居室（厅）均应直接采光，且至少应有一间卧室或起居室（厅）具有良好的朝向，能直接获得日照，一般为南向，南偏东或南偏西不可大于 45°。

第二：住宅的自然通风

即应有在相对外墙上开窗所形成的穿堂风或相邻外墙上开窗所形成的转角通风，对单朝向的套型必须有通风措施。

第三：厨房设计

按照我国的饮食习惯，煎炒烹炸时产生的油烟对人体十分有害，因此厨房应有直接对外的采光、通风窗（包括开向天井的窗）。

第四：卫生间设计

卫生间应设有直接采光、通风窗，考虑到建筑平面设计的灵活性和可能性。对无通风窗的卫生间规定应设置出屋顶管道，并合理安排进风和排风管道。

（2）突破原有的设计理念

随着消费者的消费要求越来越高，户型的设计则要求越来越实用，精美小户型、实用中户型、合适大户型，同时错层、跃式、复式、空中花园、大露台等空间价值的最大化，针对不同需求的消费者提出不同的户型理念，促进住宅项目的热销行程。

第一：大户型设计理念的突破

1）超豪华入户花园

超大型的入户花园是目前大户型设计的主流，由于它具备了高采光、通透好，可以使得主人充分享受到高品位的生活空间。随着"90/70"新政的推行，入户花园、挑空阳台这些貌似阳台的建筑空间风行于楼盘的设计当中，购房者还可以得到其不计入建筑面积或减半计算的购房好处。

武汉沿海赛洛城的 A8-1\A9-1 户型的建筑面积 132 平方米，三室两厅两卫，从下图中可以看出，户型方正实用，利于家具的空间摆放，超豪华的入户花园体现了主人的情趣，而动静分区体现又确保了主人的隐私。三面景观阳台便于采光与室内通风，更可将天下美景尽收眼底。

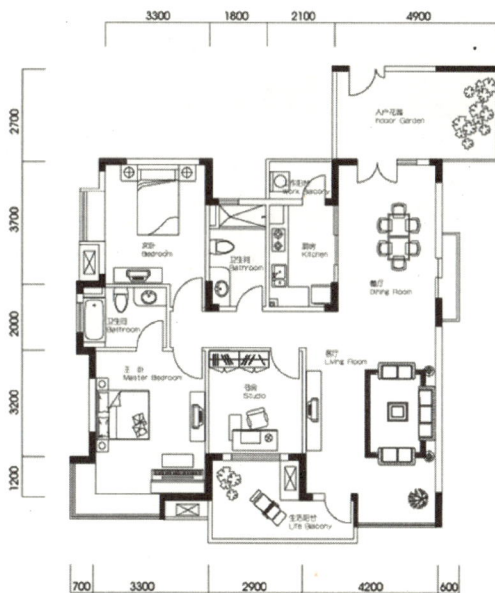

武汉沿海赛洛城的超豪华入户花园设计

2）子母房设计

市场上为应对"90/70"政策，有些开发商创新的设计了由两套产权独立又互相联通的单位组成母子亲情居户型，又称"子母房"。子母房中的两个小单位通过空中亲情庭院相连，既相对独立，又方便易分拆形成一个完整的大家庭。

厦门联发五缘湾 1 号 A 户型，建筑面积 155～158 平方米，四房两厅三卫，就是采用的创新型的子母房设计，独特的空间布局，贴心阳台式玄关设计，卧室皆为南向，通透自如，成为连接两代的温馨居所。

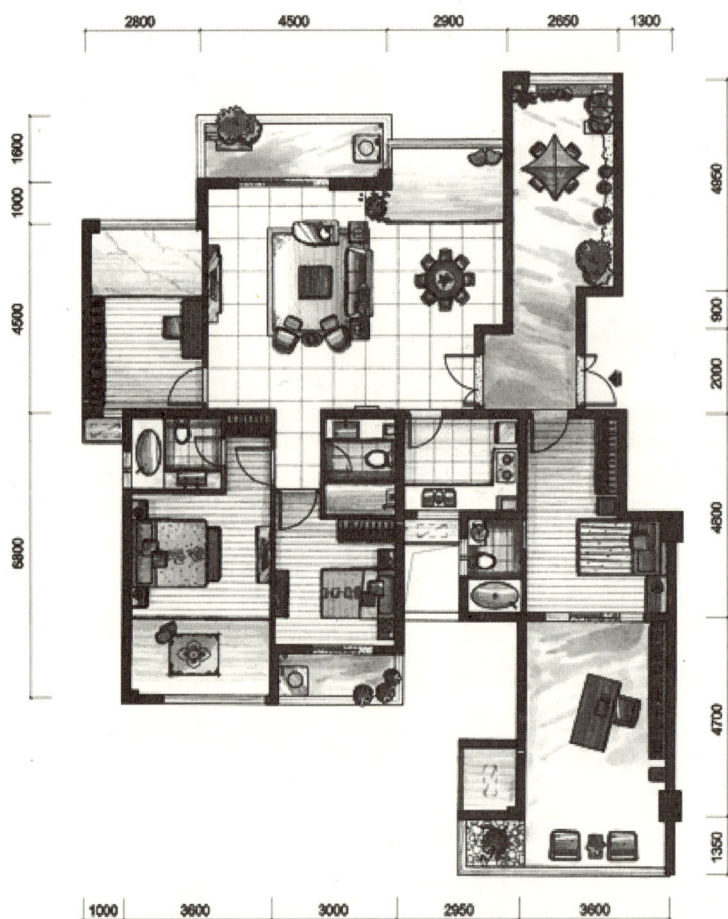

厦门联发五缘湾1号

第二：小户型设计理念的突破

1）港式小户型

在户型设计上，港式的小户型单位以麻雀虽小、五脏俱全作为设计理念。其很多的卧室套内面积按照"1.9米×2米"设计，只能放三件家具：一张床、一张小书桌，还有一个小衣柜。还有一些房间的床或者书桌架在外飘式的飘窗台上，也给人空间相当狭小的感觉。但由于面积小，加上实用率只有70%，人们平时大部分的时间都在客厅里度过，到睡觉的时候才进卧室。所以，户型设计就主要强调客厅的舒适性。

成都万科魅力之城就属于典型的港式小户型设计，下图是一个79.82平方米的两房两厅一卫设计，在如此狭窄的空间里，设计师不仅满足了住户的基本功能，提供了一个宽厨房，一个大卫生间，还提供了两个卧室，一个大客厅，并为了满足住户的舒适性还设置了两个露台和一个精巧的入户花园，为主人的生活增添了许多情趣。

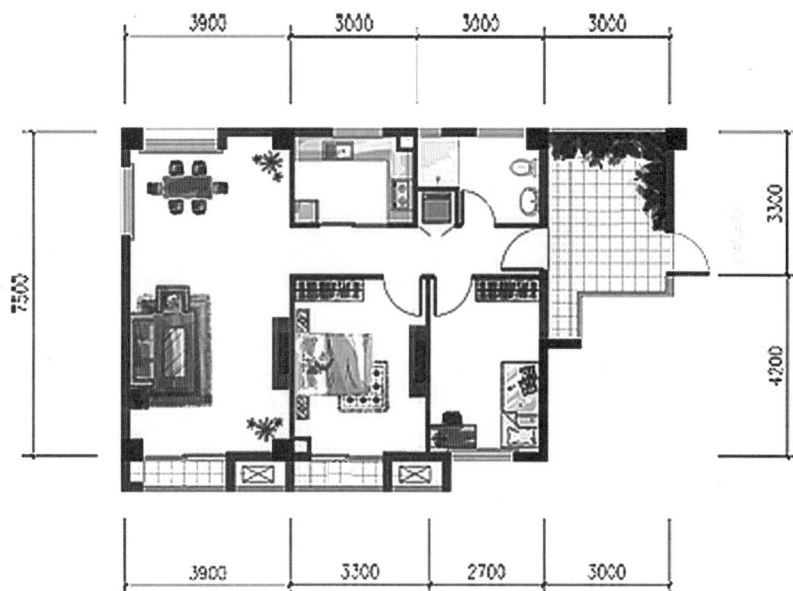

成都万科魅力之城港式小户型设计

2）双层小复式

广州双子星城全部单位皆为独特的创意居宅，主力户型面积由28～101平方米，间隔方正实用。全部单位拥有4.3米超级层高独特的小复式装修设计，令使用空间超过 160%。全落地玻璃装立面，大空间，阔视野。同时带时尚精雅的全屋装修。合理的空间分配，户户均为阳光厨厕。户户南、北朝向，空气对流。

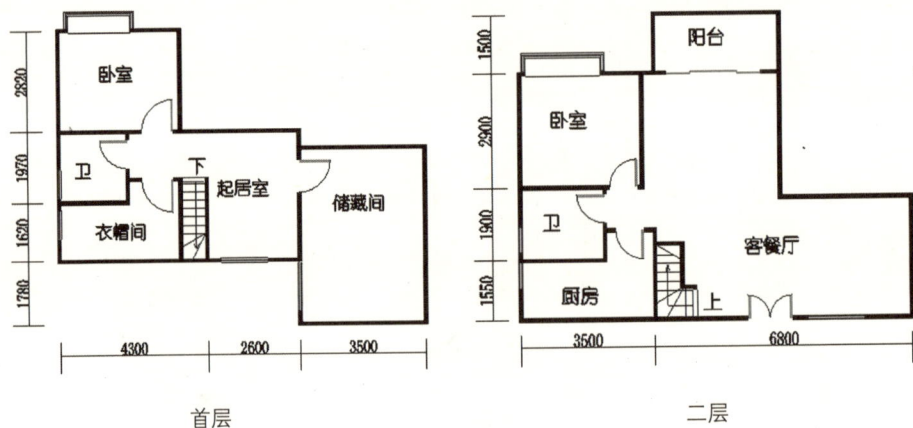

首层   二层

广州双子星城的双层小复式设计

3）创意 DIY 空间

广州时代花生最吸引买家的是可以一房变两房、两房变三房的创意设计。大部分户型均设有超大阳台，在这接近 10 平方米的空间里，可充分满足买家将其改造成书房、或酒吧、或健身房的要求。

其 80 平方米单位结构方正合理，主卧室较大，另一个卧室则适合作儿童房或者客房。厨房在餐厅旁边，连接工作阳台，也十分好用。超大阳台有将近 10 平方米的空间，可以用来改建成书房、健身房或者娱乐房。另外，还有一个小小的花池，能让业主在自家布置小花园。

3300　　3450

3900

1800

1800

花池

DIY空间

阳台

主人房　　客厅

厕

厨房　　餐厅

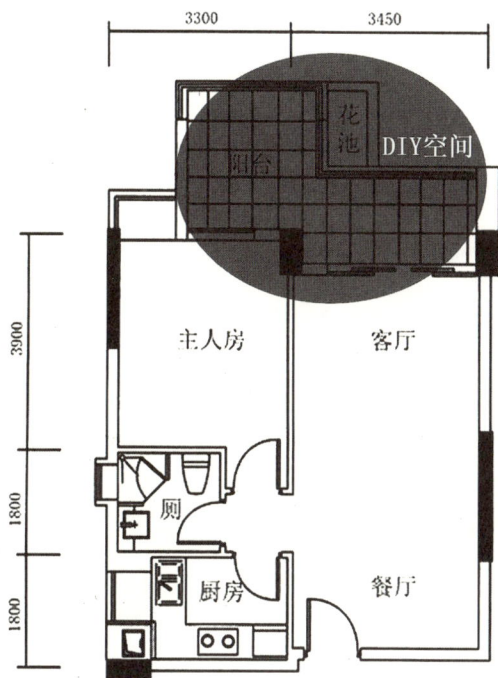

广州时代花生二期 A6 栋 302 单元 63.22 平方米

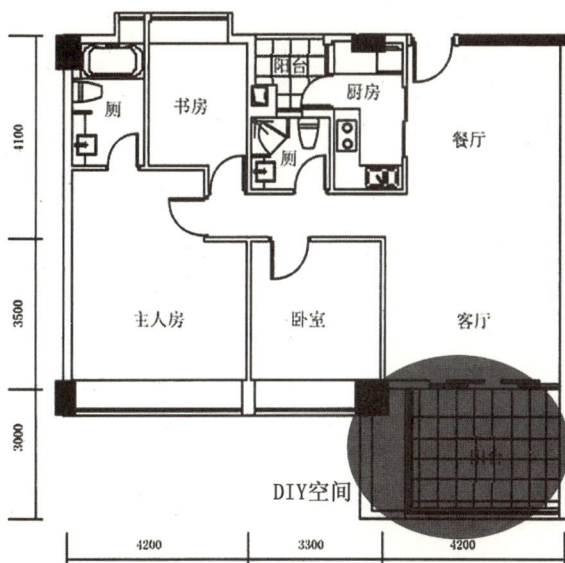

4100

3500

3000

厕　书房　阳台　厨房　餐厅

厕

主人房　卧室　客厅

DIY空间

4200　　3300　　4200

广州时代花生二期 A5 栋 302 单元 119.67 平方米

广州时代花生的创意DIY空间设计

实战案例 2
Combat case   厦门绿苑 · 海景国际的"水立方生活"解读

项目地处滨湖北路与海沧大道交汇处，面临百万平米未来湖与厦门西海域，总建筑面积近 10 万平米，建筑密度仅 27%，绿化率高达 45%，由两幢 31 层、两幢 33 层高层住宅和一幢 11 层弧形板式住宅合围而成，中庭为贝尔高林倾情打造的愈 10000 平米地中海风情水景园林。绿苑·海景国际不仅坐拥湖海景观资源，更配套目前福建省内最大的社区活水 SPA 会馆，力求为精英业主贡献一种极致的水立方生活。

一、户型设计

两房：90 ~ 100 平方米；三房：120 ~ 125 平方米；大三房（实四房）：118 ~ 160 平方米；四房：130 ~ 135 平方米；楼中楼：260 ~ 270 平方米。

广告宣传：绿苑·海景国际，作为汇聚海水、湖水、活水的三水名宅，只为精英业主贡献一种极致的水立方生活。

二、主要卖点

卖点 1：水立方生活第一维，是海居生活

项目距离厦门西海域海岸线仅 100 米之遥，远可观苍穹碧浪、山海辉映，近可享海风拂面、白鹭翩翩。坐拥稀缺海岸资源，项目更以纳海之心，合理规划，以点式布局和开阔中庭空间把大海引入窗前。3 号楼和 5 号楼，110 米的高度，居者足以让整个厦门岛也成为窗前的装饰品；而 1 号楼和 2 号楼更面朝湖海，目所及处，碧波无垠；同时，更有创新的奇偶阳台，挑高观景空间以观纳海的辽阔。

卖点 2：水立方生活第二维，是湖居生活

项目紧临的海沧未来湖面积达一百多万平方米，将成为海沧新城行政、商业、金融中心，和休闲生活中心。湖区还将建设体育中心、游艇码头、水上休闲中心、文化娱乐中心以及商业步行街等。绿苑·海景国际，位居临湖第一排，湖海交汇，不仅拥有近在咫尺的湖景资源，更可尽享未来湖周边配套资源，感受湖的秀美，聆听湖的新传说。

卖点 3：水立方生活第三维，是活水 SPA 生活

项目将活水 SPA 引入社区会所，在厦门称得上创举。它是福建省内最大的社区康体养生配套设施，配备净化海水泳池、SPA 水疗、亲子戏水、三温暖桑拿、健身房等项目，让为精英业主尽享悠游乐活之道。

卖点 4：其他配套

除了活水馆，绿苑·海景国际还配有一所双语幼儿园，方便业主子女入学。项目地处滨海高尚生活区，近距海沧第一医院、即将兴建的双十中学高中部、在建且正招商的"绿苑·滨海国际公寓"商业中心，同时还毗连海沧大桥西引桥，未来生活配套和交通前景很是可观。

活水馆效果图

三、经典户型阅读

1. 4号楼 A 户型

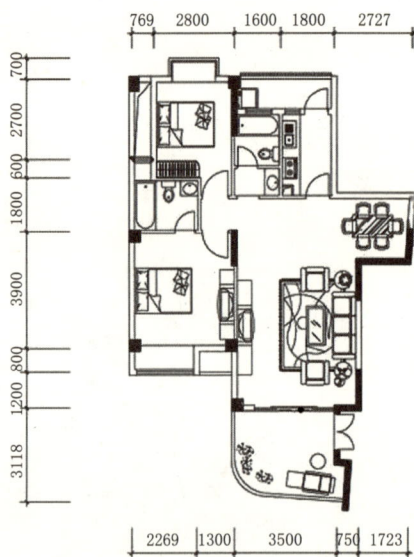

4号楼A户型

二房二厅二卫+入户花园

建筑面积　约99.43M²

户型点评：

★舒适两房，户型方正实用，动静分离，合理布局；

★明厨明卫，自然通风；

★入户花园设计，观享万米中庭，提升居住品质；

★主卧独立卫浴空间，舒适私密

2. 1号楼 A2 户型

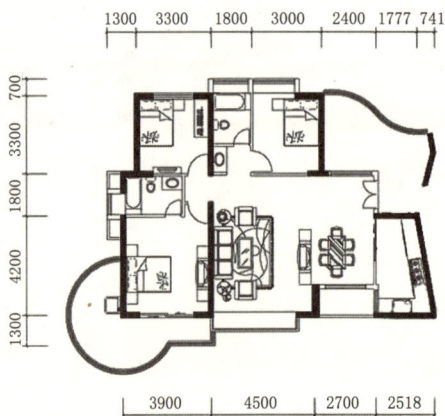

1号楼A2户型

三房二厅二卫+入户花园+270°挑高观景阳台

建筑面积　约131.19M²

户型点评：

★超大面积入户花园，直面万米中庭水景园林；

★主卧270度挑高观景大阳台，面朝大海，独立卫浴，无限享受；

★南向客厅，明亮阔绰，展现不凡居者非凡气度；

★明厨明卫，凸窗设计，让生活处处是阳光

3. 2号楼 A2 户型

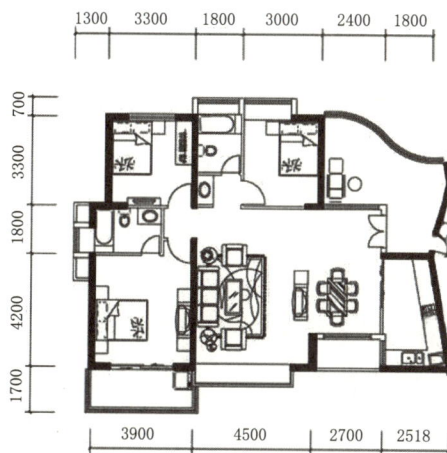

2号楼A2户型

三房二厅二卫+入户花园

建筑面积　约131.19M²

户型点评：

★超大面积入户花园，直面万米中庭水景园林；

★南向客厅，明亮阔绰，展现不凡居者气度；

★南向主卧，连接观景阳台，独立卫浴，无限奢享；

★明厨明卫，凸窗设计，让生活处处阳光

4. 3号楼、5号楼 C 户型

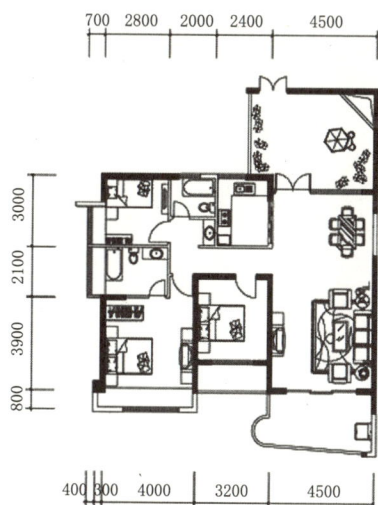

3号、5号楼C户型

三房二厅二卫+入户花园

建筑面积　约139.99M²

户型点评：

★户型方正实用，动静分离，布局合理；

★超大面积入户花园，奢享空中绿色空间；

★南向主卧，明亮阔绰，展现不凡居者非凡气度；

★明厨明卫，凸窗设计，让生活充满阳光

二、选择住宅，就是选择一种生活方式

1. 创造理想的生活模式

从产品时代到营销时代是一个循环，好房子是决定购买行为的最终要素，而好的产品更需要有好多的营销手段，才能够广而告之，才可以最终将住宅的价值体现出来。

（1）"理想"从"需要"开始

产品是企业生产的东西，对企业而言目的是实现利润；而对顾客来说，购买的是产品的使用价值。随着时代的发展，住宅的功能品质和内涵在不断地丰富，其自身的价值也在发生着相应的变化。住宅产品作为特殊的大宗耐用消费品，有其独特的价值和涵义。所以在房屋销售的过程中，需要我们从满足人的需求出发，住宅区规划应该充分考虑居住环境的适居性、识别性、归属性以及营造具有文化与活力的人文环境。

首先要从消费者的需求偏好来把握它。因为不同的发展阶段，有不同的消费阶层，人们对住宅内涵的要求有相当大的差异。在居住生存时代，人们看重的是位置、户型、交通等；在居住健康时代，人们更看重的是生态环境、物业管理、配套设施等；而在新经济时代，人们更看重的是文化、智能、服务等因素。对一般收入阶层来说，他们关注的是住宅产品的经济、实用、方便；而对中高收入阶层来说，更关注舒适、地位、休闲。住宅产品的分层消费和身份识别可以说已经成为一个不可阻挡的趋势，这一点既是开发商应该关注的，也已成为消费者所关心的问题。

操盘提示 **"需求等级"学说的来由**

1954年美国社会学家马斯洛在《动机与个性》一书中提出了"需求等级"学说，把人的需要由低级到高级分成五个层次，即生理的需要、安全的需要、爱与归属的需要、尊重的需要和自我实现的需要。

人的需求的产生是一个从低级的生理需要到高级的自我实现需要的发展过程，只有当低一层次的需要得到满足后才可能产生对高一层次需要的需求，在整个人类社会中，各层次需求的人的数量呈金字塔形。

（2）"五花八门"的新生活方式

住房记录着时代的脚步。因此，对于为大众提供居住环境的开发商们，更加深入的研究某类人群的需求是非常有必要的。

1）SOHU一族

SOHO，就是单独办公、家里办公的意思。SOHO是人对自由职业者的另一种称谓，同时亦代表一种自由、弹性而新型的工作方式。互联网是SOHO的根本。一些优秀的网页设计SOHO族几乎都有自己的个人网站；每天在家中更新网页，是这类SOHO族的主要工作内容。所以，SOHO是专指基于国际互联网上的、能够按照自己的兴趣和爱好自由选择工作的、不受时间和地点制约的、不受发展空间限制的白领一族。

2）LOFT

所谓LOFT所指称的是那些"由旧工厂或旧仓库改造而成的，少有内墙隔断的高挑开敞空间"，这个含义诞生于纽约SOHO区。LOFT的内涵是高大而敞开的空间，具有流动性、开发性、透明性、艺术性等特征。在20世纪90年代以后，LOFT成为一种席卷全球的艺术时尚。如果说，LOFT的诞生是源于贫困潦倒的艺术家们变废为宝，那么今天作为一种生活方式或者时尚潮流的LOFT已经完全演变成一种炫耀性消费。

3）BOBO

波波，译自BoBo，指的是那些拥有较高学历、收入丰厚、追求生活享受、崇尚自由解放、积极进取的具有较强独立意识的一类人。现在的BoBo族是脱离了平庸的现实主义者，他们并不相信永恒而推崇改变、创新、善于把握机会，他们不追求"终极"，真正享受的是"过程"，创意属于自己的生活真谛是BoBo族的挑战。

4）LOHAS

乐活族又称乐活生活、洛哈思主义、乐活，是一个西方传来的新兴生活形态族群，意为以健康及自给自足的形态过生活。"乐活族"这群人是乐观、包容的，他们通过消费、透过生活，支持环保、做好事，自我感觉好；他们身心健康，每个人也变得越来越靓丽、有活力。

5）御宅族

御宅是指一些人过份沉迷於某种事物，例如：动漫画、游戏等。他们对於自己沉迷的事物无所不知，还每天不断寻找新的资料加以牢记，希望把想知道的事情尽量记入脑中，也不会主动去接触其他的事物。因此，他们完全封闭在自己的世界中，且不觉得自己的行为是没有意义，每天过着很满足的生活。

6）"三不"族

"三不"族即是选择了"不煮饭、不住家、不做家务"生活方式的人，"三不"族目前正在不断地剧增，主要是出现在一些年轻人中间。现在，一家人在外用餐的景象随处可见，各种快餐店的整体档次、质量、价格也在上升。随处可见的休息、娱乐、购物等等商业网点，为都市大众提供了丰富多彩的业余生活。如今假如出游已经成为了人们不可或缺的生活方式。除了文娱活动外，服务性支出的主要增长点是社会化家务劳动，不做家务已经逐渐成为了一种时尚。

7）SOLO

同居使男女之间的生活方式不再只有婚姻，西方青年把同居看作是结婚前的试验期，现在又发明 Solo，这成为同居的前奏，试婚中的试婚。他们是放单的恋人，在英国被称为"分居共过"，在法国被称为"半同居"，还有一个更形象化的字眼，叫 Solo（原意是独奏、独唱）。

8）丁克族

所谓"丁克"，是指没有孩子的双职工家庭。而"中国式"的"丁克族"，指那些虽然有孩子，但又不跟孩子在一起生活的夫妻。由于工作繁忙，双职工夫妇都把孩子寄养在爷爷奶奶家，只有在周末才会与孩子见面。中国实行独生子女政策，因此对于爷爷奶奶来说，对待惟一的孙子更是百依百顺，宠爱有加。

9）COSMO

COSMO 确切的出生地是在欧洲，时间大致在十六世纪文艺复兴后期，COSMO HOME 是一种存在方式、一种实际表现，你可以看到、听到、嗅到、触到。COSMO 人的形象特征：强烈的自我意识使族人对自己的外表非常重视。COSMO 人的性格特点：不会让人想到酷。COSMO人的生活习性：生活习性健康而正常，他们爱干净但不会有洁癖等等。

10）H阶层

H阶层在世界"范围"内是推崇自由快乐的一群。它首先是个"范围"的概念，其次是个性的概念。H阶层之所以不能冠以什么"族"，原因在于有其深层的社会属性而非时尚与口号。

（3）房屋，永远是生活方式的象征

住宅与人们的日常生活息息相关，居住模式的不同会引起人们思维方式、行为方式和社交圈子的变化。我们经常会说起生活方式，其实，生活方式是一个内容相当广泛的概念，它包括人们的衣、食、住、行、劳动工作、休息娱乐、社会交往、待人接物等物质生活和精神生活等，简单地说，就是生活的一种模式。这主要体现在两个方面：

一方面，把创造一种和谐的邻里关系、温馨的居住文化作为经营理念，采取各种有效的措施加强业主之间的沟通、交流。

另一方面，为了给孩子创造一个良好的成长环境，购房者对居住小区文化设施的要求越来越高，不仅关心周围文教单位的配置、距离，而且愈来愈重视小区文化设施的数量、品位，以及小区内大部分住户的文化层次。

为此，我们不仅要注意在建筑风格上尽量体现文化内涵，通过富有特色的主题创意，提升住宅小区的文化价值，给人展现一种高品位的美好生活蓝图，而且要注意通过高品位会所、藏书丰富的图书馆、温馨祥和的邻里中心、设施齐全的幼儿园与中小学来营造小区的文化气息。

从早几年风靡的SOHO、LOFT、BOBO到最近流行的SOLO、LOHAS和"5+2"，每一种生活方式其实都代表了一种来自于内心的社会认同与处世态度。而当越来越多的房子以"SOHO空间"、"LOFT户型"、"健康住宅"为卖点时，开发商其实卖的就是楼盘未来的生活方式。

所以，我们更需要注重研究产品的发展，比如研究消费能级、市场走向、人的消费趋向。为此我们需要做到以下几点要求：

第一：在房子设计之初就加入生活方式概念

对开发商而言，楼盘所倡导的生活方式，是提炼楼盘形象的一种渠道，但却要依靠实际产品来实现。只有产品与形象真正和谐统一，楼盘的形象才能更深地根植于心，其所代表的生活方式才能为人所接受。

很多地产企业在开发房子的时候会征求消费者的意见，而住户也会像自己盖房子一样精心设计未来的家，甚至对自己的住宅的很多细节提出诸多个性化的要求。现代生活节奏日益加快，尤其在一些大城市，人们工作繁忙，找一个合适的生活方式，过自己想过的生活，兴许是我们大部分人所苦苦追求的。家，房子，便是生活方式的践行空间。

主题案例　瀛海名居始创"融墅"概念

瀛海名居始创"融墅"概念作为2008年度极具创新力的新盘，瀛海名居2008年10月份以现房实景、全面开放的架势登场。瀛海名居取材于地道的西班牙风格，设计为白色立面，手工效果，金黄坡顶和情调阳台等，又结合北京独特的地理与气候，融入中式生活的民居文化，围合了大小不一、主题鲜明的庭园，颇有鲜明的中式思维。融墅建筑结合了高层塔楼（如电梯、景观和建筑密度），多层板楼（如户型双向、三向和多向通透），联排（如容积率、独门独院和有天有地）和独栋（如复式结构、坡屋顶和超大私属园林）等诸多优势，同时将此四类建筑形态有机组合在一起，形成了自然而独特的亚别墅建筑风格，造就了"融墅"空间。

从平面广告看上去，瀛海名居的确以浓重的异国风情打动人心，新颖夺目的"融墅"概念也成功为其创造了卖点。何谓"融墅"？大多数人并不知道，正是通过现房实景美轮美奂的演绎，使人们猛然间将视线凝聚在这个亦庄小镇上。

第二：关注交通与生活方式的关系

随着社会的不断进步和人们对居住质量要求的不断提高，住房不再仅仅是一个遮风避雨的地方，而是越来越成为满足现代人居家、休闲、交友、会客等多功能需要。讲究生活品质，享受生活情趣被越来越多的现代人所认识、接受，品味住宅已成为品味人士的居家首选。

① 公共交通 + 都市生活

大多数的城市人选择了这种生活。从时间成本以及生活品质方面来说，这样的生活方式是最好的。城市的公交车、地铁、轻轨、出租车等等庞大的公共交通网络为市民提供了便捷的出行服务。同时，在都市生活圈中，人们还可以享受到繁华的商业为其带来的休闲、娱乐、购物、生活等等多姿多彩的生活享受。正是由于便利的生活，使得城区房价一直居高不下。

② 私家轿车 + 郊区住宅

随着人们收入的不断提高，家用汽车也越来越多地走进普通居民的家中。同时，由于市区可开发土地越来越少，郊区住宅迅速被开发。这样的郊区住宅相对容易出新，在交通、市政配套建设越来越齐全的郊区住宅越来越受到买房人的青睐，购房可以享受到相对较低的房价和较好的环境。

③ 5+2

所谓"5+2"的生活方式，就是周末度假别墅，是指购买两套住房，一套在城里，一套在郊区。所谓的"5+2"模式的"2"，即周一至五住在城内的公寓里，周末两天在郊区度过。周一至周五住市区住宅便于工作，双休日到郊区放松身心。不过对于多数普通购房者来说，能够购买两套住房并非易事，"5+2"的生活方式不过是一种奢望。

④ 度假公寓

人们在风景秀丽的地方购买一套公寓，以供自己或是全家人，在一年中休假的日子里可以享用的房子。这种类型的房屋在国外较多，是富豪们的时尚选择，而在国内较少。

第三：把房子当艺术品卖

销售的最高境界是打动客户而不是仅仅"卖出产品"，这点对于一个持续开发的项目来说尤为重要。那么如何去打动客户？这必须从他们的真实需求出发，在细节上、精神上满足他们的需要，就像你面对的是一个要买昂贵艺术品的客人。

假如我们面对的主要是中青年购房者，这些人具有良好的教育背景和公司背景，虽目前收入水平中等，但对未来预期很好，他们有自己的思想，自己的审美观，很注意实际性，在居住环境方面，对产品的本身品质和文化层面要求高，在总价合理的前提之下，追求最佳的居住功能。

因此，这样的楼盘样板间在整体设计风格上遵循"实用性"、"舒适性"、"科学性"的设计理念，强调一种极舒适的高品质生活态度，以远远高出普通住宅的设计水准，将主流消费者的生活需求、居住理想融入到产品设计中，使他们可以感受整体居住品味，看到未来产品及生活最理想的状态。

2. "概念房"的卖点新说

在一个项目中，好产品肯定会卖的快，但是一个项目赢利点更多的是体现在差产品上，将生活方式的概念加入到营销环节中，大大提高了住宅的畅销度，这样就容易引起市场关注。

现如今的购买者已经从最初"以住为主"，逐渐发展到以体验身份尊贵的"感觉为主"的选择。但是下一个主流选择将会是什么呢？在经济危机的情况下，非"以实用为主"莫属，"实用"其实也可以用概念营造出来的。

概念房之一："健康"概念

其实大打"健康住宅"概念早已由来已久，但是对于"健康"的内涵理解却是随着时代的不断地变化而变化着。健康选择首先要做到观念上的"健康"，今天的置业若能以"以健康为主"那就是真正实用的选择。这不仅是时尚潮流的标志，这也是未来城市人生活本源的追求。如果说现代住宅是从空间的角度去关注人们的生活，那么"健康住宅"则是在现代住宅的基础上从更加宏观的环境与资源的角度关注人类的生活。它不仅仅是建立一套独立的住宅指标体系，而是要将住宅与环境、资源及人类的活动更加紧密地融为一体；不仅仅要注重空间的使用效率，而是要更加强调发挥环境和资源的效益。

1）"健康"概念的核心要素

就其建造的基本要素而言，"健康"概念主要应体现以下六个方面：

① 规划设计合理，建筑物与周围环境相协调，房间光照充足，通风良好。

② 房屋围护结构要有较好的御寒、隔热功能，门窗密封性能及隔音效果符合规范要求。

③ 供暖、制冷及炊烧等要尽量利用清洁能源、自然能源或再生能源，全年日照在 2500 小时以上的地区普遍安装太阳能设备。

④ 饮用水符合国家标准，给、排水系统普遍安装节水器具，10 万平方米以上新建小区，应当设置中水系统，排水实现深度净化，达到二级环保规定指标。

⑤ 室内装修简洁适用，化学污染和辐射要低于环保规定指标。

⑥ 要有足够的户外活动空间，小区绿化覆盖率不低于 40%，无裸露地面。

2）"健康"概念的外延一："Sport"概念

"体育＋房产"的开发理念，配以完善的体育配套、科学健康的管理模式和极具生活化的运动文化等形象包装，将科学运动，健康生活的人文概念移植入房地产业中，为人们营造出一个健康的生活家园。

实战案例 3
Combat case

中体奥林匹克花园十年营造 "Sport" 生活

奥林匹克花园品牌创始于 1999 年的广州奥林匹克花园，在全国范围内发展有几十个项目，包括上海奥林匹克花园、北京奥林匹克花园、广州奥林匹克花园、天津奥林匹克花园、沈阳奥林匹克花园等。

作为奥林匹克花园连锁品牌的第 36 个成员，中体奥林匹克花园是北京第二个奥林匹克花园。中体奥林匹克花园位于北京市长兴店。东临长兴路，南北被城市干路长云路分割。规划用地分为六个区域，以别墅和花园式洋房为主，再加以部分小高层。它不仅秉承了奥林匹克花园品牌的一贯作风，从塑造地产品牌入手，致力于打造 "奥林匹克花园" 连锁品牌中的精致产品。又更好的演绎了奥林匹克花园和健康、科学、环保的生活理念。

中体奥林匹克花园是将时尚的 SUV 概念引入房地产的项目。恰如 SUV 车一样体现休闲、运动，SUV 版奥林匹克花园较之以往产品更加重视产品品质的提升，细节的打造，生活格调的塑造与生活范围的延展，更将一种 On the road 的生活精神赋予其中。在这里，塑造的是一种 SUV 生活形态：在中体奥林匹克花园，生活充满向前的激情，精工细作的考究，运动的快感，自然的闲情，一种理想的生活状态，在这里进化为完美。

1. 简洁明快的户型设计

为了打造纯自然的人性化居住空间，中体奥园提供了超高品质的室内环境质量：室内 90% 以上空间实现自然通风，气流不大于 0.3m/S；采用集中空调住宅应有分户（室）温度控制系统，室内温度全年保持在 18℃～28℃ 之间；室内空气湿度全年保持在 40%～70% 之间，日照采光符合住宅设计标准，日照确保在 3 小时以上；一氧化碳小于 5mg/ 立方米，二氧化碳浓度小于 1000ppm，细菌总数小于 10 个/皿，悬浮粉尘浓度＜0.15mg/ 立方米，绿化隔离带应采用隔音材料，室内噪声白天不超过 45dB，夜间不超过 35dB。

中体奥林匹克花园的 TOWNHOUSE 更特别赠送大面积地下空间与中央空调，让生活的情趣度与舒适度更上层楼。

2. 山坡上的 TOWNHOUSE，全新的 OlympicGarden

中体奥林匹克花园采用了现代简约时尚的建筑风格，同时在细节处精心雕饰，形成了建筑、景观、功能效果的三维共生，将奔放、自由的情绪融入建筑视觉的表达。在造型上即与周围环境相协调，又突出自己鲜明的个性，体现出强烈的时代感。

建筑中从多种现代化环保建材用的运用，到洋溢低限美学的直角窗体设计。在自然坡地的映衬中，一种拉风的洒脱呼之欲出。崭新的建筑风格，将纯自然的生态活力与运动元素完美地融合在一起。给业主更多居住和感官上的共生享受。

3. "健康运动"概念无处不在

中体奥林匹克花园力求为业主营造一个运动与自然交流的空间，把运动融于自然中。整个区域引入"城市森林"概念，让以树木为主体的植物群落覆盖全园。

园区内主要的景观通廊采用两侧自然的植物群落随硬铺外沿向内挤压的方式，形成开合有致的绿色空间。整个区域在树种的选择上采用乡土植物为主、园林植物为辅的原则。其中有赏花叶、赏树形吸引鸟类、蜜蜂的植物，配置上内外围及车行路规则式的卫生、防护绿地系统园广场、人行迈道、空间的自然式休闲绿地系统相融形成整个区域的绿色生态系统。

社区园林规划保留了地块内原有的林木，在社区内建设符合奥林匹克的运动与自然融合的主题园林，以及2万余平米的大型运动文化主题长廊，并且所有步道毅然抛弃了水泥路面的平铺直叙，而采用了卵石铺就的慢跑径。小区绿化率在34％以上，人均公共绿地大于2平方米，其中，硬质景观约为绿地总面积20％，无裸露地面。

在设计中采用了自由式的园林设计。园林植物释放大量负氧离子，能净化空气、调节气温、吸尘防噪，十分有利于老年心脏病、高血压、神经衰弱的健康恢复。坚持以绿为主的无障碍园林绿化设计、植物造景的原则，即除了必要的园林建筑、小品、道路外，其余均以绿化覆盖。充分利用垂直绿化来扩大绿色空间、改善生态环境、丰富园林景观。同时为业主打造其他社区罕有的水系园林，让业主运动在林间，运动在水际。

休闲健身设施规划也是本项目规划的一个主要重点。在中心区域设有健身与娱乐广场，按摩步道，羽毛球场地。在组团内部沿街设有运动小空间，有健身步道，单杠秋千场地，强调居民的方便性。在住宅组团内部分别设有老年人儿童活动场地，并设有娱乐文化设施。考虑到国内小区的经验，避免篮球场和网球场的噪音对居民休息的干扰，规划时将运动球场与环境规划相结合，并将部分运动设施放到会所当中，会所设有各种排球、乒乓球、保龄球、游泳池等运动设施。

社区内规划将建筑形态、文化形态、生活形态有机叠加，形成人与自然的和谐统一。

3）"健康"概念的外延二："慢生活"概念

近几年来，国内慢慢的出现了一种生活方式变革，他影响到所有层次的人群，也带给我们一个启示，那就是另一种新的住宅概念产生了，那就是"慢生活概念"。现代生活给人的外在压力越来越大，人们需要的不是"钢筋水泥的丛林"，他们更渴望居家之中的文化内涵。如果捉住了这一点，并加以演绎，就能出奇制胜。

近两年来，国内特别是南方城市出现一种人群，他们生活工作都追求慢的效果，其实在欧美国家早就已经存在了这种人群，他们推崇慢节奏的生活节拍，反对现代化的快节奏的生活方式，存在以下的集中表现形式：

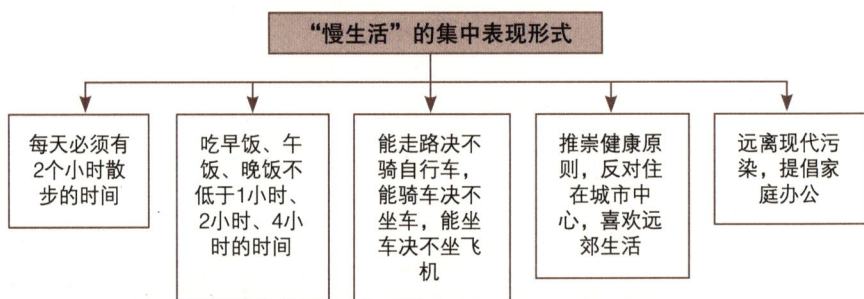

```
              "慢生活"的集中表现形式
    ┌──────────┬──────────┬──────────┬──────────┐
 每天必须有   吃早饭、午   能走路决不   推崇健康原   远离现代污
 2个小时散    饭、晚饭不   骑自行车，   则，反对住   染，提倡家
 步的时间     低于1小时、  能骑车决不   在城市中     庭办公
              2小时、4小   坐车，能坐   心，喜欢远
              时的时间     车决不坐飞   郊生活
                          机
```

慢生活的概念反映了人们返璞归真，天人合一的一种思想。他提倡的是一种悠闲、闲适的生活节奏，它与健康、快乐、享受自然的概念是一致的，同压力、烦恼、不安、快节奏是背道相驰的。由此产生一个房地产住宅的新文化，那就是品味慢生活的概念。

恒大金碧天下的"5+2"生活

广东清远素有广州后花园之称，古洞漂流、天门沟、温泉、瑶寨，是周边自驾游的好去处。到了夏季，紫色的薰衣草开盘田野，更是人间天堂！

恒大金碧天下选址清远，结庐在人境，而无车马喧，可谓是在山水之间寻找生态居所。

一、万亩湖山别墅大盘风景名胜环绕

该楼盘位于美丽的清远市清新县龙颈镇，置身于6大国家级4A风景区之中，百万亩山水林海之间，连绵50公里群峰荟萃，湖泊纵横交错，依山傍水，风景秀丽，近二十个生态度假旅游景区近在咫尺，大自然与度假生活浑然天成。

周边有20多个著名旅游景观，更有6大国家4A级风景区：清新温矿泉旅游度假区、太和古洞旅游风景区、笔架山原生态旅游风景区、玄真古洞生态旅游度假区、飞来峡水利枢纽、清远桃源生态旅游区、清新名将俱乐部。同时项目坐拥万亩原生态湖山林谷及千亩国际标准18洞森林高尔夫，堪称国家级景区中的万亩湖山别墅城。

清远恒大金碧天下处于万亩湖山之中

二、世界级皇家园林荟萃万园之园

在最大程度地发掘盘山自然之美的同时，清远恒大金碧天下遵守中心对称的古典定式，再现典雅欧陆皇家园林风采。以欧洲古典皇家园林为蓝本,形成1条景观轴、4重立体景观、10大风情园林、逐一形成湖、山、林、岛、堤等不同的风景主题。八大广场,数十条景观带,无隙连接内部居住区。数百种名贵植物分布在社区各个角落,百年香樟、银杏、柏树、榉树错落有致。项目充分结合地势地貌,通过组团景观过渡将双拼别墅、联排别墅、小高层洋房进行有机组合,形成空间丰富的坡地景观及人文景观,确保户户见景。别墅客厅中高6.6米设计,丰富的户型设计,数十种经典户型将全面满足客户的个性化需求。

清远恒大金碧天下规划图

三、国际级航母配套五星级度假天堂

楼盘将五星级酒店、会议中心、商业中心、健康中心、娱乐中心、饮食中心与自然资源完美结合,打造集休闲、会议、娱乐为一体的度假胜地。在充分利用山水原生态资源的同时,还规划有铂金超五星级酒店;拥有承办各类世界级首脑会晤的国际会议中心;15000平方米超大运动中心,十几个国际标准室内运动馆;健康中心、饮食中心、商业中心、娱乐中心,造就生活全方位享乐空间。

项目配有超大规模生态体育运动公园,其中包括2800亩国际顶级标准18洞高尔夫球场,并配套有超大规模豪华运动会所。恒大金碧天下携手国家一流资质教育机构,配备2所双语幼儿园、1所小学,打造教育品牌社区。更有国际豪宅物管专家——戴德梁行提供24小时全天候贴心服务。

四、辐射珠三角发达城市圈

为实现"5+2"的生活模式，紧邻珠三角都市生活圈，楼盘交通汇集清韶、京珠、广清、佛清、清从、汕湛6大高速交汇，广州地铁9号线直达，多条巴士连通。立体的交通网可迅时即达各中心区域；与相距仅30分钟车程的新白云国际机场，形成发达的"陆空"立体交通网络，便捷的交通配套使大自然与城市达到前所未有的亲近，原始山林度假别墅生活迈入全新时代，使得工作、度假轻松自由切换。

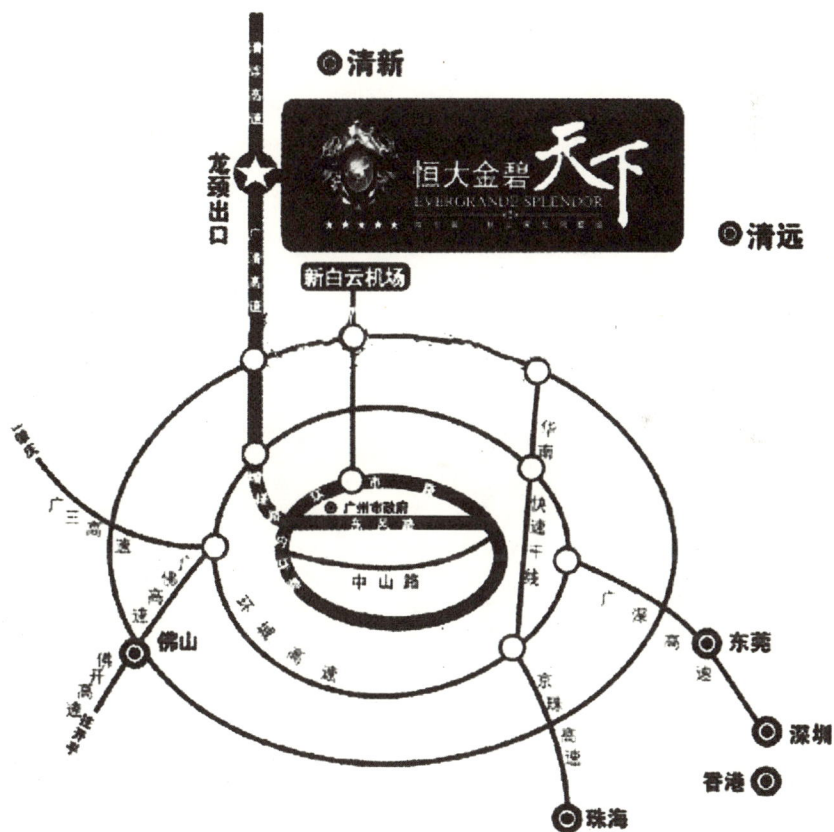

清远恒大金碧天下辐射整个珠三角发达城市圈

概念房之二：艺术地产（ARTTOWN）概念

物质与精神结合，热闹与宁静相结合，实用与优美相结合，生活与艺术相结合。深入研究了人们的居住心理，充分利用项目的人文地理环境，引领灵性与启迪的自由空间。为居住者挖掘朴素的真挚与温馨，缔造完美的艺术家园，这就是"艺术地产"的价值所在。

1）"艺术地产"新名词渐入房地产人士的视野

2008 年 7 月份北京市住宅销售量为 6226 套，日均签约量比 6 月份下降了 34.1%，而比去年 7 月份北京的住宅销售量下降了 59.7%，跌幅创年内最大。原来较为火暴的燕郊地区自 2007 年底至今，房价涨幅几乎为零，销售量急剧下降；通州楼市的销售项目中，七成楼盘的销售率不足五成。而在残酷的现实下，有一类地产却是异常的火爆，这类地产其实就是"艺术地产"或是"文化地产"。"艺术地产"已经成为了地产界的一个方向。

2）记忆中的地产形成了不同的文化符号

建筑是一个社会的产物，社会的组织形式直接决定人的行为方式，而建筑就是给各种行为修建个场所。由于行为不断变化，建筑形式也不断变化，不同的社会就有不同的建筑。

满清时的北京城以皇帝居住的皇宫为中心，按君君臣臣、父父子子和他们的头衔在社会的地位分配街道的宽窄、四合院的大小，所以城市规划和建筑形式方方正正，横平竖直。

新中国成立后，社会是集体的，生活方式是集体的，你看天安门广场多大，长安街多宽，人民大会堂的礼堂能坐多少人？

而西方之所以有巴黎铁塔，是因为工业文明时他们要展示钢铁的力量，纽约的世贸中心则是代表着美国精神。

3）艺术地产代表了一种鲜活的创造力

艺术，是人们为了更好地满足自己对主观缺憾的慰藉需求和情感器官的行为需求而创造出的一种文化现象。一般人们对一个房子的印象，所谓优雅也好，所谓豪华也好，所谓风格也好，都是有一定美的标准。艺术地产恰恰能够恰到好处的满足当前人们对于新生活方式的追求。

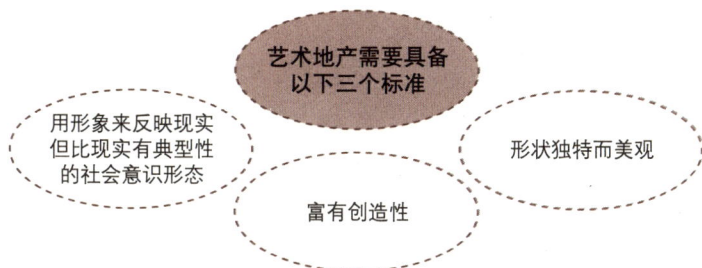

艺术地产需要具备
以下三个标准

用形象来反映现实
但比现实有典型性
的社会意识形态

富有创造性

形状独特而美观

4）艺术地产的4种样板

第一种：A 型（创新型）——地产包括艺术

这种艺术地产是在房地产项目的整体开发中加入了艺术的成分，除了人居的艺术装饰和设计元素外，有明确的诸如美术馆、博物馆、画廊街的规划。以这种新的"居住生态"强调项目的格调，赢取更高的收益。

这种类型在国内已有代表，北京建外的"苹果社区"最为典型，"今日美术馆"是其标志，然后附带 22 院街（画廊一条街，小工作室，小展示空间的格局），今日国际画廊，艺术书店，咖啡酒吧等一套完整的艺术社区。所以，很多白领人士愿意在此购房，房价也飙升得很快，也有更多的艺术家，工作室入住，成了房地产项目中的一大亮点。还有北京通州的月亮河，北二环的雍和家园也均是代表。

但是，在这样的模式中，房地产项目的规划者不能主观臆断，要考察整个地产周边的社区环境，项目培育的时效性，更要注意整体项目的"艺术生态"规划、建设和行销策略，不可狮子大张口，制造更多的"呆房"，反而影响项目的声誉。

第二种：B 型（发展型）——艺术带动地产

艺术带动地产是指由于艺术项目的成熟，首先带动了原有房地产价格的提升，进而开拓出更好的房地产项目。

国外的瑞士小城巴塞尔，由于每年一届的国际艺术博览会，使所有的房地产设施及相关项目都异常火爆，所带来的经济效益、社会效益、文化效益可想而知。与此类似的戛纳，威尼斯都是典型。日本六本木的森美术馆和美国的 M A S H M O C A 所带动的社区也更为典型，由旧社区改造的美术馆和所带动的整个社区的知名度享誉世界。

与此相比，国内有两种类型，一是以规划好的整齐的房产为特征的项目，例如国贸"尚吧"所包括的艺术社区，全部租售出去，效益非同凡响。另一类是宋庄，798，草场地，环铁等地旧有社区发展而成艺术社区，艺术家入住率也越来越高，租金也越来越贵。

在这样的类型中，国内先行规划的项目中由于周边类型较为单一，所以很难形成整体效益；后来演变的社区管理者由于思路问题往往过多地关注于房租、地价等浅层问题，而忽略了长期发展。

第三种：AB 型（融和型）——使"艺术"地产化

AB 型是指由于原有艺术、文化的元素，经过浓缩和提炼升华，变成该地区房地产项目的主打牌，借由艺术的特征促进房地产项目的升值和发展。

北京老城区内的家庭旅馆月初迎来了首位奥运游客，他们居住在经过选择、审核和培训的普通四合院中的家庭内，房价高至每天 400 多元人民币，这样的房屋有 700 多间，预计接待 1500 多名游客。

家庭旅馆的例子，虽然是奥运的文化契机，甚至是奥运期间住房的压力促进了这一项目的产生，但却带来了不小的经济收益和社会、文化效益。

其实京城乃至全国所有的古都，历史文化社区、民族民俗村落，都可以在开发新的房地产项目，旅游经济时考虑这种文化的、艺术的特征，这样才能结合原有的传统和地域的特色，进而结合当下民众和社区的生活，给人一种真实的、文化的、艺术的体验。而不是建一个庙，开个小旅馆，卖点纪念品那样机械。

第四种：O 型（完全型）——使"地产"艺术化

O 型是指在房地产开发的规划中更多地考虑"广义的艺术"的元素，从更多的方面思考、设计和实现艺术化的愿望。这个广义的艺术包括音乐、舞蹈、美术、设计、雕塑、装置、影视、多媒体、美学、历史、文化、以及艺术人类学、艺术心理学、艺术材料学、艺术行销管理学、甚至"风水"等等学科。

欧洲有很多古堡和庄园，他们的文化艺术历史性并没有使之成为二手房而降价，反而成为更加著名的项目，而且引发了周边的房地产及旅游。北京的四合院近些年的价格节节飙升。"方家 46 号"是位于北京东城国子监的前一条胡同，现在还是一个正在装修的大杂院，经过改造有了艺术公寓和创意工作室，并且在网络上很是火爆。

概念房之三：节能型住宅

节能型住宅提倡一种生活，即是品味一种文化，在楼盘营销过程中，可紧紧抓住消费者对一种现代生活的向往，提出一种文化理念，攻击消费者心灵最深处。

1）科技领导节能

在目前的经济危机下，节俭又重新回到了人们的视野中。当然我们不能再回到过去那种落后、贫困的生活中，而是要通过技术的革新，研发更加节能的建筑，所以未来节能型住宅也将大行其道。

发展节能绿色建筑，应坚持技术创新，走科技含量高、资源消耗低与环境污染少的新型工业化道路。应注重经济性，从建筑的全寿命周期综合核算效益和成本，引导市场发展需求，适应地方经济状况，提倡朴实简约，反对浮华铺张。

2）为消费者考虑"节约"

现代都市里悄然诞生了奉行"新节俭主义"的年轻群体，他们与"月光族"、"负翁"、"负婆"的消费理念截然相反。他们尽管物质丰富，却主张节约，摈弃奢华和琐碎，强调简洁流畅的世俗生活，尝试为心灵减负——把一切多余的东西拿走，用心经营着自己简单而有品质的生活。

① 小户型大行其道

现在有大量的"年轻白领"需要一个独立的居住空间，单身公寓能使他们摆脱"民工式"的居住环境，但是住宅总价又不能太高。因此，小户型市场需求量很大。

主题案例 **蜂鸟社区原创"小户型"畅销**

蜂鸟社区是京城目前品质最高的原创小户型之一，拥有户型实用、性价比优越、物业产品品质高、健康中央空调、24小时热水、近万平米商业以及近万平米运动主题园林等优势，另外该区域内同类产品稀缺、商务环境、政务环境、教育环境、交通环境相对较好。无疑在一定程度上刺激了很多人的购买欲望，以致后来出现了中关村白领彻夜排队领号的现象。

② 环保交通方式

一些有环保意识的居民，可能会更希望用走路和骑自行车，来代替现有的交通工具。骑自行车不仅是一种便捷、健康的出行方式，同时还可以缓解了当前严峻的环境和交通状况，更是一种环保的交通方式。

主题案例　　**某楼盘的创意广告词**

"在四五十分钟后开始有些出汗，有些快感，脑子便可以天马行空地思考一些百思不得其解的问题。人一生不知道要走多少路，而走路的行为是因为沿路风景而坚持步行，风景就在身边，观众是你自己……"

对于在靠近CBD商务中心地段的楼盘来说，利用上下班时间做起了"有氧运动"，是项目很好的卖点。

---

③ DIY 生活方式

经济不景气，欧洲人纷纷自己动手装修房屋。在省钱的同时他们发现 DIY 装修的房屋更具个性，无论你把它装成什么样都与众不同，而且自己最为满意。后来他们又发现了 DIY 的各种优点，装修房子变成了工作以外的一大乐事，不仅减轻了工作的压力，而且自己竟学习了一门本事。此外，DIY 可以让自己选择最好的材料。于是 DIY 便风靡起来，内容也变得包罗万象。如果开发商可以多为消费者预留一些可以自己随意改动的空间设计，让消费者为自己的新家增添一些个性，同时又可以为消费者节省金钱，相信这个的房屋一定会火爆的。

在上一节，我们就曾介绍过时代花生的 DIY 创意空间户型，就是把握了目前的生活方式的变化。

④ 另类"节俭"

现代的都市生活节奏加快了，对于比较懒惰的消费者来说，他们更希望以高消费来换取时间成本。因为，高品质的物业服务，就为消费者"节省"了不少的时间、精力、劳力。

主题案例 雅居乐花园"CROSS 跨界"组团的"皇室管家"礼遇

雅居乐花园"CROSS跨界"组团即由53平方米单室套、57平方米一房两厅、78平方米两房两厅的小户型组成。

CROSS由CROSSOVER简化而来，本意为"交叉，融合"，形容不同领域事物的合作与交融，意味着跳出原有格局和规则思考问题，以眼光和鉴赏力为标尺，从不同领域挑选精华，通过融汇再生，创造出具有专属风格的"跨界交叉价值"。雅居乐花园正是源于此灵感，将顶级豪宅与酒店式公寓两大物业类型的精粹融会贯通，推出"CROSS跨界"组团。

雅居乐花园"CROSS跨界"组团，由6栋小高层组成。与其他小户型产品孤立于土地之上不同的是，雅居乐花园"CROSS跨界"同时享有36万平方米大社区的豪阔配套，兼享3500平方米中央水景湖、14000平方米原生态绿化广场及秦淮河风光带三重稀世瀚景。

与此同时，在户型设计上"CROSS跨界"打破了传统小户型铅笔盒式的空间布局，采用了罕见的双阳台设计，令空间告别局促与狭隘，同样的面积内得到更优越的奢适享受。主卧采用飘窗设计，使居住更为舒适。所有房源全部采用豪华酒店式装修风格，彰显时尚尊贵气派。更难得的是，"CROSS跨界"享有与顶级豪宅同等尊贵的超五星级挑高入户大堂，时尚尊贵赫然入目。

同时，针对雅居乐花园"CROSS跨界"精英量身打造尊贵的皇室管家礼遇，提供24小时酒店式全程服务，给予业主最体贴周到的人性关怀。

概念房之四：智能化住宅

随着主人大手一挥，电梯门向他打开；进入楼层后厚重的房门便自动开启；室内的灯光随之开亮……这一切并非美国科幻大片《未来世界》的镜头，但是如果这一切出现在自己的家中，那是否是一个很吸引人的居住环境呢？

目前包括彩色可视楼宇对讲系统、掌形仪门禁系统、家庭智能控制系统和家庭安全防范系统在内的九大智能化系统，已开始进入我国的住宅业。

这一切家庭智能化技术都不是梦想，在不远的将来，是完全可以实现的。高科技本着以人为本的精神，旨在为居民创造一个安全舒适的居家环境。相信未来尖端的工业精密智能控制技术，将会改变人们的生活方式，也将是未来地产的发展方向。

1）智能化住宅的几大功能

智能化的普及，是一种必然趋势。随着科技的飞速发展，新的智能化革命将席卷全球，智能信息化住宅小区的普及指日可待。它的功能将包含：安全功能、方便功能、办公功能、教育功能、环保功能。

2）建立智能化住宅的两大模型

住宅小区智能化的内容有哪些，如何进行智能化规划和设计、实施监督、验收以及后期服务等。进一步来说，如何研究和发展适合于我国国情的住宅智能化配套产品是广大业主、设计人员、产品供应商和工程实施单位应该认真思考的问题。住宅小区智能化并不是一个臆造的概念，它是在特定的环境下产生的。下面给出两个智能化住宅小区的模型：

模型1：在建筑规划和设计的同时，根据需求进行系统的选择和配置

其特征如下：

第一：二个层次，包括家庭单元和小区单元。

第二：前提条件，以基础系统的设置为前提，包括家庭总线、智能控制器、小区网络系统和小区信息化服务管理。

模型2：整体化的系统概念，预装入若干配套系统

其特征为：以住宅或其中主要用房为单位，预装入若干智能系统，作为整体产品销售。

日本最近推出了一种叫做智能住宅的预制房屋，它集控制、管理、通信和检测为一体，在生活起居等活动中的每个环节，设计了相应的智能化设施，例如在卫浴间中可以测量人的血压、脉搏和体重等，还可以通过人的排泄物分析出其健康状况。以上信息被存储后，可以随时调用和分析，并能够直接传输至有关医院、咨询机构或急救中心，这种预制房屋将成套出售，估计在3年后将进入市杨。

3）智能化住宅的建设标准

建筑作为信息的载体和终端，智能化程度不断提高。至今全国已有数千座大厦不同程度地实现了智能化，年均投入数百亿元，仅住宅小区智能化建设每年就将有一千多亿元的市场。

智能大厦、智能小区、智能社区发展迅速的根本原因是它能使人们得到安全、舒适、快速、敏捷、高效、增值的服务。房地产开发商、网络集成商、产品供应商及制造商联起手来投入智能建筑及城市建设，是前途无量的。

随着信息化社会的不断发展和住宅市场消费主体的变化，目前"智能化"已经成为开发商开发建设住宅小区不可缺少的重要卖点。为了进一步规范住宅小区智能化建设，日前建设部住宅产业化办公室勘察设计司制定了《全国住宅小区智能化系统示范工程建设要点与技术导则》，将全国住宅小区智能化系统示范工程分为一星级、二星级和三星级等三个等级。

4）"智能化"无处不在

智能化的普及，是一种必然趋势。随着科技的飞速发展，新的智能化革命将席卷全球，智能信息化住宅小区的普及指日可待。

智能化指数字化、智能化建筑，包括自动调温、感应式照明、家电全自动摇控、计算机统一集中控制水、电、气费用等；以及利用信息高速公路实现家庭办公、网络购物等活动。

住宅小区的智能化规划和设计，有利于一般的公共建筑和办公建筑，它是一个综合了现代科学技术、社会生产力水平、地理气候条件、家庭结构、文化传统和风俗习惯的系统工程，一个住宅小区"智商"的高低，应该从其所设置的智能系统能提供的功能和服务来衡量。

第一：安全系统

以往，传统的家庭安全防范观念，就是装上坚固而又笨重的门、窗、栏、锁，把自己关在一个"笼"内来防范不安全因素。随着智能化设施的引入，安全自动化的智能网络应运而生，通过那一排排可以调节的按钮及程序，透过一个无形的网络，使"安全"完全掌握到自己的手中。

常见安全系统表

名称	功能	名称	功能
红外线	小区周界防范报警系统	防盗报警	住户室内系统
电子眼	小区室外闭路电视临控系统	紧急求助	住户室内系统
保安巡更	小区内防范系统	煤气泄漏报警	住户室内系统
闭路电视监控	小区内防范系统	消防报警	住户室内系统
一卡通	感应卡门禁控制系统	远程报警	住户室内系统
指纹门禁控制	感应卡门禁控制系统	远程监控	住户室内系统
可视对讲	楼宇进出控制系统	模糊报警	住户室内系统

第二：网络系统

小区住户只需一台普通电话与小区中心 INTERNET 服务器网络连接，便可利用电视机或电脑迅捷进入因特网遨游世界，使住户拥有舒适方便、高素质的家庭生活空间，足不出户，即可享受丰富多彩、高品位的业余文化生活、多层次交往等多种需求。

常见网络系统表

名称	功能	名称	功能
电视会议系统	家庭办公系统	全方位有线电视	家庭娱乐系统
金融财经股票交易网	家庭办公系统	视像点播	家庭娱乐系统
企业内部电视	家庭办公系统	交互式电子游戏	家庭娱乐系统
网上购物	家庭办公系统	基带图像与广播	家庭娱乐系统
远程教学	家庭办公系统	远程医疗	家庭娱乐系统

第三：人工管理系统

人工管理小区，耗费大量的人力、物力、财力、人为差错在所难免。智能化的出现，将住宅自动化管理与网络紧密结合，在方便住户的同时，也使物业管理变得轻松、高效。

常见人工管理系统表

名称	功能	名称	功能
空调控制	家庭管理系统	直饮水系统	小区管理系统
电话控制	家庭管理系统	远程抄表	小区管理系统
灯光控制	家庭管理系统	老人紧急救护网	小区管理系统
影音控制	家庭管理系统	中央热水系统	小区管理系统
保安控制	家庭管理系统	给排水监控管理	小区管理系统

（续表）

名称	功能	名称	功能
通行控制	家庭管理系统	停车场管理	小区管理系统
防火控制	家庭管理系统	智能照明系统	小区管理系统
节能控制	家庭管理系统	自动门控制系统	小区管理系统

主题案例　并不遥远的恒温恒湿

环保设计师会对将要动工的建筑物先做最小能耗的设计，在建筑物的内部，供采暖制冷的水管均匀地埋设在混凝土楼板中，冬天供暖水温26℃，夏天制冷水温控制在20℃，由于住宅的外衣隔绝了外部环境，水的表面辐射温度就和房子的温度非常接近。这样很小功率的人工采暖和制冷就能保证屋内的温度均匀柔和（热泵所需的电能仅仅为传统供暖时所需电能的1/5～1/7）。这种技术就被称为"天棚柔和辐射制冷"。

由于供水的能耗低，这类物业在北京每平方米仅收8～10元的采暖费用。而房间的空气质量和湿度主要取决于换置式新风系统，经过处理的室外空气通过风道缓速从地面的新风口送入室内，空气一旦被人体等热源加热温度升高之后，会带着废气升至顶棚。由顶部设置的排风口排出，新风连续自下往上而来。这样的新风系统都是各家独立供风，避免了交叉感染的出现。

当开发商习惯将高科技作为高价行销的标签，采用该类设计的住宅往往就会成为昂贵的代名词。这样的房子能够节能70％，而且这类设计并不会提升房屋造价。前期开发中对高能耗系统的简化，以及由于后期供暖系统运营成本远低于传统的供暖方式带来的房屋造价的降低，使得该类建筑并不比定位同等的住房造价提高多少，有的还能降低造价。譬如，在传统的建筑物中，中央空调要达到能量均衡，送风系统每平方米消耗60W，而柔和天棚采暖系统只需要10W。

恒温恒湿的建筑在瑞士已经有2000多个了，大部分是办公大楼、图书馆等公用建筑。到了大兴土木的中国，则更多地利用到住宅上来。在北京有万国MOMA、锋尚国际公寓、上第MOMA等，外地的有南京的朗诗国际街区等。

也许，恒温恒湿住宅的兴建提示人们，大自然有很多奇妙的法则，我们需要做的只是找到其中的规律并巧妙地利用。希望更多的人们可以享受到技术对自然的尊重带来焕然一新的居住改变，而并不是少数人的奢华专利。

主题案例 "智能公寓"服务老人

在人口密度低于亚洲、住宅构造以独立式住宅为主的欧洲,独居老人的生活问题常常成为政府的困扰。去世一个多月以后才被发现的情况屡见不鲜。

这种现象在人满为患的中国城市似乎并不多见,但在老龄化程度越来越高、空巢家庭越来越普遍的发展趋势下,老年人的生活正在成为一个新的课题。不过,发达的高科技已经提供了可能的解决方案。

德国近来推出一种以孤寡老人为目标的"智能公寓",最大特色是可以探测出老人长时间没有移动等异常情况并及时报警。公寓当中安装了传感器,一旦发现老人已长时间没有移动,将通过手机短信等方式通知相关部门。

此外,传感器还能提供一些基本协助,如探测出是否有人入室盗窃。当老人要出门,只需按一下门口的"我要出门"开关,就能自动关闭窗户和一些电器,如熨斗和电炉等,并启动预警系统。此外,老人还能在家里订餐并且可以通过电脑与医生直接对话。

安装这套"智能公寓"系统需要5000欧元。目前,这种公寓主要通过租赁的方式提供给老人。

主题案例　变化多端的中空玻璃·

玻璃从来没有像现在这样得到人们的重视，人们不断地变化花样搬弄玻璃，使简单的玻璃变化无穷，功能日益多样。

普通的家用单层玻璃只有4毫米厚，在冬季和夏季，在所有散拨的热量中约有40％的热量和冷气被排入空气中，这是我们感觉夏季空调不冷，而冬季暖气不热的重要原因。

中空玻璃的出现大大缓解了这一问题。20世纪50年代。美国的大兵发现冬季哨所的玻璃上大量结冰影响看守，于是他们想出了一个绝妙的主意：把一块玻璃加为两块，再把玻璃的四周密封起来，这就是中空玻璃。但是后来科学家们发现，把它用来节能将减少40％浪费，欧盟因此立法要求所有建筑必须采用中空玻璃。

中空玻璃两面约厚20毫米，两层的玻璃分别为6～9毫米，中间是9～12毫米的干燥空气。双层玻璃把室内室外分割成两个部分，声音和热量无法可以直接传导进来，有效地隔断了声音和热量在室内外的传播，室内的温度被保大量留。即使这样，人们还是不满足于它的功效。为了让它能更好地发挥它的优势，人们把它加到三层玻璃，厚达40毫米。北京嘉寓公司的三层中空玻璃可以把声音减少39分贝。即使紧邻喧闹无比大街，人们听到的只是低声耳语。

然而，空气还是空气，它们是声音和热量极佳的传播介质，于是，人们将玻璃里面的空气换成惰性气体。惰性气体很懒惰，它甚至不愿意传播声音和热量，因此，隔声、隔热更佳了。

当然，填充惰性气体还不是最好的方案。干脆把中间的气体完全抽掉使之成为真空。由于真空条件下，热量和声音几乎完全不能传播。因此，它可以把40分贝以上音量隔断。北京天恒大厦由于采取了真空玻璃，虽处繁华街道办公却丝毫不受影响。

最绝的还要数LOW—E玻璃，这种玻璃的两面都有镀银膜。这层镀银膜像一面镜子把太阳光线中的热量反射去，却能把温度阻止在室内，透明度基本不受影响。

经过这样的一系列变化，玻璃就被赋予了神奇的功能，不但可以隔热、隔音、保温，使得人们获得在大都市中获得难得的安静，同时节约大量的电费和能耗，是都市人追求屠家的私密和办公环境的安静的必备佳品。

三、住宅风格——最美的语言

1. 何为"住宅风格"

当我们提到一种风格时，我们指的是一种富有特色的品质或形式，一种表达方式。根据艺术历史学家迈尔·夏皮罗的观点，风格是"某个个人或群体的艺术作品的经久不变的形式，有时则是持久不变的要素和表现。"

在房地产企业组织中，风格发挥着许多重要的作用。它们帮助开发商建立品牌意识，产生认知和情感上的联想；帮助他们区分产品和服务；帮助他们对产品和服务进行分类；帮助他们确定产品系列中产品差异的子类。对于社会而言，风格能美化我们的环境，区分出游乐场所，减轻压力，促进社交。利用美学进行识别管理的首要任务之一，就是要将组织及其品牌与某种风格联系起来。

单从有形空间来看，住宅包括五个层次的概念，弄清这些概念，对房地产开发商来讲有利于结合地区特色来建造产品，同时也有利于产品的准确定位建筑风格。

（1）地域性的概念

比如：是在北方，还是在南方；在城中繁华地段，还是郊区等等。

（2）区域性概念

比如：是在闹市区，还是在城郊；是在商业区，还是在文化区等等。

（3）社区概念

比如：目前经常讲到的某某住宅小区，某某住宅花园等。

（4）小区内细分的概念

某某住宅组团，某某苑等等。

（5）房产自身的概念

包括面积、户型、楼层、朝向及价格等。

2. 风格的要素构成

风格由基本要素构成，并可以据此进行分析。颜色、形状、线条、模式是视觉风格的主要要素，音量、音高和节拍是听觉风格的主要要素，而购买和消费是多重感官的体验。例如，零售场地要管理一些基本要素，比如声音和气味、背景音乐和声音、香味和味道、材料和质地，所有这些都能影响顾客，使他们决定是否走进一家百货商店、食品店，或者时装店。但是，多数营销美学仍然集中在视觉要素和风格上。

以下我们将阐述各个基本感官领域（视觉、听觉、触觉、味觉和嗅觉）相应的主要要素。然后，我们将讨论视觉和听觉这些感官领域的要素如何共同形成风格。

（1）视觉：所有的感觉源于眼睛

营销美学中最主要的风格要素是视觉。亚里士多德的格言"一切源于眼睛"对于公司和品牌识别尤为正确。心理学研究表明，人对于图形具有很强的记忆力。与文字相比，图形更醒目，因此能在很长时间内被记住。从营销美学的角度来看主要的视觉要素包括形状和颜色。

（2）听觉：耳朵的享受

声音和音乐从两个方面影响公司和品牌识别；作为背景，它们能在零售场地或其他场地增强识别；在广告和其他传播中，它们是创建识别的要素。

3. 破解楼盘建筑风格的特性

风格是组织或品牌识别的视觉（或听觉、嗅觉，触觉）表现。设计者根据管理者和战略设计咨询人员的思想来建立风格。它们能理想地反映出组织或品牌的个性。

然而，仅仅只有风格是不足以表达一种识别的。没有内容的风格是为艺术而艺术。风格必须和主题结合起来，主题能更简明、更直接地表达组织或品牌的个性。

如果楼盘的建筑设计者能从风格的主要特性角度来评价某种设计，那么在建立或改变风格时的管理输入会得到加强。设计人员要将不影响风格的各种要素分离出来，并进行调整。在这里，我们定义了四种认知特性来评估与房地产企业或品牌识别有关的各种风格：

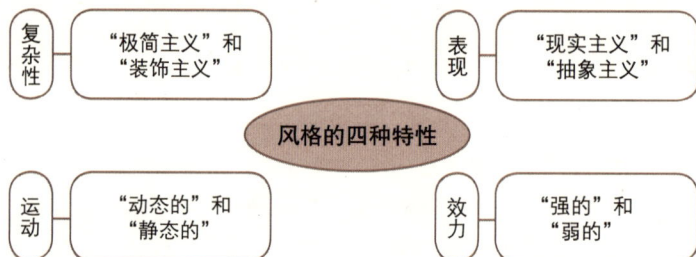

复杂性 —— "极简主义"和"装饰主义"

表现 —— "现实主义"和"抽象主义"

风格的四种特性

运动 —— "动态的"和"静态的"

效力 —— "强的"和"弱的"

风格特性1：复杂性

极简主义的公司建筑起源于芝加哥学院／包豪斯建筑学派，装饰主义则起源于新哥特式／新艺术学派。当今，后现代派的建筑和室内设计的特点就是风格的多样化，缺乏统一性。今天我们用到了大量的颜色、形状和材料——它们有些是极简主义风格的，有些则是装饰主义风格的。

风格特性2：表现

用现实主义来建立识别。因为抽象主义风格主宰了美学，这从大多数的组织在其总部的大厅里都布置了抽象派的绘画和雕塑可以看到。

风格特性3：运动

你是否希望自己的楼盘或品牌识别具有动感？最有效的方法是建立广播效应识别。当公司要素以动作和行动的方式进行表达时，运动的风格特性尤其重要。

风格特性4：效力

你希望你的品牌或组织的识别有多大的效力？公司或品牌识别的效力，是指某种识别给人留下的印象是强大、积极和喧闹的，还是不牢固的、柔和和宁静的。

4. 建立品牌风格具有战略性

品牌和公司的竞争是有关联的，品牌不能等同于知名度，现在有很多公司都是在做知名度，而不是做品牌，品牌代表了公司的核心竞争力。一个真正具有品牌的开发商关键是看他是否开始有意识地研究有没有能力预测未来的市场和消费能级，每一个产品都非常讲究原创性，能够将市场细分，为某一个群体量身定做他们需要的产品。建立品牌风格的主要战略问题是：

（1）设计要素的并列

在所选择的某种设计方案中，可能会存在内在的紧张状态。为了创建更有吸引力、更独特的外观，设计者可能会有意识地在一个或多个识别要素中并列使用不同的设计要素。

（2）调整或抛弃风格

随着时间的推移，风格也可能会过时。当整体印象发生变化时，为了调整（必要时也会抛弃）某种风格，必须密切注意我们的环境和发展趋势。

建立风格有两种管理方法，在多数公司，一种风格通常产生于设计者的远景、创新性和直觉。他们以两种方式工作：

一种是自下而上的方法，先选择主要的基本要素，然后将它们组合成一种统一的风格；

另一种是自上而下的方法，先选择一种风格，然后通过选择基本要素来实现这种风格。

当对一个品牌进行重新定位时，采用自下而上的方法一般会更容易一些。这时，顾客可能非常熟悉识别的某些主要要素，这能增加顾客的熟悉程度，也能为组织带来财富。对它的挑战是要将它们成功转换成一种新的风格。自上而下的方法则更具有战略性和系统性，更适用于从头开始建立一个崭新的识别。

实战案例 5 解密 SOHO 中国的品牌风格
Combat case

SOHO 中国一家为注重生活品味的人群提供创新生活空间以及时尚生活方式的房地产开发公司。SOHO 中国在北京 CBD 核心地带共计开发面积 158 万平米，占整个 CBD 开发量的 20%，SOHO 中国目前在中国开发项目的总面积为 245 万平方米。

一、SOHO 中国特色

建筑理念：SOHO 中国坚持独特创新的建筑理念，建造具有中国当代风格的建筑，所开发项目均成为新北京城市建设中的里程碑建筑，并对中国的城市建设起到巨大的带动引领作用。

商业模式：2005 年底，SOHO 中国实行战略转型，退出住宅市场，全面转向商业地产，并积累了在市中心繁华地带开发商业物业的丰富经验。

二、SOHO 中国经典项目

1. SOHO 现代城

潘石屹在北京 CBD 的第一个 SOHO 建筑。一本《SOHO 现代城批判》使其成为北京房地产界乃至中国房地产界的经典营销案例，广为流传。

2. 建外 SOHO

潘石屹在北京 CBD 核心区打造的经典之作，成为了北京 CBD 核心区的地标性建筑。

3. SOHO 尚都

潘石屹与任志强"鸡蛋换粮票"事件的产物，大胆前卫的造型再次显示了潘石屹致力突破传统建筑风格的决心。

4. 朝外 SOHO

该项目被潘石屹称为"奥运之前 CBD 商业地产的最后机会"。又一个蕴含着丰富建筑思想和个性风格的项目。

5. 光华路 SOHO

目前为止，该项目是潘石屹在 CBD 区域最后一个待售项目，结束这个项目的销售后，其在北京市场将面临"断顿"危机。

三、个人营销艺术：用娱乐的方式自我凸现

SOHO 的领导者潘石屹他频频在电视、论坛及报纸等媒介上亮相发言，发言内容不单涉及房地产，还包括人文、地理等看似不搭界的事情，只要有媒体找他，他一定会像对待客户一般地有求必应。典型的说法就是"一个卖房子的成天把自己弄得跟个电影明星似的"。

在潘石屹的营销理念中，品牌宣传永远是第一位，宣传做到位了，好的产品才能够被大众所认识，才能够有目标群体的人前来检验，而销售作为整个生产经营环节中最终的目标，在潘石屹眼里不过是成功宣传之后自然而然的坐地收钱。

潘石屹的宣传让他不仅能活在北京，而且引来了从全国各地汇集来的买家争着买"潘石屹的房子"，同时，也引来了国际资本的青睐，新加坡财团、香港财团、欧美基金纷纷与之洽谈合作。

四、国内第一个房地产细分产品

SOHO 是国内第一个房地产细分产品。提出了"SOHO"（Sall Office，Home Office）不仅仅是"居家办公"的意思，"SOHO"的背后是物业品种之间的边界在模糊，是人们对新的房地产产品需求的一个明确信号。

五、SOHO 品牌之延伸

作为一个全新的住宅产品，SOHO 产品不仅得到了市场的广泛认可，还引发了国内地产界的一种跟风潮流，国内有 30 个左右的楼盘在 SOHO 现代城成功之后都在借用 SOHO 这个题材。

为了给公众和社会一个清晰、明确的印象，老潘放弃了"现代城"而选择了"SOHO"作为公司的灵魂和卖点。他极尽所能地将公司的每一个对外的产品都叫成了 SOHO。2002

年 3 月，他把公司名称红石公司改称为 SOHO 中国有限公司，把公司网站改为 sohochina，把公司内部报刊改为了《SOHO 小报》，甚至在建国门外开发的新楼盘名称都命名为建外 SOHO。

而只有这样，才能集中公司所有的精力和资源于一点上，发全力于 SOHO 一个焦点，才能在社会上爆发，才能深入人心。这样，"SOHO"已经从公司的一个产品提升为公司的品牌。

六、产品设计的价值创新

1. 现代城在设计上大胆尝试第一次

现代城消灭了北京人最熟悉的阳台，把阳台的面积算在屋内的使用面积上，打掉 90 厘米高的窗台，代之以巨大的落地玻璃。并第一个造出大小不一的房型以方便不同购买能力的人拥有；第一个大胆提出做精装修的内销房，现在装修房已经成为高档公寓流行的做法；第一个在楼体上涂上各种颜色，后来被许多开发商模仿；第一个为空调外挂机设计了专门的"藏身之所"，既避免了不统一带来的视觉破坏，同时丰富了外立面效果；第一个在建筑内部放置大量现代前卫艺术作品……

2. 博鳌蓝色海岸在设计上将"取景"和"交换"至于首位

博鳌蓝色海岸从设计上打破了"房子"在人们刻板印象中的束缚，根据地理环境和人们的使用习惯，在设计时把"取景"、"交流"和"与自然亲近"放在首位。至于"墙体"，只保留了其保暖作用，而摒除了它遮挡视线的不利因素，把"私密"交给随主人的需要而随时采用的窗帘。

3. 建外 SOHO 打破传统"地标建筑"的框架

建外 SOHO 位处北京 CBD 中心区，为了充分利用这里大批的高消费人群资源，'为客户带来更好的投资回报，开发商打破了传统冷冰冰"地标建筑"的框架，取而代之以人流为直接对应的小街和小店铺。

4. 长城脚下的公社设计成新时代的前卫建筑

至于长城脚下的公社，理念之大胆，设计之前卫，在中国乃至全球更是空前。潘石屹

和张欣让 12 位建筑师放开手脚，极尽想象，努力设计出属于这个时代的前卫建筑。单单
这种开发理念，就具有浓厚的理想主义色彩，以至于好多人认为这样的房子"不是用来住
的"、"另类的彻底极至"。但是，威尼斯建筑双年展以及法国蓬皮杜中心把至高的荣誉颁
给了这个项目。潘石屹对于产品设计的价值创也新得到了国际的肯定。

博鳌蓝色海岸

北京现代城

长城脚下的公社

建外SOHO

5. 品牌风格的构建

一个好的品牌，对消费者来说是一种价值认可和产品信赖；而对开发商来说则是无形的资产和财富。利用开发商品牌为产品造势，往往能够取得良好的效果。在另外一个领域找寻灵感，已经成为地产界聪明人士的秘密，对产品进行密切的嫁接可激发人们对美好生活的向往，达到楼盘热销。

（1）我国住宅房地产企业多数缺乏品牌风格

1）重视楼盘营销，不重视品牌运营

现阶段企业打造更多是项目品牌而不是企业品牌，开发商不重视品牌的建设，开发商主要将营销重点置于具体楼盘项目的建设上，对具体的楼盘项目倾注了大量的营销努力，也打造了不少明星楼盘，但是这种实质上在产品观念指导下的营销思想却忽视了企业品牌的塑造和维持长期的品牌效应，更多的体现为一个个具体项目的销售上。这样的品牌建设往往是短期的、缺乏品牌的关联性和累积性，从品牌整体建设规划角度看，这样的品牌建设是失败的。

2）地域具有差异性

房地产具有地域性非常强的特点，由于不同的地区，地理、气候、消费心理和消费习惯、经济发展的不平衡等等因素影响，不少开发商认为单一品牌很难适应地域市场的不同特点，于是对每一个楼盘采用了不同的品牌名称，所以在楼盘项目之间、项目与开发商之间品牌形象事实上是脱节的。

3）消费者不注重企业品牌

由于住宅房地产产品属于大宗复杂的购买，这类购买类型是典型的高度理性消费。在我国当前的居民购买力条件下，消费者在购房时主要考虑的还是产品本身的区位、价格、质量等实体因素，很少注重企业品牌。

（2）品牌风格模型的构建

在住宅房地产品牌策略选择上必须考虑到两个关键因素的协调，为此，构建模型如图：

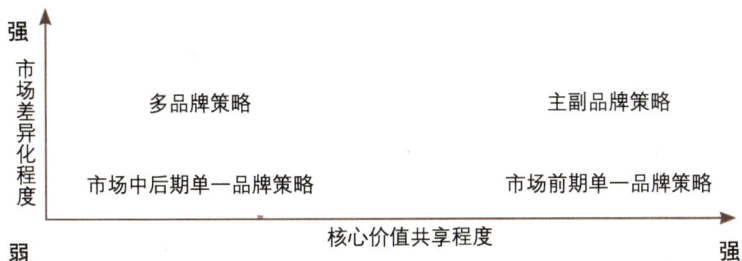

这个模型以影响住宅房地产品牌塑造的 2 个关键因素为维度，将企业可以采用的品牌策略标注在不同的象限中。

（3）建立品牌风格的过程

企业在品牌策略的选择上，一方面要紧紧围绕打造中国居住文化这个品牌核心价值的基点，另一方面还要关注在不同的地区，从地理、气候、历史风俗到消费心理、生活习惯、文化、社会构成等因素作用下的市场差异化特点，有针对性的进行策略的选择。

1）市场前期单一品牌策略

单一化品牌策略，指的是企业生产经营的全部产品使用同一个品牌，这样的品牌策略也称为综合品牌战略或者统一家族品牌战略。对于刚刚进入房地产行业的住宅房地产开发商而言，在进入市场的初期，不会也不具备条件立刻开发大量的产品系列，这个阶段，所有的产品共用一个品牌名称，通常这个品牌名称就是开发商的企业名称。

2）市场中后期单一品牌策略

随着住宅开发商开发实力的增强，开发企业的项目单位和涉及领域会不断的扩大，这个阶段企业产品涵盖的层级更加分明，高档公寓、普通住宅，甚至经济适用房；产品也由原来的地域向更广的地域发展，地域的差异化带来消费的差异化，继续单一的品牌策略已经无法实现资源的共享，甚至无法共享核心价值的定位。比如，企业原来将产品定位在普通住宅，围绕普通住宅塑造的品牌形象就未必适合高档公寓，同样都是对居住文化的追求，不同的消费阶层也会有不同的理解和实现的途径，也就是说，这个时期的单一品牌策略忽视了消费的差异性，若部分房地产项目出现问题，会在很大的程度上影响到企业整体品牌形象。

3) 多品牌策略

随着不同地域的住宅消费的多样化和差异化，企业必须在大量市场调研的基础上，积极发展多个品牌，来针对不同的消费群体制定不同的营销策略，这样才能保证品牌的价值诉求能够满足消费者的个性需求。

多品牌战略是这个背景下的选择，企业给每一个项目或者一类项目都是用一个或者一个以上的独立品牌，这些独立品牌有不同的品牌名称，不同的定位及不同的品牌识别。这种策略具备极强的灵活性，能够适应不同的市场独特的文化和消费需求，从而始终保持活力和竞争力。它最突出的优势是各个品牌具有不同的个性和利益诉求，能够吸引不同的消费者，也更容易使得消费者产生品牌忠诚度。但是，多品牌策略容易模糊企业在住宅房地产领域的整体形像和代表的核心价值，不利于个性鲜明、统一的企业形象的形成，同时还分散了企业资源增加了成本。

4) 主副品牌策略

这个策略也叫复合品牌策略，它是以企业一个成功品牌作为主品牌，以涵盖企业的系列产品，同时又给不同产品起一个富有个性的名字作为副品牌。通过主品牌展示系列产品核心价值的社会影响力，而以副品牌凸显各个项目产品不同的个性形象，以满足不同地域不同类型消费者的差异化需求，从而加深消费者对每个项目产品的印象和好感，形成消费者对副品牌的信任，从而有效推动新楼盘项目的发展和壮大。

与前面论述的多品牌不同，多品牌策略宣传的重点是一个个具体的项目品牌，企业在实际操作过程中往往会将资源倾注在不同的子项目品牌上，难以形成品牌的效应累积和持续发展，主副品牌策略更倾向主品牌的宣传和推广，同时在副品牌的塑造中还能够对主品牌的形象进行优化，强化主品牌的核心价值。

在企业跨地域进行经营的时候，消费者对品牌的核心价值的认可、信任以至决定购买往往是基于对主品牌的信赖，从而引发强烈的兴趣去了解企业在本地区开发的子项目，这就大大降低了企业的营销成本，更加有利于企业跨地域住宅房地产项目的推广。

企业品牌的可持续发展以及品牌效应的累积是一个企业塑造成功品牌的目标，在住宅房地产品牌的塑造上，必须紧紧围绕品牌核心价值诉求来进行品牌策略选择，主副品牌策略是延续了品牌价值诉求一贯性和满足不同地域差异性的最佳选择。

实战案例 6
Combat case
方圆——地产百强企业的品牌之道

作为一家实力企业，方圆集团开发的产品项目在行业中颇具影响力，但在社会上方圆的品牌影响力有限。主要表现在方圆集团一直未协调好两种方式：

一是如何处理原有品牌资产与新企业发展战略的关系，并让原有消费所推崇。

二是为展现出方圆坚定的"东方人居智慧"品牌战略，需要全系统的为其开发编辑品牌管理的战略性文件、规定品牌管理与识别运用的一致性的最高原则，制定适配品牌发展战略的品牌识别组合架构、品牌识别体系，品牌环境体系以及整体的品牌表述。实现品牌"地产"到"地产品牌"的落地。

与众多的大型企业集团一样，方圆企业的成长势必带来品牌凝聚与管理的困扰。为此，方圆集团坚持采用四套组合拳，深掘品牌之源，成功了"地产品牌"的落地。

一、将核心的品牌风格编辑成书

通过深入品牌梳理，创造性地编辑沉淀出方圆品牌书《方圆之源》。《方圆之源》使已有的品牌零碎知识整合为新的形式，以便于方圆品牌管理团队正确的利用这些知识。这样一来，方圆就就拥有了可操作、易于理解、便于使用的品牌宪章。它的重要性还体现在：

（1）确保方圆所有的品牌传播要素拥有同样的品牌形象和感受。

（2）确保所有传播活动的连续、清晰、一致和可预见性。

（3）开发共同的工具和过程。

二、建立品牌识别体系

为了能体现方圆地产集团"现代东方建筑与生活的研发商"的企业愿景和"东方人居智慧"的品牌战略，方圆全新"雕刻"了更具前瞻意识的方圆新识别体系。

新的方圆品牌核心标识立意于在东方文化中象征吉祥、如意、和谐、美满的"玉璧"。通过精炼的现代立体演绎，方中有圆，圆中带方的温润玉璧体现出东方最本质的人居智慧——"天圆地方，天人合一"，生动地阐释了方圆作为"现代东方建筑与生活研发商"，以创造现代的空间体验、传承东方居住文明为使命。通过方与圆的温润和谐结构，诠释出方圆人"方圆有致"的企业精神。"方"是现代企业所具有的遵循规律，知性的管理框架和经营模式。"圆"代表企业和谐、融通、博爱，是与人为善，心智的高度健全和成熟。

方圆品牌充满凝聚力、温润感以及和谐气氛的企业图腾，传递出方圆所追寻的"东方人居智慧"，将带给人们和谐的东方诗意生活。

不容质疑，品牌实践是品牌成功的关键。传播品牌不仅仅是传播品牌承诺，更需要细节的触动。方圆通过独创的"GrowthBI 品牌生长识别系统"促使方圆品牌应用落地的管理统一与情感共鸣的和谐统一。品牌传媒系统、品牌公关系统、品牌商务系统、品牌产品环境系统、企业品牌环境系统等等应用系统的落地通过各有特色、细致入微、精准完美的谐调配合，在中国躁动的地产界演奏出一曲宏大的方圆人文品牌乐章。

三、进行文化推广

配以全国范围内品牌腾跃计划。08 年 5 月 23 日，"论道——全球化下的新东方人居模式"论坛在广州花园酒店举行。论坛主持及嘉宾龙永图、王志纲、黄新发、许戈辉论道，深度探索全球化下的新东方人居模式。新品牌充分展现了方圆品牌的重要性和打造东方人居的信心。实现了方圆从"地产"到"地产品牌"的品牌战略。

四、将品牌风格融入每个项目中

1. 荷塘月色——体现"小桥流水人家，秀竹荷塘绿岛"

荷塘月色以简约现代的江南建筑风格，融合亲水亲绿的江南水景园林，同时渗透浓厚的人文教育气息，全方位塑造自然、生态、人性化的精品社区。

"小桥流水人家，秀竹荷塘绿岛"，园林是荷塘月色的精髓之处，通过现代建筑与古朴园景的营造，文化与技术的融合，展示了江南园林这一世界文化遗产的独特魅力。荷塘月色在芸芸住宅小区中，首创真正具有江南生活情怀的居住环境。

2. 云山诗意人家——体现"东方神韵"

云山诗意将目标客户群锁定在热爱东方传统文化，崇尚自然生态，生活品味要求高的人们身上，营造具东方特质的人文居所，既合乎自然的生态环境，更以源远流长的东方文化陶冶人的情操。云山诗意人家最大的特色是具有浓厚的"东方神韵"。

在外立面上，整个小区的建筑将延续传统的岭南风格；在房子装修方面，将融合中国琴棋书画的淡雅和古典美；而小区的园林更是以东方的审美观为标准，并带有浓厚的禅意和佛性。二期还特别设有"母子亲情居"，这种"两个小家各自独立，一个大家几代同堂"的亲情大家庭居住模式，让东方崇孝传统再次得到最好的传承。

3. 小城之春——定位"现代东方 · 生态人文府邸"

小城之春定位为"现代东方·生态人文府邸",延续方圆集团一贯的精神主张,注入东方式的人文精髓,打造出具有现代东方文化灵魂的产品,体现孝顺、和谐、诚信的生活方式。在建筑方面,项目强调现代风格和主张,对于东方建筑元素不做细节或具象的表现,而更多的是体现在精神理念和人文关怀上。

4. 公园一号——实现睦邻和谐的院落式人居氛围

公园一号建筑设计为独特的南北对流板式结构,各单位由走廊相互连通,使大部分单位都有入户前庭和后院阳台,营造宜人群体空间,实现睦邻和谐的院落式人居氛围。

5. 十里方圆——创造"新东方田园牧歌"的理想人居环境

十里方圆以山水田园的诗境和中国山水画的意境作为项目的总体规划主旨,并将现代东方文化、环保节能科技等要素融入到产品之中,倡导现代东方管家式服务,建设以"忠、孝、仁、义、礼、智、信、和"为核心的"八德"社区,创造"新东方田园牧歌"的理想人居环境,将打造出珠三角都市圈最具现代山水人居意境的"山水城市"范本。

6. 明月山溪——打造"一个具有东方风情的高档生活社区"

明月山溪整体开发思路秉持了方圆长期的开发理念,强调修身、养心和养性;结合项目的地形地貌和原生态资源,务求打造一个具有东方风情的高档生活社区,让居住者在这里能享受着惬意、休闲的山水庭院生活,感受着浓浓的邻里亲情。

7. 月岛——定位为"珠江新城 · 东方人文大宅"

月岛定位为"珠江新城 · 东方人文大宅",是珠江新城高层人文大宅文化内涵上的一个突破。延续"东方人居智慧"方圆理念的月岛,整体设计风格简约大方,并力求在高层建筑中融入中式符号,配合多层次、全方位的生态园林景观,营造出独特深厚的内涵,展现中国文化的博大精深。月岛注重内里,致力为现代都市人在纷扰的世界中,打造一方宁静栖所,让居者心思澄明,宁静致远,尽情品味"疏而不离、静而不寂、华而不奢、盈而不满"的富有东方意蕴的生活境界。

（4）品牌风格的操盘细则

由大规模地产自身性质决定，其开发和销售过程相对漫长，不可能像小规模地产实行短平快的战略。品牌具有自我号召力和排它性，所以在一开始，大规模地产就必须树立品牌意识，在产品品质和文化内涵等方面下足功夫，以优质保优价，为后期开发与销售奠定良好的基础。万科地产的项目往往比周边同类物业高出 10% ~ 50% 不等的价位，这个溢价正是品牌价值的直接体现。

操盘1：产品的组合

在一个项目中，好产品肯定会卖的快，但是一个项目赢利点更多的是体现在差产品上，所以，产品的组合搭配就成了是否可以达到项目价值最大化的关键所在，产品的组合不仅仅是在售产品的组合，也有已售产品的组合。那么在产品的组合上，就把畅销楼层和其他不容易销售的楼层组合销售，把畅销楼层的价格大大提高，这样就可以营造出其他不好销售楼层的低价格的优势，容易引起市场关注，化解其他楼层的抗性。

一方面，多样的产品组合，可以更容易的满足市场需求；另一方面，也可能会带来定位上面的不恰当。很多楼盘在设计方面存在的一个重要的产品组合问题是关于楼盘的户型分布不大合理，出现了大户型中夹杂小户型的形象，这使得楼盘整体显得不够纯粹，没有照顾客户对邻居的选择性。最好的方式是：让别墅、洋房以及中小户型进行切割，进行分区规划。这样既可以满足不同客户的需求，又不会使得户型设计更加清晰明朗。

操盘2：细微之处见精神

品牌地产并非一个"大"字了得，要从精耕细作上做出气势，这是众所周知的。所以往往大规模大气势，在市场营销中先声夺人。但楼盘操作不能流于粗放，显得过于泛泛。这样会降低整个项目品质，也不利于长远的发展。正所谓"精耕细作，成就大盘"，越是规模大的项目，越应该注意细节问题的把握。现代人们的消费已经愈趋理智，一个简单的口号式广告并不能俘获他们的心，若能在细节问题上做好把握，加上楼盘的气势，产品售罄则是早晚的事情。

操盘3：完善配套，升华概念

除了体现在建筑形式和目标消费群的多样性上之外，更主要是配套设施设备的完善。试想一个大型楼盘汇聚了成千住户，却连一个会所都没有是很令人失望的。规划成功的楼盘，必定配套设施齐全完善，包括景观设计、会所、商业、学校、银行、医院等等，有的超大盘更设有高尔夫球场，从而增强项目的吸引力。

一个事物能得到大众普遍的认同，一定是其内涵符合大众心理需求，地产也一样。住宅项目的升级换代，与人们对住宅要素的需求提高分不开。深圳的波托菲诺"质朴的浪漫，自在的优雅"、"在纯水岸，到处弥漫着一种高雅的气息"、"每次数数木栈道，结果都会不一样"无论从对目标客户思想、行为、品位、情趣的描摹上，还是在实景建筑构图、运色上，均与其目标客户——富商、艺术大师等现代知富阶层达成高度一致，堪称中国地产广告中沟通最到位的一个。

操盘4：充分考虑物业管理的方便

"买不买房看环境，掏不掏钱看户型，满不满意看管理"，策划项目时必须提前考虑物业管理的各种问题。湖南株洲的明珠花园，花园中心有一个湖，在规划时，把湖设计成两个湖，内湖为别墅区独享，外湖是小区业主共享，别墅单独成区，物业管理和安全保护工作都以桥为界，各自为"管"，这就考虑到了小区业主的方便。

实战案例 7　中信红树湾成功的概念性定位
Combat case

　　中信红树湾全案营销过程充分利用了项目的先天地块价值优势，以成功的概念性定位从客观条件限制和周边项目竞争中突破出来，一系列营销活动围绕其定位展开，高度关注客户需求，从对核心客户的精确摸查出发，分析客户价值观和生活方式，精准选取营销手段，以细节和严格监控保证实施，有效的传递了项目的价值点。

一、项目概况

　　项目地处深圳红树湾片区，占地 16.3 万平方米，建筑面积 65 万平方米。项目位于深圳湾填海区，北邻华侨城主题公园，西临深圳湾。滨海大道、沙河东路及白石洲路环绕地块，交通便捷，配套齐全，拟建的地铁 2 号线出口位于此地块。项目分四期开发，预计开发 6 年。其中第一期占地 4.38 万平方米，建筑面积 14.5 万平方米，共 4 栋高层住宅楼、2 栋 TOWNHOME、近 6000 平方米的会所和 3000 多平方米的中央广场，并正在铺架过街天桥连接南北地块，使两个地块成为一个有机整体营造一种"大家园"的温馨感和"大人文社区"的尊贵感。

　　开发定位为国际顶级湾区物业，集海景、高尔夫、主题公园顶级景观于一体，是国内休闲、生态、居住的豪宅典范。整体规划遵循完全原创精神现代岭南原则，尊重房屋基本要素，追求中国住宅园林设计和建筑的本土化完美地融合，打造原创海滨豪宅。

二、开发定位

　　尽管深圳具备丰富的山海资源，但过去 20 多年现代城市化的发展，并没有形成或者说沉淀出真正属于自己特色的、或山居、或海居、或山海居住文化。

　　目前许多湾区物业的价值亮点仅仅停留在景观、或者建筑艺术的表达上，缺乏对湾区深层次价值的挖掘，以导致湾区物业的价值显性不高。中信红树湾的开发将其拔高一个层次，从三个价值方向诠释着湾区物业的真实价值内涵。

第一个原则：公共价值原则

　　"城市空间与居住空间的营造同等重要"，不同的场所精神及其体验，归居住者共同拥有，这就是公共价值原则。中信红树湾利用南北地块分离的条件，在整个项目中，打造了

6米高、3000平方米大的"空中"跨越式中央绿化休闲广场，在南面设置了休闲会所，在北侧设置商务会所，联系南北地块，并围绕其作为节点，创造一个生活区，统领社区生活，形成一种领域感、归属感和家园感。

第二个原则：共有价值原则

此原则旨在把景观资源利用最大化，通过外部景观资源及内部景观的营造，使每户居住者共同分享，而不是刻意地制造"物业级差"拉开价格。中信红树湾提出了41度旋转的创造性机理，譬如L形住宅都是面向沙河东侧、沿深圳湾，拥有社区中央公园以及深圳湾景观，东北侧是华侨城、世界之窗景观；另外围绕着白石二道有120米宽的视觉走廊，给后排房屋提供了观看高尔夫景观的通道；沿深圳湾一路内侧"之"字形高层可眺望远景，也可以享受中央公园、深圳湾以及世界之窗的景观，实现景观价值的共享。

第三个原则：共生价值原则

设计适合的街区和尺度共同营造湾区生活环境。围绕着共生价值原则，整个红树湾规划项目在街区和尺度的营造上，抱着对城市负责的态度，同时提供比较良好的空间形象。设计中把高层和三层或五层TOWNHOME与城市空间相考虑，使得建筑在湾区既宏观大气又协调优雅。

三、开发理念：营造具有现代岭南风格的中国湾区生活

该项目地处红树湾片区，整体规划遵循完全原创精神现代岭南原则，尊重房屋基本要素，追求中国住宅园林设计和建筑的本土化完美地融合，打造原创海滨豪宅，营造具有现代岭南风格的中国湾区生活。

1. 规划设计

在这一块优越的湾区土地上，什么才是最合适的出路？对于土地来说，先天资源很重要，但后天设计也很重要。如果从国外拷贝一些好的楼盘，回来加工再利用，就辜负了这么优越的地块。必须要学习别人优秀的东西，但需要"因地制宜、原创经典"。其实中信红树湾的产品设计算不上"原创"，但其"经典"是绝对的。

中信红树湾鸟瞰图

中信红树湾处在红树湾一个中点位置上，与水平地面形成 1.5 米的落差，区域空间感开阔，景观均好性突出，可看到东面华侨城欢乐海岸、西面高尔夫、北面塘朗山、南面深圳湾。中信红树湾基于所在深圳红树湾区地理位置中占据的资源优势，借鉴世界湾区发展规律，分析、论证中国沿海文化形态的生长历史，经过演算推证之后得出未来代表"中国湾"的最适宜人居主题定位现代岭南文化，营造具有现代岭南风格的中国湾区生活。

特色一：大尺度和小尺度规划原则

大尺度：项目空间有南、北区主题花园，两条 300 米长的斜列向景观长轴构成一个巨大的内部景观带，使得整个社区的各个角度形成约 130 米的内部视觉走廊，观赏性强，尺度气派。尤其是 6 米高、3000 平方米大的连接南北两区的"空中大板花园"，体量大、设计精美。

小尺度：项目建筑与环境的距离贴近，在岭南花园中，形成一种视线范围直接亲近自然的生活氛围。如"空中大板花园"虽然形体巨大，但是内部功能完备。

同时，项目在规划细节中，化繁杂为简洁，让形式追随功能，钢、铝、玻璃、木、石、植物的巧妙运用，形成轻、薄、挺的通透空间。

特色二：独特的空中院馆

项目的园林造园立意体现出岭南特征，但表现手法上则引入西方现代简洁的线条勾勒，"框中取景，小中见大"。

整体风格是：园中园布局，整个社区内有一条200米长的景观中轴，以此为辐射，构成大的园林，而每栋Town home及高层建筑内部，也都有住户自家的小园林，同时，还有很多景墙、廊、门的设计，将小园林框起来，小中见大，这些都是传统岭南园林的特征。

同时，由于传统岭南园林处理手法复杂，比如多石雕设置，因此，贝尔高林就在园林内又引进了西方造园实体及融进了西方现代手法，通过简单的线条勾勒，将木台、石子、沙、玻璃以及灯光等连接起来，打造与整体建筑风格相适应的简约风格。

特色三："之"、"L"形排布

中信红树湾"L"形和"之"形建筑形态景观优越、无死角，沿着沙河东路，"L"形住宅都是面向沙河东侧，沿深圳湾是社区中央公园以及深圳湾景观，东北侧是华侨城市、世界之窗景观；而且"L"形住宅更主要面向高尔夫球场，保证沿沙河东路所有住宅户户都有高尔夫景观；围绕着白石二道有120米宽的视觉走廊，给后排房屋提供了观看高尔夫景观的可能性。另外沿深圳湾一路内侧"之"形住宅高层可远眺远景，亦直接享受中央公园，深圳湾以及世界之窗美景。在外形设计方面，构成中信红树湾所有的端柱、窗、水平遮阳飘板、遮阳百叶、装饰百叶等等全部借鉴世界湾区物业现代的设计风格和元素。

特色四：41°角的建筑布局

综合深圳湾地区内部、外部的环境、气候数据，在保证居室面100%南向基础上，计算出中信红树湾41°角的建筑布局方向获得了理想的全景观房：客厅有景、卧室有景、厨房有景、多功能房有景，甚至部分卫生间都有良好的景观，更避免了阳光过度照射、海洋季风直接对冲的传统湾区物业的不足，而且，特殊的"口"部设计还保证了后层建筑的景观角度。

中信红树湾规划设计借鉴点分析
➤ 社区小尺度的设计，增强了建筑与人小尺度的亲和距离。
➤ 规划设计在强调线条感、色彩调和感、块面感的过程中，突出国际湾区的同一风格。
➤ 41°角的建筑布局设计，避免了住户相互干扰的可能，更能为套房同时设计出多达2个、3个的入户花园、室外花园，即使面积较小的普通套房也专为家庭工人独辟专用出入口。

➤ 外立面设计全部借鉴世界湾区物业现代的设计风格和元素，建成引领时代潮流的现代化建筑。

➤ 融合中西方造园手法的园林规划是贝尔高林迄今为止所设计的第一个现代岭南风格园林，也是在深圳首次完整地使用，为众多楼盘的园林规划起到了很好的借鉴作用。

2. 建筑设计

按照中信红树湾定位为深圳顶端湾区豪宅的开发战略，结合项目地块的周边环境和区片未来规划发展要求，该项目的建筑设计必需要领先市场 20 年。中信红树湾总体建筑规模为 65 万平方米，包括配套有 6000 平方米会所和 3000 多平方米中央广场。根据中信红树湾的总体规划要求，所有建筑呈 "之"、"L" 形排布，杜绝了建筑中房屋结构性相互遮挡的弊端，并率先在 33 层的高层豪宅上采用国际上工程工艺要求相当精准的端点柱结构。

（1）设计原则：旋转－平衡

旋转平衡布局，非兴起之作，而是为了与外界环境取得平衡。建筑因人而生动，因自然而灵气。为人所用，与自然合为一体的建筑才能够经典传承，浅水湾如此，东京湾如此，建筑的价值也体现在此。占有资源，与资源共有共生，真正实现人居的最大化享受。这正是湾区物业的精髓所在。中信红树湾建筑设计在创造性机理中，与外界环境取得平衡；与自然合为一体，实现建筑与环境之间的平衡交流；实现建筑与自然之间的平衡沟通。

建筑对人性、对自然的最大尊重旋转布局是为了更好的与外界的平衡。平衡，是建筑对人性尊重的最大体现，是建筑与自然一体的最融洽的体现。在湾区，景观资源丰富，旋转，为了最大化欣赏景观，与自然共有共生，与景观做最平衡的沟通，建筑只有如此，才能称得上的湾区物业代表之作。

旋转布局，切合人性，印证湾区生活价值湾区生活最大的价值在于健康舒适。设计合理才能有适度的尺度体验，景观丰富、视觉通道无阻碍才有愉悦的视觉享受；清新空气健康才有最基本的健康保障。

最大化利用湾区众多景观资源，营造良好的生活环境，体现湾区生活价值。从人文角度希望人能在生态平衡、井井有条的环境中，尊重个性，尊重行为，共同营造深圳比肩全球的湾区物业。

（2）设计亮点：41°旋转布局

中信红树湾结合具体地形及其他特征，采用 41°斜列式布局，在旋转的创造性机理中，完美地实现了建筑与健康元素之间的平衡流动，使建筑充分享受湾区的健康元素。全板式楼体，户型南北通透，空气自由流通于室内外；斜列 41° 布局，楼体坐北朝南，阳光自由穿梭于室内外。

1）41° 旋转，与深圳风向相符的尺度空间

深圳气候特征属亚热带气候，常年主导东南风，建筑师们对建筑模式进行的多次论证研究，41° 斜列式布局，最适合深圳气候特征及风向，建筑形成角度，有力、相对的减少了风直接吹拂过来的阻力，而且避免了阳光的直射。没有阳光的曝晒，却能很好的享受穿梭于室内外的阳光。由于户型南北通透，阳光采风自然就好，室内空气流通性好。41° 斜列式布局，将景观最大化展现，居住更舒适，使人在建筑中，人在自然里。

2）41° 平衡尺度，无阻碍的人居空间

41° 斜列式布局，能使楼与楼之间的直线距离达到 60 多米，将楼体对视最小化，每栋楼前都做到了没有视觉阻碍物，使视觉通道 70 年无阻挡，家家户户都有宽阔的视野。中信红树湾的空中花园广场，10 万平方米的小区岭南式风格园林，300 米景观轴线这些公共空间给人们交流提供了众多去处，同时楼与楼之间的适度距离又保证了个人私有空间。

分析数据显示，中信红树湾 90% 以上户型享有 GOLF 景观、88% 以上户型享有内园林景观，这还不包括海景、中央公园景的享有比例。因为这种优越的设计，中信红树湾衔接式的平面布局亦避免了住户相互干扰的可能，更能为套房同时设计出多达 2 个、3 个的入户花园、室外花园，即使面积较小的普通套房也专为家庭工人独辟专用出入口。还有，中信红树湾的 Town Home 建筑，连天接地，天井、庭院的内部构造符合私家大宅需求，并赠送面积达 100 平方米私家花园。

3）41° 全板式楼体，拉宽景观面

薄且透，是全板式楼体的设计亮点，可以迅速将阳光、空气吸纳入建筑内部。与"L"形斜列 41° 布局结合的板式楼，适应了深圳的风向，保证了房间内部每个功能区都通透采风；同时，全板式楼体，更利于拉宽景观面，让来源于建筑内部的眺望，更无阻碍。

（3）外观设计

1）"端头柱"设计

在外型设计方面，采用"端头柱"的设计方式，即将原来楼宇内"L"形的承重墙延伸，

使空间得到更大更合理的利用。构成中信红树湾所有的端柱、窗、水平遮阳飘板、遮阳百叶、装饰百叶等等，全部借鉴世界湾区物业现代的设计风格和元素。

2）"原灰色"外墙

中信红树湾建筑外立面大胆借鉴如加拿大温哥华地区的灰色，灰色是包容一切的"原色"，跳跃的冷灰、暖灰与任何环境色都相协调。使得建筑更加空灵而意境深远，形成一种放松的建筑意向。

中信红树湾创造的格调化的湾区居住空间，曾经有深圳某豪宅开发商大型地产集团总经理参观完中信红树湾，回到公司立即召集检讨会，重新评估自己的设计思想及体系。

中心红树湾建筑风格图片

3. 园林设计

一个湾区湾业要想得到升华，就不是简单的地块加工，必须要有思想，必须要有载体，必须要有自己的文化环境，才能创造比肩全球的湾区物业。在景观设计环节上，中信红树湾于贝尔高林合作。通过园林、广场、道路等设计创造更多空间打造独特的文化环境，从而建造比肩全球的湾区物业。

（1）现代岭南园林风格设计定位

根据岭南文化中聚集的特性，中信红树湾园林交错铺排，设计简洁，明朗处开扬通透，宁静处曲径通幽，在造景的每一处交点都形成现代岭南风格的雄、奇、险、幽、深、旷等六大特征。贯穿着中式庭院的文脉风格，中信红树湾中的古树、钟楼、水景等主体接连形成一条条视觉走廊，多枝条的大乔木、槐木浮冠整个园林之上，疏密有致，空间张弛有度；种植整齐的花草低调、简约，即使品种丰富的植物也色彩同类，视觉净畅，绿树与鲜花的衬托总是油然生出和谐的气息。

穿行在这样小尺度的园林环境中，中信红树湾树荫浓密，解决无气热局促，茂盛的树木林荫包围着整个社区，人立其中，不单感觉不到城市高楼的存在，更能于盛夏里享受到一丝难得清凉。这就是现代岭南风格作品的内格。

（2）整体园林规划

"现代岭南风格"中的重要点是，虽然借鉴岭南文化的风格和元素设计中信红树湾园林，但是仍然需要通过小尺度与大尺度的糅合来表现，创造出气势磅礴的滨海园林形态。站在中信红树湾楼上欣赏园林景致，第一印象的就是两条西北东南格局的约 300 米超阔景观轴线，这是深圳再也找不出来的大型景观规划，甚至在中国所开发的著名社区内也难得一见。中信红树湾园林中式营造，但是其超阔景观轴线的构成，却颇类似欧洲皇室园林的恢弘大气。

在园林规划上，分为南北两个地块的中信红树湾园林被规划成 4 个大区及一个空间景区，按照中国传统的园林构造思想，特别是在夏天炎热的深圳地区，尽可能地栽种大量树冠密织的乔木、槐木，以创造阴凉的社区环境。从现有规划设计图纸上可以看到，沿着中信红树湾主入口处开始，高大的树木排列于道路两侧，林阴遮蔽了大部分阳光的照射，同时也有意识地阻碍了楼宇之间和园林活动区的视线对冲问题。

这种茂密的植被还分布在游泳池周围，基本挡住了夏天游泳的阳光暴晒，使得整个中信红树湾园区都处于一种幽雅的环境中，并衬托出岭南园林幽、深、旷、雄、奇、险的景观文化特色。

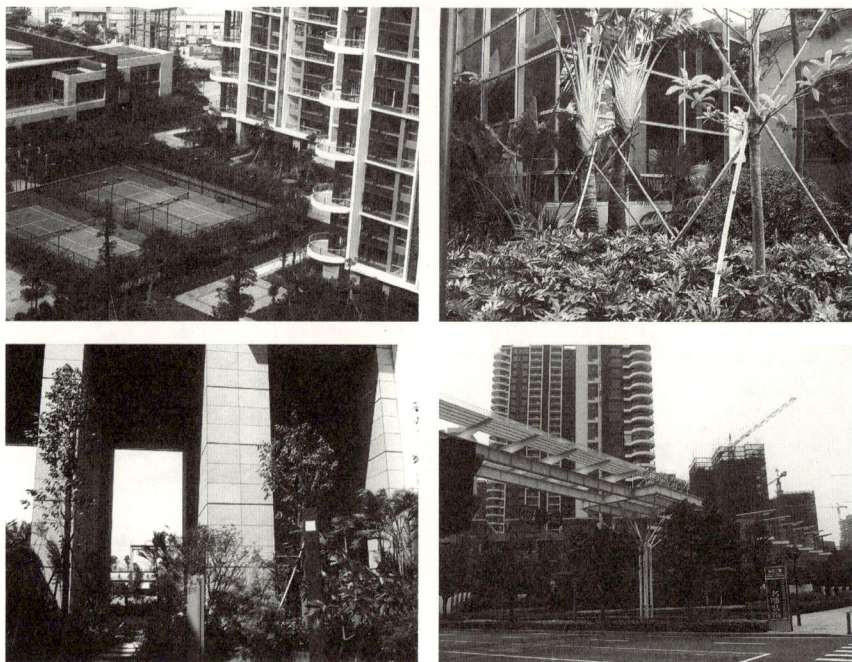

中信红树湾园林图片

（3）不同角度景观处理

1）近景设计

近景，现代岭南风情园林景观构思巧妙，以沙、石、水、竹等天然材料交错铺装强调观赏性与参与性，多枝条的各种大乔木密集整个园区，3000平方米空中园林、雕塑、盆景、石墙等等构成约15万平方米超大湾区园林。

2）中景设计

中景，中信红树湾高尚住宅沿沙河东路，可以欣赏到沙河高尔夫景观、名商高尔夫景观、深圳湾景观、蛇口景观等；沿深圳湾一路，可以直接触及到中央公园景观、世界之窗景观、深圳湾景观等，整个外部非常开扬，两边还都同时可以亲近到深圳湾的晨曦、落霞之美。这一切都在中信红树湾的不同居室内可完美欣赏得到。

3）远景设计

远景，根据政府给予中信红树湾湾区建筑高度的规划，园博园、塘朗山黄牛垅公园、香港元朗等景观映入眼帘。可以说"在中信红树湾没有一处不观景"。

4）内景设计

中信红树湾的景观构成在外，更在于内。传统意识里，滨海住宅似乎只有最宽广的海景就够了，但是在中信红树湾这远远不够。除了 Town home 住宅的岭南院落式内景之外，中信红树湾构想"空中院落"人居环境的中信红树湾高层住宅，在深圳建立起海湾上空的内景"庭院"形态的新豪宅高度，让每一户人家都拥有一个具备内庭院景观的豪宅。中信红树湾高层住宅中，95%以上的住宅拥有不同类型的、甚至多达 2 个、3 个私家住宅花园。极为独特的花园系统分为三中类型：入户花园、户内花园、天井花园，平均面积在 11~20 平方米之间。区别于局促的小空间，全是较大尺度的真正意义上的花园；三面玻璃通透室内空间，一面完全打开朝向外环境的设计形态把自然、生态、资源引入内环境，是身心的完全享受。

（4）细部景观处理

1）细部园艺设计相当"显眼"

整个园区中采用了许多的沙、石、木、竹、玻璃、钢材，于自然中构成了一种现代造化的人工和谐，目前已经竣工的售楼处即是这一风格最佳的实体表现。由南到北，中信红树湾园林内设计了很多木台走廊、石台小径，既天然又趣味十足。其中更特别隐藏了淡雅的夜晚灯光，一到宁静的黑夜，天籁声中，漫步在光感十足的园林夜色就是闲适生活中的又一类享受。况且中信红树湾所有的 40 多个景观节点及园林小品都经过原创设计注册，在中国其他地方绝找不到这样的园林设计。

2）水是湾区物业永恒的主题

中信红树湾内同样重视水体的运用。呈斜列布局的整体两条约 300 米长的景观轴线带中，水占据了较大面积，切实营造出在海湾地区亲水的场景。甚至在中心区"楼王"的设计里，水环绕楼体而行，不经意间望去，似乎整栋楼"漂浮"在水上面，顿时轻盈、飘逸、柔和的湾区物业感觉凸显而出。相信欣赏波斯湾迪拜酒店的人，能够从中信红树湾找到那种熟悉的味道。

4. 户型设计

中信红树湾 41°角的建筑布局方向获得了理想的全景观房：客厅有景、卧室有景、厨房有景、多功能房有景，甚至部分卫生间都有良好的景观，更避免了阳光过度照射、海洋季风直接对冲的传统湾区物业的不足，而且，特殊的"口"部设计还保证了后层建筑的景观角度。分析数据显示，中信红树湾90％以上户型享有GOLF景观、88％以上户型享有内园林景观，这还不包括海景、中央公园景的享有比例。

中信红树湾街接式的平面布局亦避免了住户相互干扰的可能，更能为套房同时设计出多达2个、3个的入户花园、室外花园，即使面积较小的普通套房也专为家庭工独辟专用出入口。还有，中信红树湾称绝的TownHome建筑，连天接地，天井、庭院的内部构造符合私家大宅的尊荣身份，并赠送面积达100平方米私家花园，实属湾区人居典范。

户型1：自然呼吸式空中院馆

带来全新生活方式空中院馆，使得住在高处依然可以尽情享受亲手缔造、亲身享受私家花园的生活方式。把花园搬到客厅中，把餐厅置在花园中，为厅室之间提供一个宽大的休闲场所，身处"斗室"仍能舒展地与大自然全接触。为忙碌奔波的成功人士在家中营造了一个自由呼吸的场所。深圳湾的海风，沙河GOLF球场的绿草，华侨城的湿地……飘荡在社区的空气中，徘徊在空中院馆里，演化成你家的私有产物。

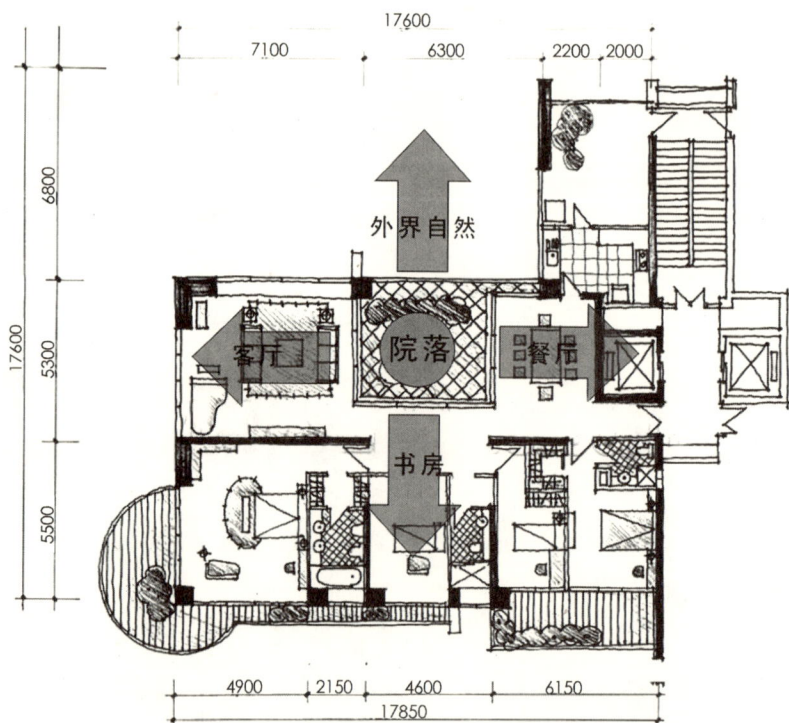

户型2：GOLF景观

全自然采光通风户型由于设计采用端头柱形式，大多数的主卧、客厅能够有两面以上的大面积采光。人行果岭上，家在海光山色中，当在厨房展示厨艺时，都能够观赏绿茵茵的球场时，那高尔夫球杆挥动的快感，以及生活的尊贵。

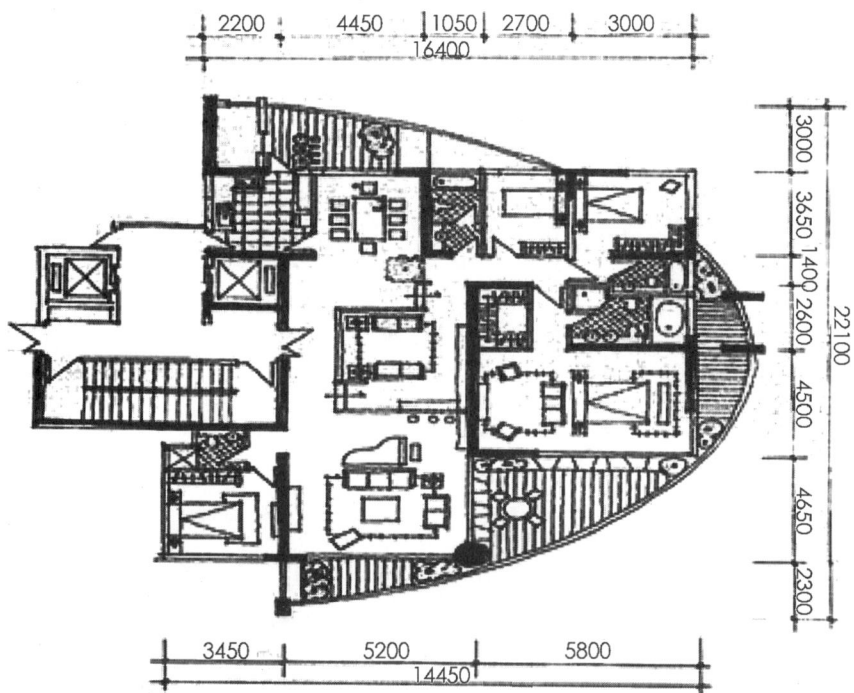

户型3：高层跃层户型

这是中信红树湾11栋01户型，属于六层三厅四卫的套型，上下跃层，分布于2、8、14、20、26层。建筑面积约389平方米，套内建筑面积约310平方米，属典型的豪宅户型。在这套高层跃层汇总有领先智能化电梯直达府邸，特设工人服务电梯，主仆分道；超大入户花园设计，可俯看世界之窗景观；4.5米豪华挑高客厅，阔绰空间，恢宏气势；客厅、餐厅错层设计，塑造了通透空间；下层书房、卧室共享超大室外阳台，户户自然采光，让高尔夫景观尽收眼底。同时，客厅、上层卧室分别带全GOLF景露台，双主卧三套房设计，也保证了私密性。

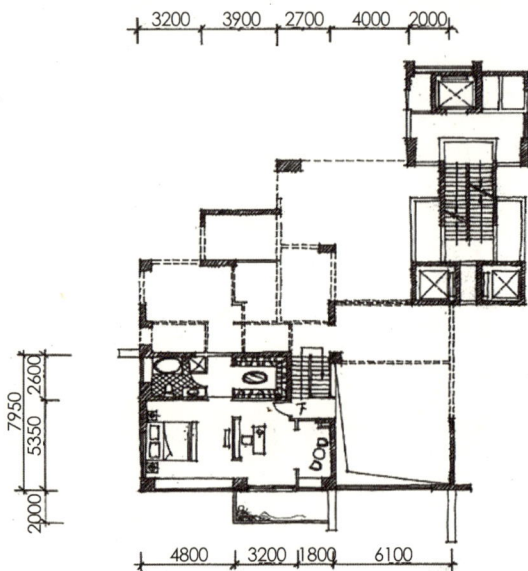

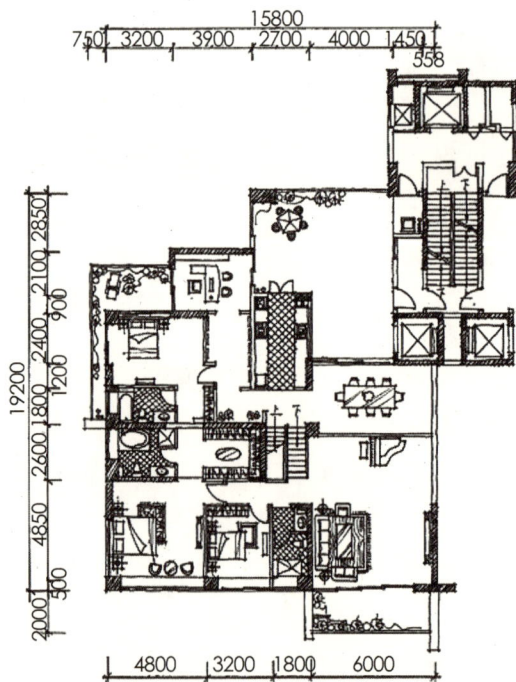

04

SET

住宅项目策划攻略　　第四章 CHAPTER 04

定势

本章使用指南：

　　价格是房地产经营过程的核心与实务，一切的经营活动均以此为中心。高价位能够提高单位利润，但可能影响房地产销售；低价位虽然能够扩大销售，但可能丧失获取更多利润的机会。所以准确地把握价格的市场定位尤为重要。

　　2008年下半年以来，在国内、国际因素共同作用下，我国大部分地区房地产市场已先后步入调整与转型期，价格调整已不可避免。这时候，要考虑到国内外经济环境、顾客消费心理、银行贷款、前期购房客户等因素，制定恰当的价格策略以适应转型期的房地产市场。

　　如今购买的人群改变了，市场面临调整。因为过去买房者多为投资，现在买房者多为自住，所以，房价问题成为关键问题。

　　本章主要讲述近年来房地产最热门的话——价格问题，从前几年的猛涨，到2008年的基本停滞，对于转型期的房地产市场，如何定价成为摆在开发商面前的一道难题。如何确定最适合的价格，求取最大的利润，是所有投资人最关心的事情。

▶▶

今后商品房价格是否有下降的空间呢？房地产开发商一方面要避免侥幸心理，切忌一厢情愿地死守高价位不放；另一方面也不要惊慌失措，盲目跟风，以致血本无归。在保证合理行业利润（既非暴利也非血本无归）的前提下，房地产商应通过好的价格策略来辅助进行合适的价格定位。

一、价格制定的总体原则

1. 价格包含三大因素

在市场营销中，价格在楼盘营销中始终左右着楼市"晴雨"曲线的起伏，是一个足以影响房产项目成败与否的重要砝码。楼盘价格造市运用的正确与否，在很大程度上也是开发商对市场尺度把握、对客户心理需求了解和是否具备竞争意识的体现。

无论是以攫取高额利润还是以快速回笼资金为主要目标，我们在为楼盘确定价格时通常需考虑三个因素：

因素一：成本。即地价、建安成本、税收及其他费用的总和。

因素二：竞争。即市场供求总量、直接与间接竞争对手们的价格情况。

因素三：消费者。即目标消费者能够接受何种价格。

2. 房地产定价方式

房地产具有产业的特殊性、房地产短期的不可移动性以及需求的多样性和市场的不完全竞争的特点。价格策略应根据商品房本身的情况、市场情况、成本状况、消费构成、消费心理等多方面因素来制定。不同房地产在不同时间、不同地点应采用不同的价格策略。

我们常说的定价方式有三种，分别是成本利润法、市场比较法、定量分析法。如下图所示：

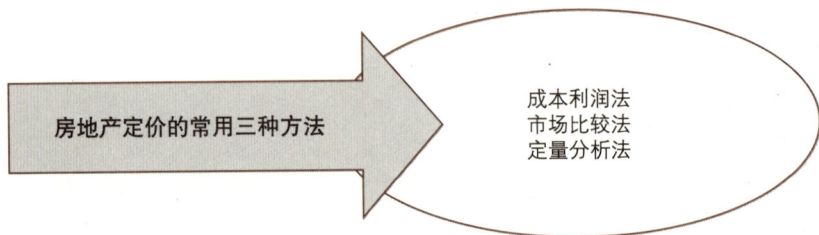

房地产定价的常用三种方法

成本利润法
市场比较法
定量分析法

（1）成本利润法

成本利润法是依据开发或建造待估不动产或类似不动产所需要的各项必要正常费用（包括正常的利润、利息和税费）而评估待估对象价格的方法。

例如：某一项目的总成本为 1500 万元，预期利润 10%，则总售价为 1650 万元，再将此 1650 万元分配至每一单位的房地产商品，即得到单位面积平均售价，再根据每一单元房地产的楼层、朝向、室内装饰情况确定房地产售价。

此虽较简单、理论依据充分，但这种方法本身考虑市场对价格的接受能力不够，实际定价时，在此基础上仍必须考虑市场行情及竞争激烈与否，才能定出合理的价格，在市场竞争激烈的情况下，这种定价方法所做的定价可能缺乏竞争力。

相关链接 影响成本价格的各项费用

房地产业是第三产业的重要组成部分，它是一项综合性产业，也是国民经济的基础性、先导性产业。房地产价格的形成十分复杂，要受自然、经济、社会、区域、个体等多方面的影响，据测算，在房地产价格构成中，各种费用所占比例大致为：土地约为20%；建安工程约为35%；"大市政"配套约占15%；各种税费约占10%～15%；开发企业的利润约占15%～20%。

随着房地产业的迅猛发展，房地产的价格问题越来越引起人们的关注，房地产开发过程中，除了房屋的建造成本之外，影响房价的最主要三个方面是：

第一：土地费用

土地是房地产开发的核心要素，我国土地资源缺乏且供给弹性小，人们对土地的需求随经济的发展却与日俱增。

在现行的制度条件下，土地的所有权是不能转让和买卖的，但使用权可以买卖，这实际上是土地的出租行为。因此，开发商在向政府拍得土地的时候，需要缴纳一定数量的土地出让金。

第二：融资费用

房地产业是一个资金密集型产业，如果它是一辆战车的话，金融就是它的发动机。房地产开发中，定金、预收款和商业银行贷款占资金来源的70％，而自筹资金仅占30%。

作为回报率较高的房地产行业，总是能够不断获得金融支持。在市场情况较好的时候，银行的利率对于地产项目的开发，本不是一个难题，但是一旦市场情况变成，开发商们一开始盲目乐观大肆借贷就将成为潜在的风险。

第三：交易费用

房地产市场是个复杂的市场，其参与者包括买卖双方、建筑施工单位、政府、监理评估等中介机构、媒体等等，他们所提供的服务都是市场交易顺利进行的条件，这些服务的费用可以看成是交易费用的一部分。主要包括以下几个方面：

1）各项税费

在房地产开发中，需要征收各种城市基础设施配套费以及公用设施配套费。

2）项目审批中的交易费用

房地产业开发是一个庞大的工程，因此，在项目立项审批的过程中，必然会产生一笔不小的费用。

3）工程造价管理中的交易费用

做为房地产市场重要组成部分的监理、咨询以及评估部门在工程造价的形成中起到了至关重要的作用。

4）与媒体有关的交易费用

媒体是提供房地产交易信息的主要工具，因此营销方面的宣传费用是项目的一笔庞大支出。

（2）市场比较法

市场比较法是最常用的房地产估价方法之一，即通过市场调查，选择几个与对象房地产类似的近期交易的房地产作为参照对象，然后对参照对象已知的价格进行必要的修正，从而求得对象房地产价格。

但是由于房地产商品的特殊性，每个楼盘都有其与众不同的地方。因不同的区域、楼盘品质、环境、开发商、朝向等等各种复杂的因素，使得楼盘与楼盘、单元与单元之间，有时候会有一些微妙的差异，所以在使用这种方法的时候，应该本着灵活应用的原则。

（3）定量分析法

在房地产市场环境相对较差的时期，将产品定价方案做到更加尽善尽美是非常有必要的。将成本、竞争、消费者这三个对楼盘定价具有相当作用的因素，综合起来全面考虑，是真正考量产品市场供求的做法。这种方法的理论基础实际上是效用理论，是结合了以上的两种方法一起使用的。

房地产与一般商品不同，不仅具有消费品属性，还具有投资品的属性。作为投资品，其价格形成机制和一般的商品不同，有时候不单单是取决于市场上的供求关系，而且还要取决于未来的受益预期，预期价格上涨则需求增加，预期价格下跌则需求减少，所谓的预期价格就是消费者根据以往的价格走势及国家宏观调控政策取向来判断的。概括来说，在投资品的市场中不存在均衡点，没有均衡价格，价格波动规律就是"追涨杀跌"。

1）购房决定因素

对购房者而言，他实际上并不清楚也不十分关心市场上房地产商品的成本、造价等问题。他在选购房地产时，影响其作出决定的因素主要有三方面：

一是其他同类房地产商品的价格如何；

二是自己的经济承受能力；

三是以一定的价位购买该项房地产是否值得。

当购房者对某开发公司的品牌有信心时，纵然定价较高，购房者基于享受良好的售后服务和今后物业管理的考虑或是为了体现自己的实力、身份等，仍会欣然前往。有时候，往往会有定价太低或是购房者对推出房地产商品的开发公司不具信心，反而会怀疑其品质而不予信任这种情况发生。即：

房地产价格 = 品质 + 价值感

定量分析法完全以市场为基础，以楼盘品质与价值感为依据，用一套科学的方式推导出来，就像 1+1=2 不可推翻，一切行之有效的定性决策应当建立在科学准确的定量解析基础上。

2）两种定价策略

房地产价格作为一种杠杆，始终是购房者、开发商、竞争对手以及政府部门最敏感的话题。由于房地产产品的特殊性，交易主体会根据自身条件、供求状况而接受不同的价格；同时，房地产已进入完全竞争的时代，理性的价格策略在房地产营销策划中愈发显得关键。

最终我们需要将价格的三种因素：成本、竞争、消费者，综合起来考虑。因为在楼盘最终定价中三者所起的作用显然不一样，一般说来市场供求总量与竞争对手的价格只是参考，而成本与消费者则是决定价格策略的根本因素。深入分析后即可发现：成本 + 竞争和消费者 + 竞争是房地产定价中两种最常用的基本策略。

第一：成本 + 竞争定价策略

很显然，目前多数开发商选择的是成本 + 竞争定价策略，因为它最简便易行，因为这样能"最清楚地知道自己能赚多少利润"，更因为多数开发商是在房子盖好了快要卖时才考虑价格的。但这种是典型的"产品主导型"策略，是不太符合市场发展趋势的，难以获得较高的利润回报。

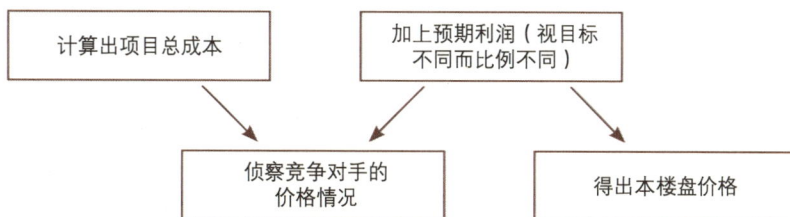

成本+竞争定价策略决策流程

第二：消费者＋竞争定价策略

决策流程是：竞争对手提供的物业与价格如何→调查在该地段开发与竞争对手差异化物业，调整各项价格变数后消费者将愿意以何种价格接受何种物业→开发何种物业类型、如何开发能实现战略目标→本楼盘最终具体价格。

当前地产市场是个起步不久发展极为迅速的市场，也是个消费层级差距越来越大的市场，因此经常可以依靠新规划理念、新建筑设计、新户型设计、创新的小区环境营造、新建筑材料、新科技运用等为楼盘树立起与市场流行产品截然不同的形象，并带给消费者特殊的附加价值，而企业也就能轻松赢取超高额的利润。

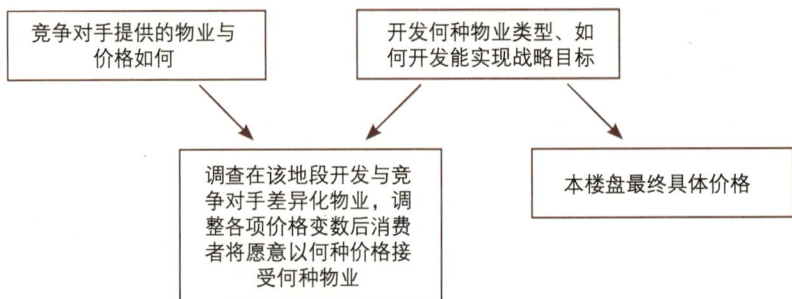

競争对手提供的物业与价格如何 ／ 开发何种物业类型、如何开发能实现战略目标

调查在该地段开发与竞争对手差异化物业，调整各项价格变数后消费者将愿意以何种价格接受何种物业 ／ 本楼盘最终具体价格

消费者+竞争定价策略决策流程

消费者＋竞争定价策略最大的好处由于以消费者的潜在心理接受价格为出发点，以竞争对手为参照，因而无论规划、设计、建筑、户型、配套、营销均以满足消费者的需求为原则，并时刻注意区别或跟随竞争对手，因而实现开发目标（高额利润或快速回笼资金）的各种措施、手段、过程始终都处于可控状态，能使开发效率达到最高。

3. 价格系数的确定

分析拟推出经营房地产每平方米单价的合理行情，再根据面积、朝向、视野、楼层差别等而确定不同的定价增减比例，并据以对不同房屋进行定价。楼层、朝向及面积等因素对价格的影响受消费习惯、心理经济条件、社会风俗等多种因素制约，很难有一个统一的标准，因此运用该方法时，应当根据调查研究的情况而确定。以下的楼盘价格系数可以成为定价的辅助工具。

使用这种方法的前提说明：在基本确定可售物业起价或均价的基础上，结合可售单位之不同区位、朝向、楼层和可售总量等因素，以起价或均价 × 综合价格系数的方法制定最终价格。

（1）组团系数

由销售单位所处的组团区位差异性进行判定，如交通便利性、周围组团定位（商业组团、别墅组团、商务组团、休闲配套、主入口等）、可防卫性等。

（2）建筑系数

以销售单位所在楼宇区位和周围配套设施、视野景观、不利因素情况（噪声、空气污染）等判定。

（3）楼层系数

楼层价位高低，受建筑物高度的影响。一般而言，高层建筑中，一、二、三楼及越高越贵，中间较便宜；多层建筑则中间楼层较贵，越往上下价位越低。综合当地楼层偏好、配送花园方式（如一层、顶层或退台式屋顶花园）、景观视野等判定。

（4）朝向系数

主要以销售单位景观视野和不理因素（噪声、空气污染）为判定标准；根据永久景观质量，朝向系数差异性宽容度较大。一般南北向较贵，东西向较便宜。

（5）平面系数

主要根据可售单位户型特点判定之特别系数。如原创户型、经典户型等。

（6）选间系数

选间如果三面采光，较其他单位为贵。

（7）视野系数

临公园、湖边、海滩或视野较佳、景观较佳为贵，面临巷弄或采光较暗者，即使同一栋楼，同一楼层，也较便宜。

（8）面积系数

一般情况下，办公经营面积集中且达到一定规模或是住宅单元面积较大时价格可适当提高。

（9）设计系数

屋内布局、大小公共设施的配置都会影响房屋价格，布局合理的单元住宅价格可适当提高，一宗房地产项目内某些特别差的单元，可能需要降价销售。

(10）销量系数

根据可售单位总量制定之价格系数。原则上，希望持留的单位可设定较高系数。

(11）特别系数

对根据以上多项系数判定之最终价格，修正价格尾数。

实战案例 **Combat case** **1** 上海陆家嘴某项目价格定位分析

一、价格的确定

对本项目市场价格的确定，采用了多角度、多层次演绎的方法进行论证和推导：

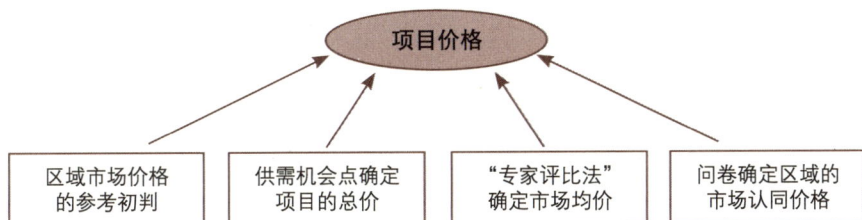

```
                        项目价格
        ┌──────────┬──────────┬──────────┐
    区域市场价格    供需机会点确定   "专家评比法"    问卷确定区域的
    的参考初判      项目的总价     确定市场均价    市场认同价格
```

1.项目市场价格的初判

根据对项目周边浦东大道沿线及张杨路沿线高品质住宅市场的分析，能够得到本案在项目区域市场中的一个大概的市场定位，本案作为浦东大道以北的项目，凭借东外滩江景房的规划优势和自身打造高品质住宅的定位，初步判定本住宅项目均价不低于15000元/平方米。

周边区域楼盘价格调研				
	一手房楼盘	市场均价（万/平方米）	二手房	市场均价（万/平方米）
浦东大道沿线	东晶国际	1.6 ~ 1.8	名门滨江	1.6 ~ 1.8
	巨洋豪园	1.3	东方新座	1.4 ~ 1.7
张杨路沿线	山水国际	1.5 ~ 1.6	国际华城	1.65

进一步，分析浦东均价15000元/平方米以上的公寓市场。

其中15000 ~ 20000元/平方米成为浦东新区的一个主流高端公寓市场，基本分布在世纪公园板块、碧云板块和陆家嘴板块内；25000元/平方米以上的公寓类住宅项目，完全被陆家嘴沿江景观豪宅垄断；而均价20000 ~ 25000元/平方米正好成为了目前浦东公寓市场的空白点。这里一方面反映了主流高端市场与豪宅市场之间是存在着不可转换性的，主要表现在区位的不可复制性上；另一方面说明了浦东市场上尚缺少两类市场间的过渡市场。

本项目直线距离陆家嘴核心区1.8千里，北向直面北外滩的江景，凭借不可复制的地段优势和力争一流的楼盘品质，有望进入均价 20000 ～ 25000 元 / 平方米的相对空白的过渡市场。

2. "供需机会点"确定项目的最优总价段和总面积段

浦东公寓市场中选定均价 15000 ～ 25000 元 / 平方米的一手房市场，通过供求及价量分析确定项目最优的总价段和总面积段。

价格是决定客源结构最有效的经济指标。同时相近的客源结构对市场产品线的偏好会产生一个极大的趋同性，它的市场表现是该产品的市场需求旺盛，供求比小；反证，通过对市场中不同楼盘、不同总价区段、不同户型配比产品的供求分析，寻找有市场客源需求的产品。最终完成对本项目住宅的市场定位，产品线设计。

（1）供需—价量分析

针对 15000 ～ 25000 元 / 平方米公寓市场进行供需——价量分析。

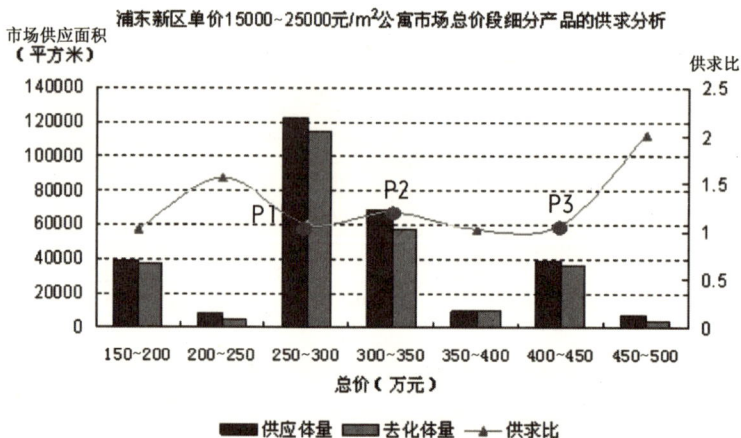

浦东新区单价15000~25000元/m²公寓市场总价段细分产品的供求分析

1）在这个单价品质段市场中，三个总价段的房源成为市场主力房源，其中总价在 250 ～ 300 万元的产品占到总供应量的 41%，300 ～ 350 万元的产品占到了 23%。

2）市场的需求情况，总价在 250 万元以上的市场需求量为 22.2 万平方米。

3）供求情况，总价在 250 ～ 450 万元区间内的产品供求曲线波动不大，市场认可度较高。尤其是总价段在 250 ～ 300 万，350 ～ 400 万和 400 ～ 450 万元段产品供求比均小于 1.1，市场去化情况良好，这个总价区间的产品市场接受度良好。

（2）面积段供需分析

浦东新区单价15000~25000元/m²公寓市场面积段细分产品的供求分析

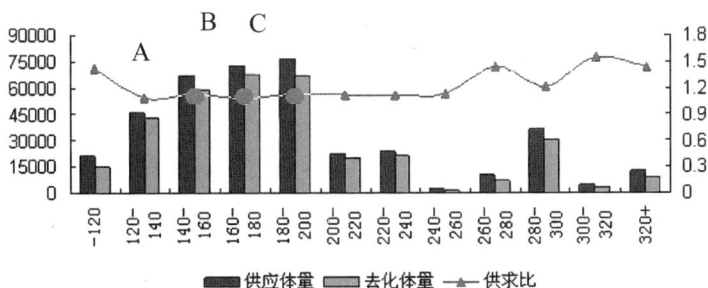

1）140 ~ 200平方米的户型面积成为市场追捧的主力户型。整个市场供应量都集中在了该段产品中，且去化情况良好。

2）供求比曲线在户型面积140 ~ 200平方米段，整体供求表现平稳，供求比保持在1.15以下。120平方米以下及300平方米以上户型区段，市场表现不理想，需求去化不足。

3）15000 ~ 20000元/平方米高端公寓市场的核心需求面积段较整个浦东公寓市场的主力房型90 ~ 120平方米有了一个大幅度跨越，体现了高端市场客源的消费倾向。

（3）供需机会点确定最优总价和总面积

1）供需机会点确定的原则

① 市场供应量足够充足的条件下，项目去化情况良好，充足的供应量能够减少项目去化的偶然因素对本项目决策的干扰；

② 以供求比寻找项目供需机会点——供求比越小，市场需求情况越理想，产品的市场认可度越高。

2）供需机会点的确定

最优的总价段——250 ~ 300万元、300 ~ 350万元和400 ~ 450万元。

最优的面积段——140 ~ 160平方米、160 ~ 180平方米和180 ~ 200平方米。

依据供求比越小原则，同时兼顾市场有相对充足的供需成交量原则，确定了三个市场供需机会点P1、P2和P3，分别落在250 ~ 300万元、300 ~ 350万元和400 ~ 450万元的总价段上。

同理，进一步在同一个样本市场中按面积段细分产品市场，研究其在供求比曲线上的表现，确定了 A、B、C 三个市场供需机会点。他们分别是 140 ~ 160 平方米、160 ~ 180 平方米和 180 ~ 200 平方米住宅。这三个主力面积段户型购成了高端公寓类住宅市场需求的核心。

3. "专家评比法"确定项目的市场均价

考虑到浦东大道沿线，缺乏与本案品质、客源相近的楼盘样本，如东晶国际的产品客源以投资型的单身公寓为主，与项目存在差异。故选取市场认知度较高，与本案有一定可比性的浦东世纪花园和国际华城作为"专家评比法"的比较样本进行本案的分析定价。

"专家评比法"的比较样本

比较内容	权重	浦东世纪花园		国际华城	
		优劣程度	比较系数	优劣程度	比较系数
规划前景	12%	0.8	0.096	0.9	0.108
交通	12%	0.8	0.096	0.9	0.108
环境	10%	1.1	0.11	0.9	0.09
地段	12%	0.9	0.108	1.1	0.132
景观性	20%	1.2	0.24	0.7	0.14
产品品质	15%	0.9	0.135	0.8	0.12
户型	7%	0.9	0.063	0.8	0.056
物业管理	8%	0.9	0.072	0.9	0.072
项目规划	4%	0.8	0.032	0.8	0.032
综合产品力	100%		0.952		0.858

目前浦东世纪花园的均价在 19500 元 / 平方米，国际华城为 16500 元 / 平方米，运用权重比可以得到本案的价格:（19500/0.952+16500/0.858）/2=19857 ≈ 20000 元 / 平方米。

4.问卷分析确定区域的市场认同价格

（1）区域认同度的问卷分析

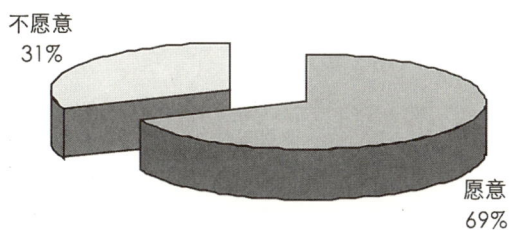

不愿意
31%

愿意
69%

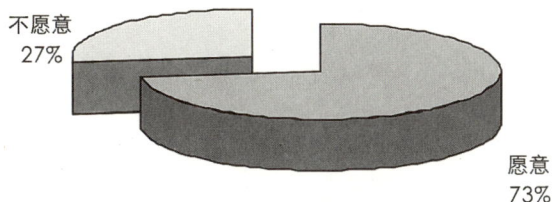

是否在本区域考虑购买住宅

中文问卷

不愿意
27%

愿意
73%

是否在本区域考虑购买住宅

英文问卷

市场结论：浦东大道作为陆家嘴延伸段，有很好的区域影响力和认知度。尤其指出的是，外籍客的认同度相当高，有7成以上外籍受访人群愿意购买该区域的住宅。

（2）区域的预期价值

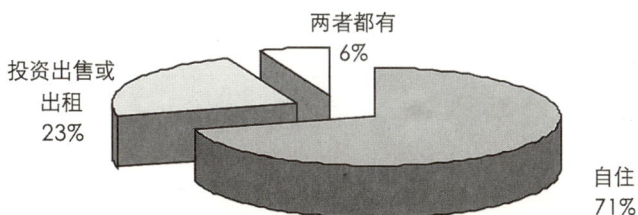

两者都有
6%

投资出售或
出租
23%

自住
71%

中文问卷

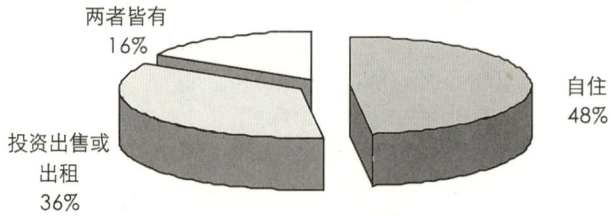

两者皆有
16%

自住
48%

投资出售或
出租
36%

英文问卷

市场结论：该区域不仅仅具备良好居住性，并且区域的后市得到相当一部分受访客户的认可，尤其是外籍人士，纯投资型的占到了 36%，自住加投资的为 16%。认为该区域未来的增值性已经得到了市场的认可。

（3）客户对区域单价与总价的接受度

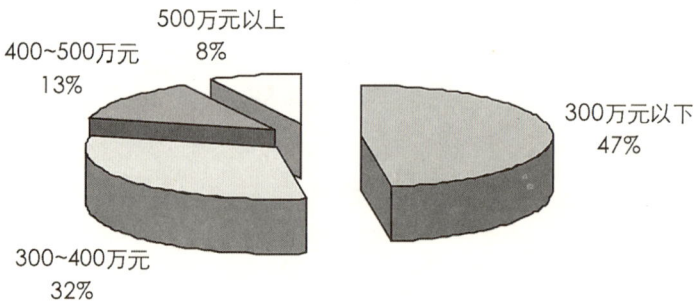

500万元以上
8%

400~500万元
13%

300万元以下
47%

300~400万元
32%

总价认可度

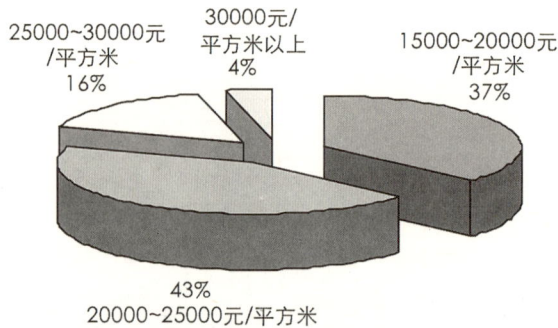

25000~30000元
/平方米
16%

30000元/
平方米以上
4%

15000~20000元
/平方米
37%

43%
20000~25000元/平方米

单价认可度

市场结论：总价接受度在 300 万以上的受访客户占到了大部分，比例 53%；并且在这个选择段中 300～400 万的比重达到了 60%，400～500 万的比重为 24.5%。运用"权重比法"，得到本项目客户认同度最高的均价 20200 元/平方米。

从上面的饼图我们看到，单价的接受度主要落在了 20000～25000 元/平方米和 15000～20000 元/平方米两个连续的区段上，分别占到总受访人群的 43% 和 37%，合计占到 80%。在这个 80% 的区段内，运用"权重比法"，能够确定本项目的均价：

A 价格区段的均值×A 价格区段认同度的权重＋B 价格区段的均值×B 价格区段认同度的权重：（15000+20000）/2×（0.37/0.80）+（20000+25000）/2×（0.43/0.80）=20187.5 ≈ 20200 元/平方米。

（4）通过问卷分析从客户需求面上对机会点进行验证

于此前对于客户进行的问卷调查中，经过数据的提炼，分别对于选择 300～500 万元总价段的客户问卷进行汇总，以得出需求面的结论。

"专家评比法"的比较样本

总价段（万）	户型面积（平方米）	比例
<300	120～140	33%
	140～160	38%
	160～180	2%
	180～200	2%
47%	>200	1%
300-400	120～140	13%
	140～160	22%
	160～180	14%
	180～200	30%
32%	>200	3%
400-500	120～140	0%
	140～160	8%
	160～180	9%
	180～200	55%
13%	>200	28%
>500	120～140	5%
	140～160	13%
	160～180	16%
	180～200	29%
8%	>200	37%

通过上表可以得出，140～160平方米是300万以下段总价客户的市场主流需求面积。180～200平方米是400万以下段总价客户的市场主流需求面积。在300～400平方米中由于客户家庭结构的不同，出现了两段主流需求面积——140～160平方米和180～200平方米。160～180平方米户型的需求比例较小。

5. 项目的价格定位决策

通过项目市场定位的初判明确了项目研究的市场范围；用"市场供求机会点"寻找到本项目最好的市场总价和面积范围；又引入"专家评比法"确定了项目合理的市场单价，最后通过问卷的客户需求和价格认同度的分析进一步对产品的价格和总面积进行修正。

根据对市场科学的统计和分析，我们获得了A、B、C两个机会点并且获得了项目的市场单价20000元/平方米，进一步通过问卷数据的修正，确定A、C两个总价段产品和项目的最终含精装修的均价，为20600元/平方米（含精装修）；08年上市价23000元/平方米。其中，面积140～160平方米，总价在300万元左右；面积180～200平方米，总价在400～450万元。

各种方法对比分析

编号	市场供需机会点		"专家评比法"		问卷的分析		
	机会总价	机会总面积	确定的单价（元/平方米）	认同度最高的单价（元/平方米）	认同度最高的总价（万元）	认同度最高的面积（平方米）
A	140~160	250~300			300~400	140~160
B	160~180	300~350	20000	20200		
C	180~200	400~450			400~500	180~200

20600元/平方米单价确定的方法：问卷对区域的普遍认同均价20200元/平方米高于20000元/平方米的市场推导价。由于市场推导价是对过去一年的市场供求的论证，在时间接点上落后于市值，这点已经在客户问卷中得到了印证。所以按照年均6%的增长率，考虑资金半年的时间价值，确定当前均价20600元/平方米。

$20000×（1+0.6/2）＝20600$元/平方米。

根据市场的预期成长性，住宅每年按6%的增长率进行计算，2年后上市的单价在23000元/平方米。

单价$×（1+0.06）2＝20600×（1+0.06）2＝23000$元/平方米。

二、调整房价策略

　　房地产销售更是面临严峻的考验，一些大城市出现了"打折"和"降价"的促销活动。房价在"降"和"不降"之间众说纷纭。

　　房地产动态价格策略包括价格的制定、调价技巧的运用，以及在实施过程中不断修正的全过程，对市场起着十分灵活的调节作用。房地产营销过程中，最根本、最有效、也最便于调控的就是价格。在目前各种概念滥用、卖点相同的市场状态下，以动态价格营销策略为调控杠杆的模式逐渐显露锋芒。

1. 单一价格与变动价格的对比

（1）单一价格

　　单一价格即不二价，无论谁来购买都是同样价格。若有折扣、优惠、赠品，则对每一顾客皆一视同仁。这种方式主要是能够在某种程度上让消费者感觉到开发商的诚信，增加消费者对项目的好感。但是如果一旦营销上面跟不上，不能够很明确地将这些信息传递给消费者，那实行单一价格，就可能使得楼盘在定价方面不灵活，不能够与时俱进获得价值最大化。

（2）变动价格

　　楼盘的价格最忌讳长时间一成不变，不管楼盘热销与否，每隔一段时间楼价都要煞有介事地上浮一次。房屋价格能不变动的公司很少，一般几乎都是"变动价格"，尽管有时这种变动从单位价格来看可能并不高，但从总价来看，情况就不一样了。

　　变动价格相比单一价格相对更加灵活，变动价格有两种情况：

```
                        ┌──────────────┐      ┌────────────────────────┐
                        │ 对每一顾客的成 │─────→│ 这主要来自买卖双方的讨价还价，或者 │
                        │ 交价皆有所差异 │      │ 买方与卖方的特殊关系造成的差价 │
          ┌─────────┐   └──────────────┘      └────────────────────────┘
          │ 变动价格的 │
          │ 两种情况 │   ┌──────────────┐      ┌────────────────────────┐
          └─────────┘   │              │      │ 即由于项目销售阶段性的不同所造成的 │
                        │  阶段性变动   │─────→│ 价差。一般建议采用这种方式，可以在 │
                        │              │      │ 诚信价格控制和房价价值最大化之间找 │
                        └──────────────┘      │ 到一个比较完美的结合点 │
                                              └────────────────────────┘
```

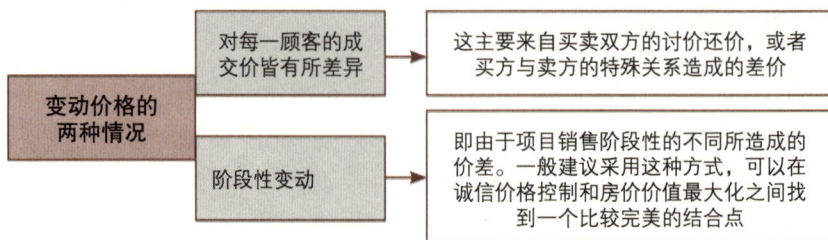

如果市场对上涨的价格不接受怎么办？其实可以以节日促销、展会让利、现场抽奖等各种方式变相降价吸引客户。而且每次涨价的幅度，通常不会超过 2% 或 3%，否则涨势过猛，容易与市场脱节，涨势过缓又不足以刺激购房者。为了配合价格上调的策略，还要有意先卖差一点的房子，然后再卖位置和户型较好的房子，为随后的涨价提供依据。

某楼盘开盘时宣称起价 4000 元／平方米，但是仅仅一周之后起价就涨到了 4500元／平方米。原来所谓的起价 4000 元／平方米，是因为有一套房子户型和位置最差，因此标价 4000 元／平方米，其余的房子则都在 4500 元／平方米以上，一周后最差的房子售出了，因此起价自然就"涨"到了 4500 元／平方米。

2. 价格走势的决定性因素

一般来说，住宅价格和经济基本面之间的互动关系基本合理。但近年来经济基本面的变化率对住宅价格变化率的解释水平明显变弱，部分城市明显出现了房地产价格脱离经济基本面的情况。那么房价又是由什么来决定的呢？在一个较为开放的竞争的市场中，主要是由供求关系来决定。这里面我们重点分析三个决定性因素。

（1）市场价格

由于市场价格有起有落，这是很正常的。因此，想要使项目运作持续发展，更应该适时的把握市场价格的波浪式走势，只有抓住了"时"和"点"，才能真正获得市场的青睐。

分析市场价格的时机进行定价，如果是卖方垄断市场，低价当然是自损利益；但如果市场处于竞争日趋激烈状态，竞争需要有效手段，低价才能够比对手领先一步。

（2）区域供需情况

通过分析区域市场的供需情况判断。如果市场供大于求，当然要采用低价入市；如果市场求大于供，则反之。

很大程度上由成本加上必要的利润来决定售价，其中成本（包括地价）是一个决定的因素，开发商不能亏本，而在供不应求的情况下，成本决定售价的影响力会减弱，供不应求越强，成本因素的影响力越弱，产生价格偏离成本和合理利润的可能性，即形成房地产泡沫的可能性越大。

（3）消费者喜好

消费者的喜好判断产品价格高低。

3. 波浪式价格控制策略

楼市中的价格造市营销，和普通商品的价格营销有很大的区别，普通商品的价格营销可以吸引很多即时性的购买者，而楼市中的价格营销主要是消化前期有意购买的准客户群。这种客户群一般是因为价格因素或其希望的优惠条件尚未被满足，或与其他楼盘进行比较中正在迟疑观望，通过价格造市满足或接近这类客户群心理期望，以达到成交的目的，这是一种主动造市策略。但不管怎样，明修栈道，暗渡陈仓，才是价格造市突围的最高境界。

根据市场形势的不断变化，把握市场价格的波浪式周期变化。开发商可以通过一系列的价格调整，在每一个微观上实现产品组合、销量控制、价格控制、时间控制四位一体，紧密结合，相互协调。房子掌握在手中，就能控制价格。随着时间的推移，不断调整价格，并根据不同时间段推出不同层次，那么整个营销过程就是一个比较完美的营销控制过程。

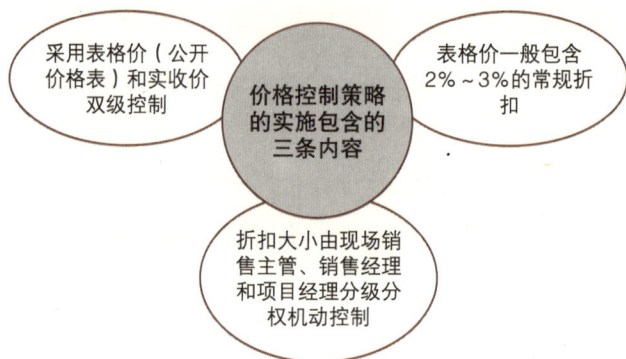

采用表格价（公开价格表）和实收价双级控制

价格控制策略的实施包含的三条内容

表格价一般包含2%～3%的常规折扣

折扣大小由现场销售主管、销售经理和项目经理分级分权机动控制

4. 动态阶段定价策略

　　动态价格策略模式运用成功可以迅速提高企业的销售额，实现企业战略构想。房地产的价格在确定价目表后并不是一成不变的，在一定的营销条件下，开发商为了实现销售目标或者配合营销组合的其他策略，在整个项目销售过程中根据消费者心理的变化，利用调价策略进行提价或是降价。

　　价格策略依据不同的定价目标，不同风格的开发商会做出不同的选择。具体的可分为房地产销售前期、持销期、尾盘期的动态价格策略。策划过程中应结合各阶段的特点，顺应市场变化，理性抉择，以取得理想的效果。

（1）销售前期动态价格策略

　　房地产销售前期包括筹备期、公开期和强销期。根据认购情况决定选择低开高走或是高开低走的价格策略。在整盘策划的前提下，依据市场反映和项目销售情况，在不影响销售甚至推动销售的情况下为开发商赚取预期的利润。

1）"低开高走"的调价策略

　　"低开高走"调价策略就是随工程进度形象或是根据销售进度情况，每到一个调价时点，按预先确定的幅度调高一次售价的策略，通过有竞争力的价格吸引买家关注，刺激购买欲，以销量促进早期资金回流，树立物美价廉的形象后逐渐拉升价位。

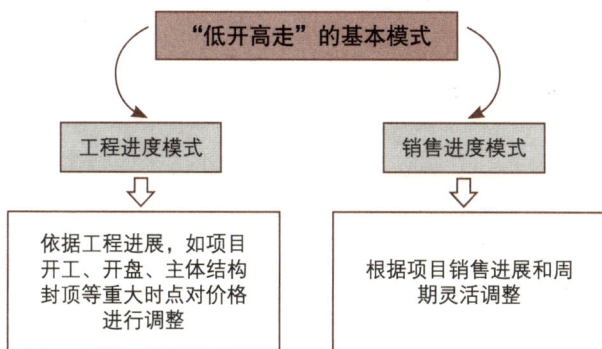

一般来说，对于总销售周期为一年的项目，销售达两个月即有调价的必要。同时如果销售率达到 20% 即可调价，若销售仅三四周时间就达到 30% 的销售率，就有调价的必要；若三成的销售率经过很长的时间，此时调价危险性较高。

2）"高开低走"的调价策略

"高开低走"这种调价策略是开发商在新开发的楼盘上市初期，以高价开盘销售，迅速从市场上获取丰厚的营销利润，然后降价销售，力求尽快将投资收回。如操作得好，一般只需完成销售量的 50% ~ 60% 即可获得较好的利润。但在竞争日趋激烈的市场环境下，这一策略的难度越来越大（主要是市场细化和目标人群认知价值的调查），风险系数越来越高，它只适合内部管理、控制能力特别强且富有创新精神与创新能力的开发商。

（2）销售持续期动态价格策略

房地产销售持续期一般为 2 ~ 3 个月，根据销售情况可分为旺销和滞销状态，不同的状态有不同的价格调整策略。

1）旺销状态下的调价策略

旺销指产品推出后客户踊跃购买，市场反映很好，在很短的时间内售出大部分的推出单位，且潜在购买的客户很多。在旺销的状况下，开发商可以适当的提高售价，但幅度不宜太大，一般为 5% 左右，太高容易减少客户群。一个原则就是保持旺销的局面，不致造成产品的滞销和积压。

2）滞销状态下的调价策略

滞销主要是指产品推出后市场反映一般，顾客购买并不积极，没有达到预期的销售目标。这时应在分析滞销的原因后，在价格下降的安全范围内降低售价或是保持价格不变甚至略微上调价格。有些楼盘本身品质并不差，在重新进行准确的市场定位和创新销售策划后，能激发买家的购买信心，促进楼盘的顺畅销售。

（3）销售尾盘期动态价格策略

"尾盘"即主要战略任务完成后尚未售出的商品房，这些商品房一般都具有某方面的缺陷：如位置、朝向、楼层、户型、采光通风不佳、单套面积不适，甚至"风水不好"等。

尾盘价格策略一般都表现为简单的降价清货：明降如直接降价让利；暗降如更大的折扣、差别定价、送豪华装修、电器、家具、物业管理费、返现金等等。但处理尾盘远不止降价这一简单程式化的模式，在"价格战"运用失败的情况下，就需要逐一分析每套剩余房源，在对市场深入研究的基础上，实施"精细营销"，这样可得到更高效、更全面的解决办法。

5. 调价技巧

在调价过程中，为了适应房地产市场的特殊性，必须采用一些恰当的方式、方法来放大调价产生的积极效果，尽量减少消极影响，这就是调价技巧的运用，主要是调价顺序、调价频率和幅度等。

（1）调价三大关键点

房地产产品的特性、市场行情的变化、宏观政策的影响决定了调价策略的选择、调价技巧的运用、调价幅度的大小、调整时机的掌握都必须十分慎重，此外还应认清和做好以下三方面的工作。

1）避免引起客户过激反应

价格策略的一个重要影响因数是客户的价格反应，客户的主观心理价格比价格本身更有意义，如果调价后价格比客户心理价格低，销售速度和销售数量都会得到很大的提升。房地产行业存在这样一种观点，即产品价格只能升不能降，否则客户会认为楼盘品质下降或是存在某些缺陷。

直接的价格调整就是房屋价格的直接上升或下降。它给客户的信息是最直观明了的，一般来说，价格上调，是说明物有所值，买气旺盛。对于这样的正面消息，开发商是最希望客户尽快了解，所以往往是进行大张旗鼓的宣传，并由此暗示今后价格上升的趋势，以吸引更多的买家尽快入场。与此相反，价格下调，则说明产品有这样或那样的缺陷，不为买家所看好，或者是经济低迷，整个市场不景气。应该说，除非万不得已，房地产开发商通常是不会直接宣布其楼盘价格下调的，而是通过其他方式间接让客户感受价格下挫的优惠，以维护其正面形象。

2）合理安排各个时期价格

涨价造市营销的有序设置应预先慎重安排，一般的方案是设置四个价格：开盘价、封顶价、竣工价、入住价，并要有与此价格相应的销售比例。

开盘价对于后期价格走向起到了至关重要的作用。如果开盘价定得较高，一旦遇到因宏观环境不景气、产品不能够适销对路等等问题，将会使得房价处于一个"上也不是，下也不是"的尴尬境地。所以，开盘价格也是后期定价的一个关键点，而且一般价格调整会配合产品组合一起进行。例如是优质房源先行销售还是劣质房源现行销售等等。

3）遵循循序渐进原则

造市的基本原则为：循序渐进，并留有升值空间。以时间为基础，根据不同时间段，如依据工程进度等进行控制，确定与之对应的销量和价格，并且围绕该时间段的诉求重点进行营销，从而掌握什么时间该控制什么，如何去控制，以产生协同效益。

（2）调节的两种方式

直接的价格调整主要通过基价和差价系数两种方式进行。

1）调整基价

基价的调整就是对一栋楼宇的计算价格进行上调或下降，因为基价是制定所有单元价格的计算基础，所以，基价的调整便意味着所有单元的价格都一起参与调整。这样的调整，每套单元的调整方向和调整幅度都是一致的，是产品对市场总体趋势的统一应对。

2）差价系数的调整

房地产实务中，通常是在基价的基础上通过制定不同的差价系数来确定不同套、单元的价格，各套、单元价格则是由房屋基价加权所制定的差价系数而计算的。但每套、单元因为产品的差异性而为市场所接纳的程度并不会和我们原先的预估相一致。在实际销售中，有的原先预估不错的实际上并不好卖，有的单元原先预估不好卖实际上却好卖。

差价系数的调整就是根据实际销售的具体情况，对原先所设定的差价体系进行修正，将好卖单元的差价系数再调高一点，不好卖单元的差价系数再调低一点，以均匀各种类型单元的销售比例，适应市场对不同产品需求的强弱反应。

（3）调价顺序

如欲调高价格，在已售套数较多的情况下可先调高已售户型的价格，借此拉大与未售户型的价差，以促销未售户型；若已售的套数较少，即可全面调高价格，造成全面涨价的印象，或是提高某些产品条件好的户型的价格，以促进剩余房源的销售。如欲降低价格，应尽量以调整剩余户型为主，避免引发已购客户的不适心理。

（4）调价频率和幅度

1）调价频率的关键是虚实转换

由于每次调价后楼盘总有一种市场的瞬间断层，这个时候，没有客户积累作基础的调价，不仅会影响购买人气，而且会直接影响成交。因此，只有市场相对热销的前提下才能进行调价，即使有虚的成分，也可逐级盘实。

2）调价幅度的关键是小幅递增

调价的要点是小幅频涨，一般每次调价幅度为3% ~ 5%，便于形成价升量涨的动态销势，而且因为升幅空间大，易于随时调控，不至于造成"有价无市"之态。

实战案例 2 **Combat case** 某楼盘市场需求状况分析及价格调整分析

一、成交情况

1. 成交套数（推出：368套）

成交套数情况表

序号	成交形式	套数	比例
1	销售	240套	65.2%
2	顶账	39套	10.6%
3	共计	279套	75.8%

2. 各楼宇消化情况

各楼宇消化情况表

序号	楼号	总套数	消化套数	比例
1	2#	200	154	77%
2	3#	84	53	63%
3	6#	84	72	86%

3. 各户型的市场消化情况

各户型市场消化情况表

户型		推出量	消化量	比例
70平方米以下（南向）	2# C、D 户型	50	50	100%
71～80平方米（南向）	2#B、3～6#B 户型	59	59	100%
81～120平方米（南向）	2#A、3～6#C 户型	65	63	97%
55平方米以下（东北、西北向）	2# A'、F、G 户型	75	48	64%
121平方米以上（南向）	3～6#A 户型	25	12	48%
56～70平方米（东北向）	2#E 户型	25	6	24%
71平方米以上（东西向）	3～6#D 户型	30	2	7%

G户型
7%

A'户型
8%

A户型
17%

F户型
16%

B户型
16%

E户型
4%

D户型
16%

C户型
16%

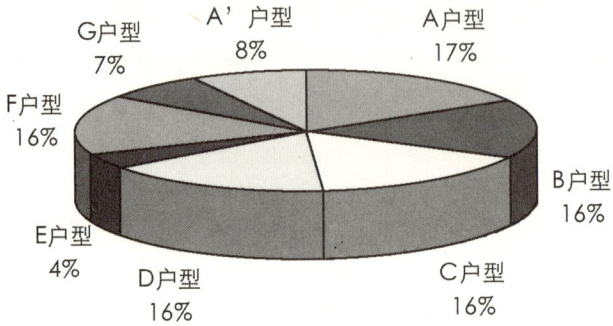

2#销售情况（未包括顶账部分）

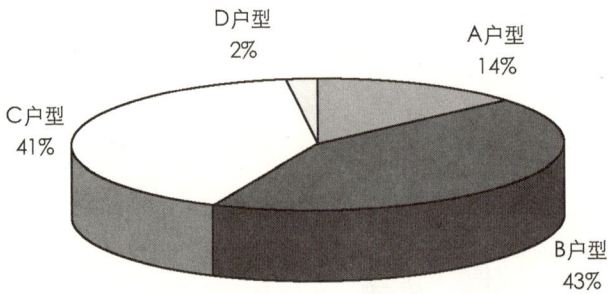

D户型
2%

A户型
14%

C户型
41%

B户型
43%

3#销售情况（未包括顶账部分）

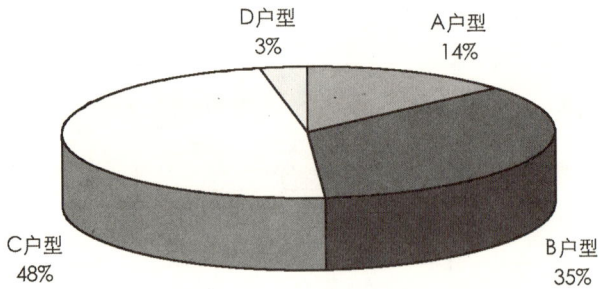

D户型
3%

A户型
14%

C户型
48%

B户型
35%

6#销售情况（未包括顶账部分）

4. 小结

（1）从第一组团销售总体情况来看，有效的引爆了市场，总体销售率高达 77.5%。

（2）在销售过程中，70 平方米以下南向户型（2#C、D 户型）率先抢购一空，突出表现在 44 平方米的南向户型，认购开始便成直线上升态势，当天上午认购一空。70 平方米东南向户型在当天下午 2 点也全部认购完毕，足以证明市场的需求程度。

（3）71 ～ 80 平方米南向户型（2#B、3 ～ 6#B 户型）需求量非常大，销售率高达 100%，但认购速度略逊于 2#C、D 户型。

（4）81 ～ 120 平方米南向户型（2#A、3 ～ 6#C 户型）在经过 3 天的销售，销售率为 97%。虽然认购率较高，但从认购速度来看，远远低于 70 平方米（2#C、D 户型）以下和 71 ～ 80 平方米（2#B、3 ～ 6#B 户型）南向户型，处于销售阻力的"临界点"，如户型面积再大将会很难被市场消化。

（5）东北、西北向 55 平方米以下户型（2#A、F、G 户型）销售尚可，销售率为 64%，相信经过房交会前后一段时间的消化，此类户型逐渐会被市场所消化。

（6）121 平方米以上南向户型（3 ～ 6#A 户型）销售较差，销售率仅为 48%。

（7）东北向 56 ～ 70 平方米户型（2#E 户型）问题较大，销售率仅为 24%，其阻力非常大。

（8）东西向 71 平方米户型以上（3 ～ 6#D 户型）问题最大，销售率仅为 7%。

二、如何解决滞销户型

1. 滞销原因

（1）2#E 户型

该户型朝向较差（东向），户型面积偏大导致总价款较高，在 18.5 ～ 21.5 万元之间，户型为一室一厅，市场认可度较低。

（2）3 ～ 6#D 户型

该户型总价款非常高，在 29 ～ 33 万元之间，户型为东、西厢房，虽然其角度偏南，但从销售情况来看，市场接受程度非常低。

2. 处理办法

（1）尽快打造实景样板间

通过让购买者感受实景样板间，从心理上弥补户型缺陷。

（2）针对性的出台优惠政策

对于销售阻力较大 2#E 户型、3—6#D 户型可以采取房交会期间赠契税、赠装修、赠物业管理费的优惠政策。

（3）针对性的广告营销

在报纸上单独推广 2#E 户型和 3—6#D 户型，诉求其户型的种种优势，加之优惠政策，以促进销售。

三、关于 4#、5# 定价及推广时机建议

1. 4#、5# 户型区间比例

4#、5# 户型区间比例表			
序号	户型	数量	比例
1	78 平方米（南向）	42	25%
2	113 平方米（南向）	42	25%
3	138 平方米（南向）	42	25%
4	101 平方米（东、西向）	42	25%

2. 价格提升建议

从第一组团的销售情况来看，71～80 平方米南向户型很容易被市场接受，其阻力较小，占推出体量的四分之一。113 平方米目前处于市场"临界状态"，但总体销售状况较好。138 平方米户型由于户型面积偏大，市场接受程度较低。而 101 平方米户型为东、北向，户型面积偏大，从第一组团的销售来看，根本不为市场所接受。从上述情况来看，4#、5# 被市场所认可的户型为推出总套数的二分之一，另外有二分之一的推出数量市场接受程度较低或根本不被市场认可。

要求 4#、5# 在原有基础上进行上调，上调的比例为：

价格提升建议表

4#				5#			
A 户型	2%	B 户型	2%	A 户型	2%	B 户型	3%
C 户型	2%	D 户型	4%	C 户型	3%	D 户型	4%

建议由于 D 户型市场接受程度非常低，上涨幅度不宜过大，其他户型在原有基础上可以进行一定幅度的上调。

2#	3#	4#	5#	6#
3230元/平方米	3127元/平方米	3431元/平方米	3383元/平方米	3168元/平方米

各个楼宇原有均价

2#、3#、6# 均价：3180 元 / 平方米；4#、5# 均价：3499 元 / 平方米；差价：319 元 / 平方米；整体均价：3313 元 / 平方米。

第一套方案：

4 # 价格调整前后对比

4#			
	调整前	调整后	上调幅度
A（元 / 平方米）	3465.8	3535.8	2.01%
B（元 / 平方米）	3480.8	3550.8	2.01%
C（元 / 平方米）	3530.8	3600.8	1.98%
D（元 / 平方米）	3235.8	3365.8	4.01%
均价（元 / 平方米）	3431.4	3515.3	2.45%
回款（元）	37102251	38009788	2.45%

5 # 价格调整前后对比

5#			
	调整前	调整后	上调幅度
A（元 / 平方米）	3485.8	3557.8	2.07%
B（元 / 平方米）	3430.8	3535.8	3.06%
C（元 / 平方米）	3395.8	3500.8	3.09%

（续表）

5#			
	调整前	调整后	上调幅度
D（元／平方米）	3190.8	3320.8	4.70%
均价（元／平方米）	3382.8	3482.9	2.96%
回款（元）	36576510	37658725	2.96%

总回款调整前后对比

	调整前	调整后	上调幅度
4#、5# 合计回款（元）	73678761	75668513	2.70%

第二套方案：

4＃价格调整前后对比

4#			
	调整前	调整后	上调幅度
A（元／平方米）	3465.8	3485.8	0.58%
B（元／平方米）	3480.8	3533.2	1.51%
C（元／平方米）	3530.8	3590.8	1.70%
D（元／平方米）	3235.8	3315.8	2.47%
均价（元／平方米）	3431.4	3481.7	1.47%
回款（元）	37102251	37645923	1.47%

5＃价格调整前后对比

5#			
	调整前	调整后	上调幅度
A（元／平方米）	3485.8	3557.8	2.07%
B（元／平方米）	3430.8	3535.8	3.06%
C（元／平方米）	3395.8	3500.8	3.09%
D（元／平方米）	3190.8	3320.8	4.70%
均价（元／平方米）	3382.8	3482.9	2.96%
回款（元）	36576510	37658725	2.96%

总回款调整前后对比

	调整前	调整后	上调幅度
4#、5# 合计回款（元）	73678761	75304648	2.21%

2#	3#	4#	5#	6#
3230元/平方米	3127元/平方米	3482元/平方米	3482元/平方米	3168元/平方米

按第二方案调整后各个楼宇均价

2#、3#、6# 均价：3180 元 / 平方米；4#、5# 均价：3482 元 / 平方米；差价：302 元 / 平方米；整体均价：3306 元 / 平方米。

3. 推广时机建议

目前，该楼盘的广告攻势较猛烈，家喻户晓。销售也处于旺势，在短短几天内，认购率高达 75%。房交会在即，大环境即将形成购房热潮。因此，建议尽快推出 4#、5#，在房交会之前公布价格，房交会期间正式认购。

三、突破心理定价的常用方法

获取较好的预期收益，是每一个开发商最为关心的一件事情，一个较好的全程策划方案贯穿于项目的始终，是项目成功的必要保证，而价格策略又是房地产营销策划中最重要的部分之一，价格不仅是消费者最为关心的一点，价格也是房地产营销过程中最根本、最有效的营销手段。而在整个价格策略中，开盘价是第一步，也是最为重要的一步。事实证明合理的开盘价意味着项目的销售迈向成功的方向前进了一大步。

传统的心理定价策略亦称奇数定价。根据心理学家对消费者购买心理之研究调查，同一件产品当标价 49 元时，不但销量远大于标价 50 元的产品，甚至还比标价 48 元的销路还要好。这种策略也可能用于房地产定价。现代心理定价还有其他一些新的表现，如吉祥数字、吉祥门牌号定价策略，像每平方米 1998 元这类定价。

在形形色色的价格策略应用中，利用楼盘本身的条件，结合消费者的心理定价作组合，并根据销售进程的变化巧妙地对价格进行调整，这样的价格策略可称之为"心理定价突破法"，是房地产价格策略组合中比较常用而且杀伤力较强的一种方法。

1. 低价入市法

开发商如果能够在此时顺势而为，开发相对低价的楼盘入市，既能够得到政府的支持，也会刺激消费者的敏感神经，还能引起媒体的追捧，从而极大地提高项目的关注度，引起项目热销。在项目声誉逐渐提高的过程中运用楼市惯用的低开高走手法，逐渐增加项目的经济效益。

低价开盘是指项目在最初推向市场的时候，以略低于市场行情的价格公开销售。低价开盘是现今市场上大部分楼盘的开价策略，但是低价开盘并非适合于每一个楼盘的开盘策略。楼盘存在以下一个或多个的情况下，低价开盘是一个比较好的选择。

（1）优势

任何事情都有其两面性，低价开盘有其优势也有劣势，它的优势在于：

1）资金回收快，促进良性循环

优质低价是每一个购房者最希望看到的，低价开盘肯定会吸引一大部分购房者的注意，在对楼盘进行了一定的了解之后，很容易成交。开盘成交量的提高有利于聚集人气，创造楼盘的良好形象，楼盘入市有一个较好的开端。也有利于提高销售人员乃至全体员工的自信心，以更好的精神状态开展日后的工作。

2）有利于日后的价格调控

低价开盘价格的主动权在开发商手里，可以根据市场情况进行有效调节，当市场反映较好，可以逐步提升价格，形成楼盘热销的良好局面，当市场反映平平，则可以维持低价优势，在保持楼盘一定成交量的情况下，随机应变。

（2）劣势

1）前期利润低

低价开盘往往首期利润不高，有的甚至没有利润，开发商的主要利润来自于后续调价，但是如果后续调价不好，例如，单价升幅过大（每次升幅超过 3%），或者升幅频率过快（每月调价大于 4 次）都会对后期客源造成一种阻力，从而使销售陷入困境。

2）楼盘形象难以提升很高

低价开盘作为一个局部的促销活动还可以，如果作为整个项目周期的价格策略，则必然会影响楼盘的预期利润和档次定位。高价位不一定代表高品质，但是高品质是一定需要高价位来支撑的。

主题案例 **黄浦国际低价入市，突破消费者心理定价**

"黄浦国际"几度发售，销售热潮一波超过一波。令人津津乐道的关键成功因素，应该是黄浦国际开发商对价格策略的巧妙运用，即"提升心理价位，积聚销售势能"，迅速占领市场制高点。

针对如何提高消费者心理价位的问题，开发商和代理商做了大量工作：

第一，确定项目的前瞻性。在锁定几个关键要素：市中心（闹中取静）、交通港湾（地铁概念）、配套齐全（公园、名校、医院、商场等）之后，黄浦国际定位为"西藏南路板块"的领头羊；

第二，整体规划和建筑设计独特且具超前意识，兼具北美现代线条艺术与炽热的海派风情的互动美；

第三，环境设计上，用45％以上的绿化覆盖率，在6000平方米的中庭绿地打造《易经》中"见龙在田、利见大人"的主题花园。中庭绿地与会所屋顶花园、东北角规划大型绿地、西面17000平方米的丽园新绿地和东南角的蓬莱市政公园等五重绿地浑然一体、相得益彰；

第四，品牌形象包装上，多方位多角度多层次诠释"中央领地，国际生活"的理念，让人们对楼盘有个全面、立体且生动的认识。

根据对买家心理价格的调查，许多人认为黄浦国际价格完全有可能突破每平方米万元以上的均价。不料，开盘时开发商冷不防抛出一个每平方米8600元均价的低价位，与心理价位之间的差距达到1500元。一时间黄浦国际销售现场门庭若市，代理商不得不采取限量供应的举措，随后一连几次发售，都是在几天内就将推出的房源全部卖光。

2. 高调开盘法

与顺势低价相对应，品质好的项目同样可以高价出场。采用这种策略的前提是必须楼盘的品质极佳。在一切局势还不十分明朗的时候，高调开盘将是项目自信的表现，同时由于市场对于这样一个逆势而上的项目，总是会给予过多的关注，这个等于是为项目打了一个免费的广告。因此，可以达到抢占市场先机，闻风而动，同样能够为项目营造良好的销售氛围。

高价开盘是指楼盘在入市时以高于市场行情的价格推向市场。

（1）优势

若一个楼盘存在以下一个或多个的情况，采取高价开盘策略相对较好。

1）无二的有利卖点

楼盘卖点是指你的楼盘在品质或服务等方面有特异之处，并且它很受客户欢迎。例如先进的房型设计、轻松的付款方式（如零首付）、其他楼盘没有的配套（如到户纯水供应系统）、社区俱乐部、占有了城市的稀缺资源（如深圳香蜜湖）等等，即便是价格偏高，也会受到热宠。

2）综合品质高

高品质是需要高价位来支撑的，品质和价格相一致是制定价格策略的前提所在，即使楼盘没有什么特别的优势点，它的地点、规划、户型、景观、服务等，楼盘的综合品质较高，符合客户的心理价位。

3）品牌形象好，市场需求旺盛

良好的公司品牌形象，是一个楼盘面对市场的一个重要影响因素，这就是为什么万科的房子比别人的贵的原因。因为它有良好的品牌形象，客户的信赖，这一点是其他楼盘所不能模仿的，也是它最大的卖点。

（2）与低价开盘对比表现

和低价开盘相比，高价开盘的利弊正好与之相反，其主要结果表现为：

1）有利于获取更大的利润，但是若价位过于偏高，则资金回收相对较慢。

2）有利于树立楼盘品牌，创造企业的无形资产。

3）不利于后期的价格调整。

总之，不论是低价开盘还是高价开盘，各有利弊，但是都需要营销策划人员对市场有较深刻的认识，能够对市场的价格变化做出敏锐的反映。

主题案例 东莞综艺曼哈顿时代项目高调定价入市

　　东莞的综艺曼哈顿时代项目，在一片降价呼声中及"国六条"出台当口迎锋强势开盘，楼盘当时的销售均价达到了6200元/平方米，价格不仅没有下滑，而且比周边楼盘价格足足高了1500元/平方米。当然，这其中也蕴涵了该项目包括酒店式管理、豪华公共配套、超标准装修等自身附加值。但是，其选择开盘的时机及高销售价位令同行也取得了相当有意义的借鉴经验。

3. 提升策略

　　销售势能指消费者对其所购买的商品所感觉的心理价格于实际价格之间的差距。消费者心理价格比实际价格高得越多，由此引发的销售势能就越大，销售速度与销售数量都会得到很大的提升。

　　根据入市物业品种和前期销售率，逐步提高入市物业和单位价格，稳步提升。工程进度和卖点逐步兑现，如物业建设推进、项目形象推广、环境改造等，为价格稳步提高提供有力物质基础。

　　一般而言，楼盘在陷入危机时，人们习惯采取降价突围，即走为上计，卖掉就解套。然而，以较低价位并降低入住门坎等手段吸引消费者，毕竟是不得已而为之的事。这种操作的后果只能有两种，要么成功解套要么彻底烂尾。鉴于房地产商品的特殊性，通常出现消费者买涨不买跌的情况。因此，逆市拉升价格也许是一种更为聪明的造市营销手法。

主题案例　**武汉某楼盘价格提升策略**

　　该项目总建筑面积13.3万平方米，以6～7层多层为主。就地段而论，该地区属于武汉汉口郊区中的郊区。2007年5月份开始销售，销售均价为2500元/平方米左右。后来，对该项目进行了一系列的整合营销推广，从楼盘品牌形象、项目卖点整合、现场包装等方面进行了焕然一新的巨大提升。项目最大改造卖点是由开发商出资对农业用地"臭水沟"进行改造的一座占地约300亩的人工湖。仅仅1年时间，销售均价从2500元/平方米左右迅速提升到4500元/平方米。涨价2000元/平方米，扣除市场价格上涨因素，项目附加值价值提升约1000元/平方米。

　　通过项目品牌整合营销推广，树立了"汉口城西第一水景名盘"的品牌形象，占领吴家山地区客户心中追求高品质居住的"心智资源"。二期A区开盘当日销售95%，销售均价高于周边地区700元/平方米；二期B区开盘当日销售50%，销售均价高于周边地区1000元/平方米。该项目的营销策划成为武汉市郊区楼盘操作的成功典范。

4. 差异定价策略

　　根据物业单位朝向、区位、总量、结构等多元特质，采用差异定价方式（一房一价）。

　　差异定价目的在于使综合价值较低的单位先行售出，较高价值单位随着工程进度和卖点兑现，在价值稳步提升的基础上售出，以获得更好商业利益。

　　2008年，北京的新楼盘，通过价格的差异定价，实现了楼盘价值的准确表达。相对低价出货的楼盘，可以让消费者感受到价格实惠；而相对高价出货楼盘，能够充分的展示楼盘优势。

2008年北京纯新盘定价与周边在售楼盘价格对比

新盘	定价	物业类型	行政区域	开盘时间	周边在售楼盘
		装修情况	环线	入住时间	楼盘均价
文成建筑	16000	普通住宅 毛坯	丰台 3～4环	08年4月26日 09年10月底	香湾 19000 星河城(玺萌公馆) 17000
公园1872	25000	公寓 精装	朝阳 4～5环	3号楼 08年4月底 2010年年初	金地名京 19000 国贸生活馆 18000-19000 A–Z TOWN爱这城 19000
嘉筑北京	5000～6000	普通住宅 毛坯	通州 6环以外	08年5月中旬 08年底	世纪星城 11000 新通国际花园 10000
东方一品城	5300	普通住宅 毛坯	燕郊 6环以外	待定	新锐时代 4999 纳丹堡 6000 上上城 4400
东亚三环中心	14000	普通住宅	丰台	三至四环	瑞丽江畔(尾房) 14000 世华水岸 14000 城南大道 15000
北京VISA	16000	公寓	丰台	三至四环	方庄6号 18000 映天朗(五号公馆) 17500
公园星期八	16000～17000	普通住宅 毛坯	海淀 4~5环	08年5月 待定	新兴年代 17000 丹青府 15000
顺鑫泊郡	5500	普通住宅 毛坯	顺义 5环以外	拟08年6、7月 09年	望潮家园 6400 馨港庄园(现房) 8500

（续表）

新盘	定价	物业类型	行政区域	开盘时间	周边在售楼盘
		装修情况	环线	入住时间	楼盘均价
新通国际花园	10000	公寓 毛坯	通州 5~6环	08年4月 09年6月	世纪星城 11000 时尚街区 12000
一米阳光	3200	普通住宅 毛坯	固安 5环以外	08年5月 09年9月30日	梅沙湾 3200 萨丁岛 3500 宏安花园 3400
珠江拉维小镇	8500	公寓 精装	通州 5环以外	待定 待定	香榭丽舍 10900 久居雅园 8350
永金里1号	13000	普通住宅 毛坯	海淀 4~5环	2008年5月 2009年3月	香溪度 15000 丹青府 15000

5. 降价策略

如何做好楼盘价格造市，这由不得开发商的一厢情愿，而应该依据市场最为现实的走势，从做好全盘营销角度，对楼盘确定一个既有利于尽快销售和迅速回笼资金的目标，又能在市场中通过项目的特殊优势和与众不同的亮点发掘，对楼盘个案进行出人意料的价格造市手段，进而对整盘营销营造出一种成功救市的影响。

在大市场面临政策压力或其他势力打压的紧迫情况之下，三十六计走为上计，当即立断，降价销售当然是最快捷的救盘方式。

（1）降价四大好处

目前降价已经成为势不可挡的趋势，未来带给开发商的挑战就是如何打赢价格战。同时，我们还要思考如何制造客户的超值体验。降价的关键性问题就在于性价比。降价的性价比是与客户通过活动产生的心理体验与楼盘的降价优惠是有关的。

对开发商来说，降价有四个方面的好处，一是快速回笼资金，二是缩短销售周期，三是提高成交率，四是让客户感觉到超值感受，盛享楼盘品质生活。

（2）降价的三种结果

第一种：付出少了，房子是卖得便宜了，但是客户的心理感受也没有得到多少的实惠，那么这时客户就会继续观望，降价并没有起到作用，不能动销。

第二种：价格降了，客户感觉他付出的和得到的持平，这时客户至少是心动了，而且也会有所行动，但是成交周期不会有明显的改变，只能达到以往销售的水平。

第三种：便宜之后，客户感觉到楼盘是超值的。客户感受到他得到的要比他付出的多，这样一种超值的体验，才能够推动整个楼盘降价后快速去化。

（3）制定组合价格策略，快速回笼资金

在做整个价格策略中，需要把握的原则是：价格既要有艺术性地下降，又要增值。价格下降了，依然要通过提升楼盘档次，调动客户购房积极性，快速拔高楼盘在客户心中的形象。

1）缺陷户型"低开急走"

缺陷户型通过降价促销，例如打八五折，目的首先是吸引人气，然后与低价楼盘抢夺客户，再就是变现总比套牢好。

2）主流户型"平开快走"

主流户型价格可以浮动在正负5%，这主要是与高档楼盘抢夺客户资源，快速回笼资金，然后以客户活动促销和通过样板房实现快销。

3）绝佳户型"高开慢走"

最后是绝佳的房源，则是要高开慢走，整个价格提高15%，这样让客户感觉到楼盘是持续增值的。

6. 非价格竞争策略

价格竞争是市场竞争的基本策略，但在房地产营销中，也有在竞争中突破价格竞争而自主定价的策略，如在相邻同档次的项目中，一方不通过价格调整，而通过提供比竞争者更优惠的其他条件来竞争的情况，如提供良好的后期物业管理、较低的物业管理费等来吸引顾客。

（1）现金折扣

购买者如能及时付现或提早付现，公司则给予现金折扣。房地产销售中，一次性付款可以给予优惠就是这种策略的具体表现。这种策略可增加买方在付款方式上选择的灵活性，同时卖方可降低发生呆账的风险。如上海知名的"奥林匹克花园"等楼盘在 2009 年春节期间在推出"满 20000 减 2000"的"满额减"促销。

（2）数量优惠

顾客大量购买时，则予以价格上的优待。这是公司薄利多销原则的体现，可以缩短销售周期，降低投资利息和经营成本，及早收回投资。但房屋价格高，金额巨大，而且每人所需有限，公司不可能以鼓励大量购买然后给予折扣的形式来销售。因此，这里的"数量"则需要慎重确定。更多数量甚至整幢大楼的购买虽然不多见（有时会出现机构购买的情况），但一旦如此，通常可以通过谈判获得更高的折扣。

（3）"特价品"定价策略

使少数产品以非常廉价的姿态出现，来吸引消费者购买。所谓"特价品"在房屋营销中往往只有一户或少数几户，即所谓"广告户"，如广告中常见的所谓"起价"××元。如上海的"绿地东岸涟城"在 2009 年 2 月 7 日到 2 月 9 日的元宵特惠活动中，部分房源最高优惠 15 万元，"绿地临海"则在推出数套超低价格商品房的同时，附送购房优惠和"以老带新"补贴。

（4）调整付款方式

付款方式本来就是房价在时间上的一种折让，它对价格的调整是较为隐蔽的。分析付款方式的构成要件，可以发现，付款方式的付款时段的确定和划分、每个付款时段的款项比例的分配、各种期限的贷款利息高低的影响是付款方式的三大要件，而付款方式对价格的调整也就是通过这三大要件的调整来实现。

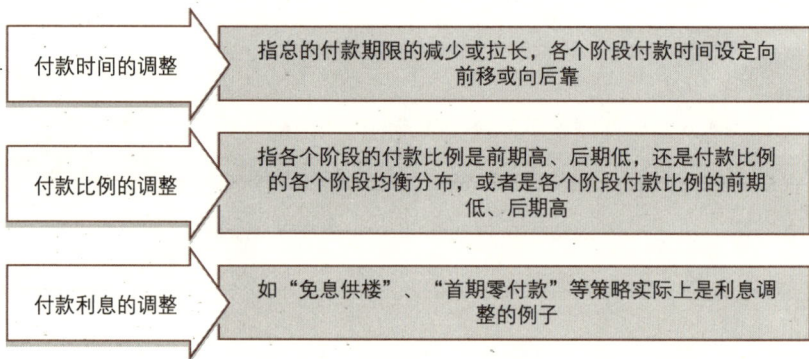

付款时间的调整	指总的付款期限的减少或拉长，各个阶段付款时间设定向前移或向后靠
付款比例的调整	指各个阶段的付款比例是前期高、后期低，还是付款比例的各个阶段均衡分布，或者是各个阶段付款比例的前期低、后期高
付款利息的调整	如"免息供楼"、"首期零付款"等策略实际上是利息调整的例子

05

CAMPAIGN

住宅项目策划攻略 ╳ 第五章 CHAPTER 05

造势

本章使用指南：

　　"冬天到了，春天离我们还远吗？"，尽管市场形势严峻，但熊市不等于跳水，熊市也不等于没有行情。开发商只要苦练内功，并且通过一系列的销售策略，最终肯定能够圆满地完成销售任务。

　　销售是房地产开发链上最精彩的一环，在对符号、文化兴趣越来越浓厚的房地产市场，文化价值、符号价值受到空前重视和竭力开发。各种营销、五花八门的"秀"就成为开发商热衷于符号化的生存手段。

　　本章主要讲述在激烈的市场竞争态势和市场行情欠佳的情形下，要实现楼盘畅销，除了要将原有的营销立足点由暴利心态转变到平衡心态之外，更重要的是要及时调整营销策略，适应未来市场的变化。

随着消费者要求的日趋差异化、多样化、复杂化、个性化，人们重视"情绪价值"胜过"机能价值"。消费者不仅仅停留在实惠、多功能、耐用上，更讲究产品品位，要求产品既有实用功能、艺术功能，又要有情感功能，从而给消费者以美感和遐想。这就要求房地产企业在营销手法上面做足功夫，要赋予房子灵魂，重造一个"概念之城"！营销永远不能异化为简单的目的，更应不是手段，致力于产品本身才是植根于开发商头脑中的终极理想。开发商为了树立产品的品牌形象，引起更多的关注度和眼球效应，以最有效的方式张扬产品价值。

第一攻略：找卖点，扮卖相

精准定位的魅力在于它在蔑视同质产品的同时，振臂高呼独特的产品个性和形象，赋予顾客无穷的想象，使之成为品牌的忠诚顾客和美誉传播者。精准定位是营销的前提，是项目在市场竞争中取胜的重要武器。

中小楼盘具有灵活定位的特点，因此更容易吸引小众客户群；而一般大盘地产都是分期开发，这也正好赋予了大盘地产的灵活性，使得大盘地产的目标客户群更加明确。简单的"大而全"会使得项目定位方向不明确，市场把握力度不够，开发和销售产生困难。

所以，大盘地产完全可以利用不同的开发周期定位不同的消费人群，再根据目标消费群的不同设计适销对路的建筑产品，既减少设计开发的困难，又可以网罗目标消费群体。

1. 卖点要实在

开发商摆在消费者面前的首先是自己的产品,产品的质量、建筑风格、地段、户型、环境等都直接影响消费者的判断和购买决心。要在整个营销中打个漂亮的胜仗,产品这一关绝对得过。

在楼盘同质化日趋严重的今天,概念炒作漫天飞,已不是什么新鲜事。虚假宣传已经使购房者不轻易相信楼盘广告对物业这一支出巨大的消费品,购房者关心的不是概念的新奇,关注的不再是一种虚的东西,而是看房屋质量是否过硬,产品是否物有所值,合同是否信守兑现,物业管理是否到家。在房地产业进入全面的整体素质竞争的今天,开发商如果仅仅局限于推出一个新奇的概念,依靠某一简单要素去争取客户,一旦概念失真,反而让购房者困惑,让开发商失去口碑市场。

因此在这里我们提出卖点要实在,具体体现在要有实在的笼络人心的创意,要有实在的宣传内容。

第一: 要有实在的笼络人心的创意

在进行楼盘概念造势的创意设计时,要想达到实在和笼络人心的目的,必须要注意三个要素:

1) 赋予楼盘更多的附加值

因为信息、设计、材料等都是可以共享的资源,所以楼盘竞争的制胜点,就是建筑之外的功夫了。同一区位,品质相差无几的楼盘,在市场上论输赢,那就得看谁赋予楼盘更多的附加值。其附加值便是楼盘的文化,实际上就是楼盘带给居住者功能之外的生活空间和精神享受。

2) 与目标客户群产生亲和力

楼盘概念的盛行,实际上是把消费者买楼的观念引导至买生活的观念。这是房地产发展中积极的产物。一种楼盘代表一种生活方式,这在生活多元化的今天是很有道理的。而凝聚这种生活内涵的楼盘概念与目标客户产生的亲和力所带来的营销合力必将更成熟地发展。

3）符合楼盘特质，给人以美好的生活空间想象

营造楼盘某种生活文化，绝对是慢工细活。"前无古人，后无来者"的概念设计，它考验的是操盘者的心理素质，因为这是在与市场较量心智。楼盘文化的造势，可以通过许多表面的工作来完成，但它的作用必须是深层的，因为它的终极目的在于对购房者的心理诱导，不排除对消费者的心理暗示，这是一种极微妙的行为。它是典型的概念谋略造势而非营销技巧造势。

第二：要有实在的宣传内容

在对楼盘要素做综合考量与真实需求的准确定位后，可以说广告推广与活动推广是营销的终端环节和执行环节。

一条优秀的广告从来都是明确需求的，而且能够将需求引导并加以强化。大卫·奥格威说过，对"消费者承诺一个独特的、具竞争力的利益点，极为有力"，同时还得保证"你的产品必须具有你所承诺的利益点"。

> **主题案例** 桑泰丹华府三期"全额补偿"策略
>
> 2008年3月，深圳市房地产市场出现了急剧成交量萎缩的情况，桑泰地产果断地将其在售楼盘桑泰丹华府三期推出特惠单位，并且对此前已经购房的业主，按照特惠单位的价格全部进行差额补偿。成为深圳首个全额补偿前业主差额的开发商。
>
> 桑泰丹华府三期于2007年年底开盘，总套数189套，均价2万元/平方米，已经售出3成，而泰丹华府一期、二期都已入伙。3月底，开始推出特惠单位以1.6万元/平米的均价，1.3万元/平米的起价。虽然这次推出的特惠单位只有几十套，但对三期已成交业主购房款出现的差价，开发商则愿意给予全部业主差额补偿。补偿老业主的方式会分成两种，有些还没有签订合同的客户会直接用新价格来签约，已经签约的客户，在入伙时候开发商以装修款的形式退回给客户。
>
> 在桑泰推出特惠房前，深圳已有不少的开发商都在周末或者定期推出一些特惠房，不少楼盘都在周末有打折的特价房推出，推出的特价房往往比原本售价便宜每平方米几千元。不过一般开发商都不对外称他们的楼盘已经降价。桑泰地产却是反其道而行之，采用"高调降价"的手法，争创深圳首个全额补偿前业主差额的开发商，最终楼盘售罄。
>
> 正所谓：为别人多考虑一些，最终将成就的是自己。尽管开发商没有义务赔偿业主因为降价带来的损失的，但桑泰此次"全额补偿"是将消费者的置业损失转移到自身，体现了对消费者的体恤与关怀，也取得了不错的销售成绩。

2. 卖相要奇特

　　卖相就是楼盘的"脸面",只有把"脸面"做好了,才有可能吸引消费者前来光顾。要做好楼盘卖相,就需要精心的包装。包装是除价格因素以外的一种非价格竞争策略之一,在现代营销活动中的地位和作用越来越令人瞩目。

（1）包装的三个层次

　　楼盘包装由三个层次所组成的一个整体,只有完美的诠释才可以使得消费者流连驻足。

包装的三个层次 ⇨	实质产品	区位、环境、建筑、户型、配套等等
	形式产品	品质、特色、样式、品牌等等
	延伸产品	生活理念、服务等等

包装的三个层次

主题案例 **Job88 品牌新形象**

　　一般意义上的传统VI就是将企业的LOGO固定下来，然后将LOGO规范的放在平面（广告，行政用品等）的固定位置，这样企业就能在相对范围内及一定程度上给公众传达较为一致的规范的形象。所以中国企业的LOGO百分百全部都是固定的、不变的、遵守规范的。

　　但是这个传统的VI使用规则在中国第一个被打破，就是LOGO可以在核心元素保持不变的前提下，LOGO的部分元素是变动的，不同的场合、不同的销售环境应用不同的标志，即标志不再是一成不变的。显示了LOGO应用的打破常规、新锐与活跃。这个打破规则的品牌就是香港job88八方人才品牌。

　　香港Job88八方人才的LOGO根据job88英文字体，首先将字母"O"变形，然后应用蜡笔手写，变形成一个运动的人形，形成一个跳动的标志。而这个"快乐的小人"做出不同中国功夫快乐动作：快乐直立、快乐前行、快乐倒翻、快乐出拳、快乐跳跃、快乐躺倒等，每一个快乐动作与job88英文特殊字体都形成一个不同的标志，应用在不同的场合，但因为核心元素的保持，消费者仍然能清晰的认识这个变动的LOGO。

　　这个"变动LOGO"适应与引导了互联网形象的推广潮流，因为互联网时代LOGO链接是最常用的推广方式之一，这个"变动LOGO"在网络推广时，标志上的"快乐小人"是快乐跳跃的，特别是一大堆LOGO同时出现时，不仅在视觉上从同类品牌中脱颖而出，而且LOGO的跳动极大的凸显了job88八方人才品牌的活力与个性。

　　因此，job88八方人才在形象上获得了不一样的效果，在其他竞争对手同样的广告宣传中脱颖而出。

　　这个案例不是一个房地产案例。但是它在品牌营销方面的成功还是值得房地产行业的企业借鉴的。特别是房地产企业的每一个项目都是具有特殊性，所以采用变动LOGO的营销方式完全可以在行业内得到更大的发展。作为一些新锐的有着鲜明个性化企业，特别是目标消费者针对新新人类的品牌，就没有必要死守那些毫无道理的陈规陋习，可以在保持LOGO的核心要素前提下，发挥出一些新颖的创意来。一切都是消费者说了算，市场说了算,看来LOGO的使用也要"与时俱进"。

（2）迎合消费者六大共性

在以消费者为中心的整合营销时代，消费者每天接触不计其数的广告信息，但只有少数能引起购买欲望，进而产生购买行为。因此，营销活动要取得良好效果，必须充分了解消费者心理消费行为是非常复杂的，受到相当多因素的影响，消费者本身的认知、学习、人格、卷入等内在因素，无时无刻不在影响消费者行为。因此营销人员要把握消费者心理并非易事。

消费个性集中体现在消费心态的不同。由于消费者的民族、经济、文化、职业、区域、年龄等的不同，会呈现出明显的消费个性差异，从而形成不同的消费观念。寻找当下消费者心态，同时适当的引导消费"个性"是项目提升的关键因素。

1）消费者三种不同消费观

第一种：超前消费观

这是欧美国家极为普遍。其主要特点是通过银行贷款等方式透支消费或预支消费。目前接受这一消费观的人逐步增多。

第二种：即时消费观

即时消费，俗称吃了用了，将全部收入用于消费，既无存款也无外债。

第三种：保守消费观

将大部分收入用于储蓄，只有小部分用于消费。

2）消费者的六种共同习性

因为每个人的思考、认知、反应、行为、知识、经验等都有习惯性，统合起来成为一个人的习惯领域，人的消费深受其影响。而人的行为是有共性的，消费者行为至少有六方面的共有习性：

消费者的六种共同习性

同类相比	消费者会把自己归为某一群体，也会对产品进行分类，而且总是将同类相比。广告是营销策略的重要组合要素，利用消费者爱比较（比价格、区位、环境、品质等）的心态来制定广告策略，影响消费者对产品特性的认知，是比较广告的心理学原理
印象概推	消费者会把关联的事物的印象，加于他物之上，即爱屋及乌。利用这种心理习性，可将消费者对他物的良好印象，加于产品品牌上，从而产生提升品牌的效果。例如：请明星做代言人
投射效应	消费者会习惯性地把自己的特性、想法、偏好投射给别人，想像其他人的特性和自己一样。利用这一特点制定营销推广策略，打造品牌，往往事半功倍。例如：一些建筑加入了一些具有怀旧意味的装饰物，来营造整个楼盘环境
近而亲	在营销推广中，利用产品广告经常性的暴露在消费者眼前，使得消费者对该产品有熟悉、亲切的感觉。例如：不间断的广告使消费者记住该楼盘
相互回报	报答心理存在于每个消费者心中，一方面是有回报他人的心理，另一方面是喜欢得到他人的回报。开发商推出一系列促销方法，打着回馈顾客的旗号，吸引消费者购房，既是利用了消费者相互回报的心理
人群中的责任扩散	消费者在购房时会产生规避风险的行为，尤其消费者对楼盘特性不了解时，会购买信誉佳或身边的亲戚好友介绍的房子。例如：一些开发商会采用"老客户带新客户"优惠活动

掌握这六大消费者习性，对于我们把握消费者心理，制定有效营销推广策略确有帮助。特别是在成交量明显下降、楼价温和的降低的情况下，促销策略更是尤为重要。如何能够间接使消费者的购买力上升，刺激购买欲望，目前看来，采用实惠的营销策略更能够使楼盘畅销。

主题案例 **广州太谷汇城市别墅围墙广告语**

我希望你是面对美食时才花心——美食店

我希望始终如一的你，有一天野一点——KTV

我希望被电影感动时，身边只有你——电影院

我希望你只是从身边溜过，而非错过——溜冰场

我希望吸引万人视线的你，眼中只有我——摄影店

我希望陪你走过漫漫人生路，一对鞋怎够？——鞋店

我希望你的魅力不仅来自内在，更有外在——服装店

我希望在众多时尚新宠中，仍然最爱是我——数码店

我希望不论我变成什么样，你一样爱我——形象美容店

我希望酒是让我们陶醉而非迷醉——请勿酒后驾驶（公益广告）

我希望广州的天空象我们的衣服一样蓝——请保持空气清新（公益广告）

再多希望，太古汇也能为您一一实现

（3）巧显"自身优势"

房地产产品的最大特点就是每个项目都具有自己的个性，任何一个楼盘产品都不可能被完全地复制。重新对市场进行研究，了解项目所处的市场环境和条件，了解有利的和不利的因素，区域内其他项目的情况，竞争对手的情况，以及人们选择楼盘的倾向性等等，通过考察对比、分析，确定项目的市场定位。

消费者特别是新成长起来的年轻一代，往往把个性能否得以发挥和张扬，作为衡量和选择商品的一个重要标准。为此，开发商必须注意特色经营的重要性，把研究市场需求、强化使用功能、追求个性特色、营造人性空间的思想作为经营理念，不仅在小区布局、建筑外型、色彩、楼层、阳台、内部结构等产品策略方面力求突破雷同，突出居住者个性，而且在广告宣传、价格确定、促销方式等方面也要独具风格，努力成为市场亮点。

诠释自身概念不失一个很好的营销手法。在地产业发展的初期，所谓概念更多的是指特点或卖点，而当今房地产营销所指的概念，则是一个独有的、难以复制的创新。

主题案例 **北京紫金长安的巧搭"奥运末班车"**

2008年年初，北京西部热点区域土地供应锐减，紫金长安在一个最佳的时机搭上开往"西部"的"末班车"。由于受到拿地和拆迁成本的制约，均价高于区域平均价格。

紫金长安规划总开发面积60万平方米，意欲填补京西城区腹地缺少高档住宅的空白，为完善"西奥运中心"城市居住功能给予了有力的补充。

五棵松体育中心是西奥运中心的核心建筑组群，西奥运中心则是仅次于奥林匹克公园中心区的一个重要的奥运板块，作为惟一一个毗邻五棵松体育中心的高档板楼公寓，紫金长安身价不菲。当时，五棵松周边项目的售价在6000元/平方米左右，紫金长安均价则为7300元/平方米。

但基于对紫金长安所在西奥运中心的未来升值潜力的观望，使得该楼盘价格还会有一个不小的涨幅空间。

借助"新北京，新奥运"这样的奥运概念，京城的多个楼盘都迎来了新一轮建设狂潮，奥运体育场馆周边楼市商机骤增。开发商们将目光瞄准奥运，也让政府利用奥运项目与房地产项目开发相结合，成就了奥运事业。

（4）售楼部包装重点

售楼处环境的金科玉律就是"细节、细节、还是细节"。对于售楼部环境的整体设计和细化，从有利于销售的角度出发，主要有如下原则：

1）创新＋个性化；

2）环境的细化；

3）服务质量的高素质随时随处可见；

4）丰富售楼部内部空间，延长客户停留时间。

第二攻略：机不可待，时不再来

有道是"养兵千日，用在一时"，项目热销的最后棋子即是开盘。开盘永远是令房地产投资商、开发商、营销商们最激动人心的日子，从圈地开始就进入开盘倒计时，开盘是楼盘能否成功营销的一个分水岭，开盘的"销售力"如何，事关楼盘的未来命运。强势项目如何开盘，以做到一举售罄？

1. 选择最佳开盘时机

"天时"是结合着"地利"与"人和"的，前期客户的积累已经奠定了良好的"人和"气氛，开盘就是对前期蓄客成果的一次大检验，合适的开盘时机，对项目的销售趋势起着关键作用。开盘时机一般考虑因素有：

（1）销售大环境

国家有没有相关政策出台对项目造成影响，是不是楼市销售旺季、节假日时机等。

近几年来，政府对房地产市场一直都在进行宏观调控，调控政策也相继出台，因此，项目选择开盘时机时，应迎合有利政策，避免不利政策。

纵观地产营销界，对楼盘的推出时机大部分选择"金九银十"，或依附于"黄金假日"，但随着楼市的竞争白热化，不只是产品要创新，营销更需创新，因此有时反其道而行之，反而可以为楼盘寻求到另一番天地。大连的冬天是名副其实的楼盘销售淡季，可某楼盘开盘却是在冬天大大出手。开发商借用冬天的特殊性和大连本土消费特点，特别注重了样板房的室内暖气设计，因此目标消费者在参观样板房时，脱鞋就能感受到地板的温暖，极大地吸引了消费者，因此，楼盘销售业绩大大提升。

（2）项目的工程进度

对于一些资金困难的开发商，一般选择在工程过半，拿到预售许可证就要开盘了，而一些有实力的开发商可以等封顶和小区园林景观营造出来再开盘，实物营销容易坚定消费者的购房心理。

"买不买房看环境"，有些一般的项目，想要做到"开门红"，就应做好环境景观园林设计。深圳某花园，在项目开盘前，完成一个漂亮的小区大门、一条主轴景观商业大道、一处中心园林、一个布置精美的会所（兼做售楼中心）、一组精心装修温馨舒适的样板房五个工程，开盘时赢了个"满堂喝彩"。

（3）避开与竞争对手直接竞争

如果项目进度与竞争对手工程进度一样，开发商实力比竞争对手实力强或者与竞争对手实力相当，则先下手为强，做市场领导者；如果自己的项目处于弱势，一般推迟一个月再开盘，利用自己的价格优势把竞争对手丢失的客户吸引过来。

2. 开盘的三大基础

在竞争激烈的市场条件下，任何房地产开发项目，特别是销售期较长的大型房地产开发项目，在进入市场开盘销售时，必须做充足的准备，形成足够的销售势能，务必保证开盘成功。只有在销售前期取得比较好的销售业绩，才能为后面的可持续销售奠定三方面的基础：

（1）价格基础

一个楼盘在客户心目中的心理价位，主要取决于其初期的销售。初期价格卖得太低，整个楼盘的价值就会受到客户的质疑。

（2）人气基础

一个楼盘只有在初期的销售中，形成了足够的市场热度，才能够在市场中给客户形成热销楼盘的印象，后期的销售才能在这种人气基础上，形成持续性。

（3）客户基础

前期客户，通过口碑传播，会介绍自己的亲朋好友前来购房。口碑营销越来越受到房地产行业的追捧，对任何一个楼盘都是一条重要的销售渠道；反之，如果没有良好的口碑传播，一个楼盘很难形成客户持续的购买力。

3. 开盘活动策划

开盘具有两大重要要素：一是纯技术层面的把握与掌控；二是纯策划层面的产生与实施。纯技术层面的要素，如楼书、售楼队伍、销控等，每个楼盘均能做到，而使纯技术层面的要素得到充分的实施，发挥最大的效益，则需要一个纯策划层面的要素来体现与支持，即开盘活动的策划。

（1）开盘活动的颠覆性

"歌舞演出＋领导剪彩＋折扣赠送＝开盘"的开盘篇、"排队、放号、解筹、开盘"的开盘流程被众多楼盘借用，几乎成了楼盘约定俗成的开盘模式。实际上每一个楼盘都有它的与众不同之处，而同一个楼盘相关的人与事也有许多，这就要求找准楼盘难得的差异性，作为开盘活动原创性的切入点。

而采用"声东击西"的办法，也不失一种比较好营销方式。通常可以用"大型公开招聘会"、"模特大赛"、"钢琴比赛"、"名车展览"、"慈善义演"等，以主办方的名义或以楼盘名称冠名的方式，在媒体上打响楼盘的知名度。

主动与有影响力的消费者互动,举办座谈会或PARTY。在许多成熟的行业如家电、IT业，营销人员一直努力运用消费者座谈会的办法，把消费者的声音传播作为重要的参考，如今这种做法已经被用于更广泛的领域，并获得良好效果。

在日常生活中开展无指向性的宣传，通过赞助各项活动、举行专题研究会、进行产品和服务公益展示和加入行业联合会等途径来影响消费者。

主题案例 **康城二期"香草天空"的开盘活动策划**

康城二期"香草天空"开盘当天，庆典活动的最大亮点无疑是"一杆进洞奖宝马X5"。此举吸引了许多热爱高尔夫球运动的人士到康城高尔夫俱乐部同场竞技，冲击大奖。除了宝马X5的惊喜大奖外，开发商北京银信兴业房地产开发有限公司还为参赛选手准备了多项离洞最近奖。该赛事将高尔夫运动时尚魅力与浪漫的生活氛围相结合，开发商方面表示，希望通过这样的比赛，让更多的人体验回归自然、与健康贴近的贵族运动，让更多的人体验康城倡导的健康、时尚的浪漫生活方式，同时为上流阶层提供一个交流的场所。在康城高尔夫俱乐部里，大家穿着舒适宽松的服装，交流心得，展现优雅与高贵的同时还有奖品可拿。这样的竞技营销方式为生活品质的提升充当卖点。

正如一位选手评价的"环境很幽雅、球场很专业、球友很优秀、大奖又这样诱人，何乐而不为？"康城正是将竞技与博彩融入营销策略，无怪乎开盘当天就吸引数千人前来看房。

（2）开盘活动的震撼性

首先通过相关性与原创性的大型户外开盘活动震撼大众，特别是震撼目标客户；再者通过活动本身来达到震撼的效果。

某一装修楼盘在举行开盘活动时，举办者为了表现其装修质量的生态性与无害性，分别在两个不同质量的装修房子里放进绿色植物，一天后，不同装修出现不同结果，一个还是郁郁葱葱，一个却枯萎凋谢，现场令人触目惊心，此种活动的震撼效果不言而喻。

第三攻略：人无我有，人有我优

营销活动其实一直贯穿于房地产营销的整个过程中。如同其他产品一样，通过一系列的营销造势活动，使楼盘核心价值得到市场的认同。

在激烈的市场竞争态势和产品同质化日趋严重的情形下，要实现楼盘畅销，非有

"主题概念"不可。"主题概念"为热销房地产项目的"灵魂"与"核心"。对主题的把握，主要是根据房地产的市场目标来确定。

1. 节假日销售

利用各种节日为节日的主人翁提供特价或赠送礼品的造势活动，比如教师节快到了，推出一个营销造势：为购房的老师赠送或打折赠送书房；国庆节到了，推出一个营销造势：为所有的看楼顾客提供免费郊外游等等。

如果说广告宣传是吸引顾客的注意力，那么实际的促销活动便是利用顾客的亲身参与，从而最终实现销售的目的。所以整体上讲，一次成功的促销活动比一个成功的广告更具诱惑力和实际效果。

（1）促销活动常利用的假日时机

一般而言，促销活动要抓住有利的时机：

1）庆典。如开盘庆典、入伙庆典、公司周年庆典等。

2）节日。元旦、春节、情人节、元宵节、劳动节、端午、中秋、国庆、圣诞等中外传统节日都是举办促销活动的大好时机。有的项目甚至在 11 月 11 日 这个被青年人称为"光棍节"的日子大做文章，并取得良好的热销效果。

3）展销会。如重庆市的春、秋季住交会、南坪步行街的长期展点、上海尾房展销会等。

4）自造节日。如举办片区发展研讨会、XX 生活模式推广会、小区"游园日"、业主联谊会等。

（2）节假日促销的注意事项

对于这些推广活动而言，需要注意两方面的问题：

第一，活动内容、形式的创意创新；

第二，活动细节的有效执行。

所谓文无定法、企无定式，尤其对于活动内容形式的创新更多是来源于对项目本身的精确把握和对社会、身边时事的细节关注。

相关链接 **广州2009年新盘情人节优惠扎堆**

楼盘：广州富力城

情人节优惠：广州富力城借情人节到来之际推出新一期的单位。继续以超笋价加推全新南向三房单位及叠景两房单位。此次推出的南向园景三房，户型方正，实用率高，客厅开间宽达4米，可即买即入住。

凭结婚证购房送价值10000元钻戒；购房送10000元家电礼金。

楼盘：富力金港城

二月推出"2009爱在富力金港城"活动，情人节期间购房更可获取"足金金牛"及"家电大抽奖"，目前有部分珍藏55～130平方米的一房至四房单位，起价为3600元/平方米，并附送高达1500元/平方米全屋装修。

据悉，情人节当天富力金港城还有"爱在金港城"摄影大奖赛、时尚礼品大派送等惊喜活动举行。

楼盘：光大水岸榕城

情人节推货：光大水岸榕城目前诚意登记客户已经超过2000套，2月14日开盘时将推出接近500套涵盖40平方米公寓到168平方米五房等多种户型单位，售价约为东向望景单位10500元/平方米，南向望中心双园景单位12000元/平方米。而北区在信息家园、社区配套、户型及园林方面都是南区产品的升级版。

楼盘：保利中环广场

情人节推货：保利中环广场于2月14日在销售中心举行浓情活动，亲制一份巧克力，特别的爱给特别的你。将于2月中下旬将推出南区三栋住宅中的楼王G栋，有90～196平方米的两房至四房单位，货量120套。登记即可获开盘额外9.8折优惠。据了解，G栋是南区的最后一栋住宅，也是最好一栋。其中，196平方米大四房是南区住宅最后的30套南向大户型。

楼盘：锦绣半岛

情人节推货/优惠：锦绣半岛92~112平方米东向园景小三房均价5700元/平方米，2月14日9时起限时认购。另外，3座准现楼一线江景清水房，7200元/平方米，交楼在即。

楼盘：万科新里程

情人节推货/优惠：万科新里程于2月14日举行广州相亲大会，1000人的8分钟见面会，1000多支玫瑰花为你盛开，红酒、歌声魅影、爱情面包、精彩交友游戏，3000元丰富现金奖等你拿！

楼盘：凤凰城

情人节优惠：凤凰城翠谷2期山居联排美墅带全屋装修及花园特惠价140万元起。2月28日前成功购买有机会获得总价值7万水霸SPA设备及法国红酒。精品洋房首付8万起，带装修均价4680元/平方米。

楼盘：广州雅居乐花园（浅山小筑）

情人节推货：广州雅居乐花园（浅山小筑）全新两栋单位推出，均价7200元/平方米带1000元/平方米精装修。此次加推产品分别为11和13层的小高层产品，面积在97～104平方米，可实现2变3空间，而且部分户型带四个花园。

楼盘：东方新世界

情人节推货：东方新世界将推出全新一批的产品，该批新品从70～178平米的两房到五房单位，将全面丰富当前的产品线。

楼盘：岭南新世界

情人节推货：岭南新世界本周将加推一批90～130平方米的户型，可享受额外92折的惊喜折扣。岭南新世界在牛年期间，将会继续推出丰富产品线，其中包括即将面世的儒雅清秀的"水悦清华"产品、乐观优尚的"优悦园"组团新品等。

楼盘：万科云山

情人节推货/优惠：万科云山全新组团"山立方"上市，70余套单位全部为约95平方米的小三房，售价7200元/平米起，带装修，2009年11月交楼。目前，山立方已开放了全新样板房，本周更享有多重优惠。据悉，在情人节来到之际，万科云山将举办"情人电影周"，与客户、业主共度温馨节日，同时，可抽奖赠送情人节礼物。

楼盘：祈福水城

情人节优惠：祈福水城在情人节，凡购房均送丰厚的"幸福大利是"。祈福水城50～90多平方米的一房至三房毛坯均价4800元/平方米。3万元入住，首期于入伙后分两年供。2010年5月交楼。

楼盘：VILI·威尼国际

情人节优惠：VILI·威尼国际2月13～15日期间，额外95折，团购再98折，头十名买家送十大家电。

楼盘：中海金沙湾

情人节推货：中海金沙湾本月新推出B1、B2栋的产品，户型面积为85～105平方的两房和三房单位，预计2月21日将推出新的板房。

活动：2月14日情人节当天，广州市总工会将联合中海地产在中海金沙湾举办"2009广州市职工系统交友活动"，届时广州市总工会属下各机关及企事业单位工会的未婚青年男女、建有工会组织的外资或民营企业未婚精英、广州市工会婚介所会员的1000多名未婚青年男女人士将参加本次活动。

2. 借力打力

开发商在市场运作中既要讲求竞争，又要求寻合作；尤其注意与地方政府、金融机构和其他社会组织的合作。为了获得更大的市场份额而开展各种竞争，当各种竞争压力使之难以支撑时，应多方寻求释放压力的途径，而寻求合作就是一种有效途径。将各方力量整合起来，借所有可借之力，把项目推向一个更高的层次。

（1）借名气之力

开发商实力往往是消费者非常看重及以此为购买理由的原因之一。因此，在楼盘预售期间，为了尽量消除消费者对期房的抗性，就采用借用外部条件之"花"，以达到"借花献佛"的目的。"借"的范围在目前楼盘策划中应用很广泛：园林、产品规划"借"贝尔高林、美国WY设计公司等的，物业管理"借"戴德梁行、中海物业等的，连楼盘广告也充分发挥"拿来主义"的精神，"借"广州、深圳、北京、上海等地的好的楼盘广告。

（2）借政府之力

新楼盘在开拓新领域时需要相当长的市场磨合期，如何快速切入市场，成为市场的焦点是推广工作的重点。采用"借海行舟"策略，即借政府名义，通过与政府合作对项目进行宣传，借助政府的威信为楼盘所用，能够有效地提升项目的地位与形象，并有助于增强购房者对项目的信心。

通过公关，与政府合作，举办诸如城市发展论坛、中国绿色生态住宅等研讨会，让政府成为项目的代言人，通过研讨会的新闻报道系列炒作，达到项目宣传目的。

借助政府之力的四种操作手法	通过公关，让项目成为市政重点工程
	以政府名义组建管理委员会，充分结合项目区位的推广概念
	与政府合作，举办关于城市规划等主题的会议
	在住宅论坛中，推广新概念住宅，推广项目

（3）借专家之力

项目开发以讲求全方位专业化操作领先市场，在建筑形态规划功能上，为项目宣传推广工作提供必要的硬件支持。在举办住宅论坛、专家研讨会等一系列的活动时，同时邀请诸如国家建设部生态环保专家、居住环境专家、规划设计专家、国内外著名建筑规划设计专家等"重要级"人物，研讨生态环境、健康住宅、和谐空间等，推广项目，为研讨会添加"专业"元素，加大项目成功热销砝码。

（4）借明星之力

开发商借助明星的招牌，邀请人气偶像、当红明星出任楼盘代言人或形象大使，通过明星效应来提升楼盘关注度、扩大宣传效应，以此拉开与竞争对手的差距，抢占市场份额。从早期的华茂苑请唐国强、嘉汇新城请罗嘉良，到近期的克林顿、徐静蕾、王小丫等等都是利用明星效应来促进楼盘的销售。如果明星效应与楼盘概念推广能够密切吻合，那么，楼盘的销售就可获得相得益彰的效果。

（5）借民俗之力

运用于楼盘策划中，是把它引申为发挥创造力，从"无"中创造出"有"以达到推广产品、占领市场的目的。例如，曾经风行全国一时的"教育"、"学院"社区的概念，在家长们"望子成龙，望女成凤"的迫切心情下，于是"教育"这张牌开发商就有了不同的打法。有在楼盘配套里面添加大型图书馆的；有和区域内名校合作的，小区业主子女可享受入学条件优惠；更有的干脆出资建造一所学校，把它教学楼用"哈佛"、"剑桥"命名，与国外的名校签订协议，享受留学条件优惠等等。通过"无中生有"方式提升楼盘整体形象，从而增加项目的附加值同时也实现热销。

（6）借样板之力

谁说烂尾楼就一定是让社会同情可怜的角色？烂尾楼也同样可以是典范，是"样板工程"，是行业内的形象代表！把一个烂尾楼改造成某个区域或城市的地产精品、样板工程，积极申报优质工程，争创高级别的奖项。这样，可以把有限的开发资金更多地用在项目建设上面，还可以通过独特的形象公关，达到宣传的目的和效果，同时，也可提升项目的内在价值，为项目取得良好的经济效益。

如中铁二局集团接手成都上河城爱舍尔花园后，对项目重新进行市场定位，重新进行方案优化设计，并着力将该项目打造成为成都烂尾楼复工建设的典范、"样板工程"，建成青羊区乃至成都市的精品社区。中铁二局集团还严格按照《规范》科学合理地组织施工，并建立健全安全质量管理体系，把安全和质量工作列为工作重心。其11号楼基础分部的工程质量一次性通过验收，验收单位对其质量赞不绝口。另外，中铁二局集团还将11号楼申报了"四川省结构优质工程"，并争创"芙蓉杯"或"天府杯"。烂尾楼工程争创这种高级别的奖项在中国建筑史上并不多见。

这一系列令人称奇的形象改造活动，可以说从根本上改变了上河城烂尾楼的不良形象，也成功地抓住了顾客的心。

（7）借试点之力

实践证明，人们对新事物总保持着无穷的好奇心和尝试性。而紧跟时代潮流，抓住新事物脉搏的商人往往会走在时代的前列，他们不仅能赢得巨大的经济利益，还能赢得人们的尊重，在市场中树立良好的社会形象。为此，对于"出身不好"的烂尾楼项目，也完全可以利用各种新标准、新办法、新措施搞试点的机会，淡化晦暗的前世，成就辉煌的今生。

现在地产方面的试点项目有标准化物业管理、标准生活社区、室内环境空气质量监督管理、节能工程、网上售房系统等。如广州新城市·玥秀就作为广州市首个使用网上售房系统的试点楼盘，在开盘当天制造了数百名购房者争抢整个楼盘80套单位的火爆场面，成功把多年的烂尾楼变身为明星盘。

3. 体验式销售

地产开发商如雨后春笋，楼盘建设也日新月异。开发商关心投资回报，购房者谨慎买单。传统的地产营销方式已经不能满足开发商和购房者的需求，现在的消费者更加注重消费过程中的真实感受。

（1）让更多的消费者有参与感

在购物中心门口搭建华丽的样板房，让更多的游人亲身体验楼盘的舒适感受，其效果不言而喻。通过有效的载体，利用公众的积极性参与行为，很容易从小到大规模扩散。"一切为了销售"是营销的最终目标，其杀伤力就在于让消费者主动对企业的产品产生购买兴趣。

主题案例 "××广场"公开向社会征集楼盘名

广州城建集团在接手某烂尾楼项目后，决定放弃原有名称，并通过报纸公开有奖征名的形式对项目重新命名。最后通过仔细的筛选，城建集团在众多应征方案中选用了"××广场"这个名称并给予获奖者一定的奖励。然后通过记者招待会，发布项目征名结果，与此同时在各大报章刊登软文广告。并制作了中英文双语电视宣传片，导入项目介绍，由境内外电视媒体多次播放。另外，通过强调现场包装形象。创造性地利用点状的内置灯光构成广州城建集团的标志投射到外墙上，向外界强烈地显示该物业为广州城建集团所有。通过广州城建的优良品牌扭转了公众对原项目的烂尾形象，重新树立该项目精品工程形象。

（2）虚拟体验

传统的营销方式是，提供户型平面图资料，展示沙盘模型，建造样板间，开展媒体宣传等。现在，出现了新型的房地产虚拟现实技术的营销方式。

针对传统地产营销方式信息量小，售购双方互动性差的缺点，虚拟现实技术做了大量改进。应用虚拟现实技术，目标客户可以在虚拟现实系统中自由行走、任意观看，获得身临其境的真实感受，加快了销售速度。对开发商而言，虚拟现实可以让设计构思变成看得见的虚拟物体和环境，使设计质量得到很大提高。

东莞、惠州楼盘的互动视界 3D 虚拟实景体验

东莞、惠州有些楼盘目前开始使用一种名为"互动视界"的3D虚拟实景体验系统，从目前应用的来看，这种技术的市场反映非常好。运用该技术，可在楼盘还处于"楼花"阶段就把整个楼盘项目做成虚拟现实，通过电脑及环幕等设备把建成后的整个楼盘实景展示在客户面前。客户还可以通过方向盘或者其他操控方法，实现在小区漫游，真切的感受项目的整体规划、环境、园林、户型、楼间距等，由于真实感很强，客户就能对整个楼盘有比较深入的了解，而不仅仅是通过沙盘模型看整个小区规划，促进消费欲望，可为观望情绪较浓的楼市注入理性消费的强心剂。

（3）感官对比

在楼盘策划中运用此计通常引申为两种情况，第一种情况应用为对产品进行破坏性的试验，以博得消费者的信任，从而打开产品的销路。例如在售楼处现场进行对房屋外墙建材的水渗、冰冻、高温等破坏性的试验，让购房者亲眼看到其优良的建材品质，进而对楼盘的品质产生信任感。另一种情况应用于楼盘销售中，要求置业顾问要给客户提供较为全面的服务例如大热天，不怕劳苦，汗流浃背陪着客户爬楼看房；大冷天冻得嘴唇发紫一趟又一趟陪客户看房子。这种情况下客户往往最容易动恻隐之心。

第四攻略：反向思维，出奇制胜

对于房地产营销领域而言，在有限的空间、时间、环境等等条件下，积极地打破原有的思维定式，有时候反其道而行之，往往能够出奇制胜。反思维的营销手法可以是对品牌产品的逆向思维，也可以是与众不同的创新，还可以是对自己品牌原有产品的逆向改进和提升。总之，拓展思路可以获得更多意想不到的效果。这里介绍几种创意的造势手法：

手法1：事件营销

　　事件营销是有计划地策划、组织、举办和利用具有新闻价值的活动，通过制造有"热点新闻"效应的事件，吸引媒体和社会公众的注意与兴趣，以达到提高项目知名度、塑造企业良好形象，和最终促进楼盘热销的目的。

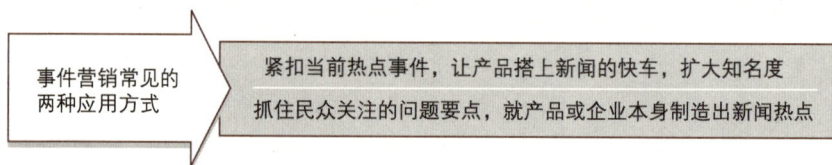

事件营销常见的两种应用方式　⟹　紧扣当前热点事件，让产品搭上新闻的快车，扩大知名度
抓住民众关注的问题要点，就产品或企业本身制造出新闻热点

　　我们先看两个通过拍卖制造营销的典型案例。

　　案例1：顺驰·领海及新中关"拍"出天价。2008年10月17日下午,顺驰·领海雅典组团两套豪宅无底价公开拍卖，建筑面积为223.73平方米的一套精装修房和一套毛坯房最终分别以224万元、142万元成交。其中，精装修房的单价达到了10012元/平方米。目前，大兴区的别墅项目均价为6000多元/平方米，公寓4000多元/平方米，虽然顺驰·领海上市后将区域公寓的房价挑到5000多元/平方米，但目前为止，几乎仍没有公寓单价达到万元。12月12日，新中关商业中心小规模操作了京城首次地下商铺的拍卖，这也是中关村地区近两年来第一次商业地产拍卖。共计151.86平方米的地下铺位面积，实现了3.7732万元/平方米的成交均价。其中，建筑面积为29.72平方米的一个商铺更以高达50471元/平方米的价格成交。

　　以拍卖的手法营销有以下几点好处：将经济效益最大化；赚足买家及群众的眼球。而且，对于商铺拍卖来说，这种营销方式使定价有了一个标尺，避免了价高无买家和价低瞬间售罄的后果，也同时促进了住宅的销售。

　　案例2：凤凰城面向全球公众拍卖"2004首届中国国际建筑艺术双年展无止境室内艺术设计展"的10个展品。这是国内首次把国际建筑艺术设计大师的个人作品进行拍卖，拍品为凤凰城二期10套公寓样板间，面积230平方米～260平方米不等，起拍价均为288万元。竞买者包括了国际大财团、国内外私人收藏家以及部分投资机构。至此之后，凤凰城10套样板间一个月接待参观者超过1万人，成为双年展中最受瞩目、最亲近民众的一个。拍卖师曾赞誉这10套房子是真正的艺术珍品。同时，该楼盘还在温莎大道与嘉德在线联手，在温莎大道的实楼豪宅样板间内举办"温莎十月珍品竞拍"活动，拍卖李苦禅、娄师白等艺术大师的精品字画以及明清时期的极具收藏价值的瓷器等，都取得了不错的效果。

和普通的拍卖营销不同，在这两个营销案例中，拍卖只是手段，而展示"样板"才是目的。采用这种营销模式的往往是致力于打造精品的豪宅项目。建筑艺术与商业元素相结合，呈现样板营销的不衰魅力。

现如今，事件营销已经是开发商常用的惯用手法。通过"造势"，以提高楼盘的知名度、美誉度，树立项目良好的形象，并最终促成楼盘的热销。如助残公益活动、体育赞助活动、举办音乐比赛等等都属事件营销造势。事件造势一般具有突发性强、时间紧迫、市场机会大、受众面广、高频率的媒体助阵、信息复杂不容易分辨等特点，因此需要操盘者具有非凡的胆识和智慧。中国人大都热衷于看热闹，利用国人的这个特点，事件营销往往效果显著。

相关链接 山东济南市2007年事件策划风云榜

地产圈是个江湖，一批地产人在里面比拼才智与勇气，策划是制胜的关键，勇气是胜出的砝码，没有刀光剑影，却是思想博弈。这种情况下，评比"2007济南地产营销风云榜"盛况出炉！

NO.1 重汽·翡翠郡推出"留守济南"特刊——用文化营销产品

营销事件：重汽·翡翠郡用地为具有70多年历史的原济南重型汽车制造厂，重汽地产在不破坏原有地块历史文脉的基础上进行保护性开发。2007年6月6日，重汽·翡翠郡推出20版《留守济南》特刊，唤起了人们对于济南的依恋，一度引发了项目长达一个月的热销。

上榜理由：营销的最高境界是营销文化。《留守济南》特刊，表达其对济南历史和工业文明的尊重，其可以预见的美好生活感召着人们对这片土地的热爱，迅速提升了翡翠郡项目的影响力和品牌附加值，是文化营销价值的最有力体现。

NO.2 鲁能领秀城成功引入A街区概念——街区概念引领者

营销事件：2007年10月20日，鲁能领秀城A街区举行公开选房大会。本次开盘共推出700余套房源，开盘三天销售600余套。领秀城A街区是鲁能领秀城去年下半年推出的城市MINI小豪宅，相信会为济南市民创造一个高品质的居住空间。

上榜理由："街区"的出现，一方面是源于房地产市场竞争的需要；另一方面也是城市发展到这个阶段的必然结果。"街区地产"的来临意味着房地产企业还需要对哲学、美学等多学科的知识储备和应用，因此"街区"是一种居住文化，鲁能领秀城对"街区"概念的成功引入，开启了济南人的"街区"生活。

NO.3　中润世纪广场开盘周年庆——CBD生活隆重开启

营销事件：2007年8月18日，中润世纪广场开盘周年庆典、太平洋保险公司签约仪式暨中润公社艺术节隆重举行。此次活动中，太平洋保险公司领导、多家银行金融机构的代表、企业代表及中润世纪广场数百名住宅业主应邀出席了此次盛典！晚会上，举行了保险业巨头太平洋保险的入驻签约仪式及CBD商务生活开启仪式。

上榜理由：山东中润一直以前瞻性眼光来打造物业精品，中润世纪广场成就了济南东部CBD区域标志性建筑群，无论是对于自身还是城市形象，都有了一个很大的提升，将来随着商家、企业、居民的入住，这里会成为济南东部新城一处人气旺区。

NO.4　鑫苑·国际城市花园开盘盛典——刷新销售纪录

营销事件：12月22日，鑫苑·国际城市花园迎来1期开盘盛典，场面异常火爆。首次公开发售千余套房源，700余套房源名花有主，开盘狂销七成。

上榜理由：鑫苑·国际城市花园是山东鑫苑继鑫苑·城市之家、鑫苑·碧水尚景之后，在泉城全力打造的第三个精品楼盘。"国花"项目的开盘热销再一次刷新人们对鑫苑的认知。

NO.5　齐鲁·涧桥推出感恩月——引领高尚居住

营销事件：齐鲁·涧桥精心推出了感恩月活动，让业主感受到浓浓的英伦风情。11月24日，从五瓶珍藏葡萄酒的香气中启幕，柔和的情思，绅士的舞步，演绎着冬日并不多见的浪漫柔情；12月1日，二十名幸运的孩子一起聚在"业主生日会"；12月22日，圣诞节带着经典童话和款款爱心来到齐鲁·涧桥，将感恩月推向高潮。

上榜理由：齐鲁·涧桥的感恩月活动，体现了高雅、浪漫与爱心，倡导优雅与品位，倡导爱心与和谐，是高尚居住的引领者。

NO.6　外海冠名赞助《城色》封面丽人大奖赛——与"美"同行

营销事件：首届外海冠名赞助《城色》封面丽人大奖赛于2007年11月10日举行，12月16日举行复赛，决赛于2008年1月上旬举行。优秀选手将成为《城色》杂志的封面模特。外海置业冠名丽人大奖赛，并全程参与了赛事的各项工作。

上榜理由：此营销案例为企业参与社会活动的典范，外海集团在山东的四个房产项目在赛事的各个环节中频频亮相，引起了极好的社会反响，极大提升了品牌知名度，也充分体现了外海置业对"美"的追求与理解。

NO.7　名士豪庭携手艺术大师唱响济南——将艺术植入社区

营销事件：2007年12月22日，名士豪庭邀请《梁祝》作者陈钢等多位艺术大师，举办了"艺术大师指导会"与"名士平安夜——中国骄傲新年音乐会"，在泉城济南引领了一场音乐与建筑、教育与地产的热烈对话和激情碰撞。

上榜理由：该活动将艺术与文化植入高尚社区，体现了南益集团"用心打造建筑精品，用一颗诚意之心服务济南"的理想。

NO.8 阳光100引入虚拟现实看房——用科技触摸未来生活

营销事件：2007年4月，在济南房地产项目中，阳光100第一个引进虚拟现实看房，让看房者真实体验未来生活图景。从而开创了另一种生活体验，受到人们普遍关注，有效地推动了销售。

上榜理由：在省内运用虚拟现实看房技术，阳光100属首例。虚拟现实打破传统的营销模式，引领了房地产营销新潮流。虚拟现实看房技术，创造了一个全新的营销风尚。

NO.9 天业盛世花城希腊自驾游活动——希腊风情大体验

营销事件：2007年7月9日~7月18日天业盛世花城联合FM101.1共同发起"奥运名城探寻——希腊自驾游"之旅。盛世花城赞助，通过抽奖产生1名幸运业主，远赴希腊进行了为期10天的免费自驾游之旅。探访奥运名城，体验希腊历史和人文风情，提前感受盛世花城希腊园林风情特色。

上榜理由：该希腊自驾游活动，使业主在探访奥运名城的同时，能体验希腊历史和人文风情，提前感受盛世花城希腊园林风情特色，提高了业主的认可度。

NO.10 天泰·太阳树举办奔驰试驾活动——一举三得

营销事件：2007年1月27日，天泰·太阳树举办了奔驰试驾活动，本次活动以"周末体验太阳树、激情试驾奔驰车"为主题，以奔驰车这一高端品牌为噱头，邀请新老业主前来现场参观体验，并由奔驰车行邀请奔驰车主来现场参观体验，积累新客源，现场氛围热烈，达到了预期目的。

上榜理由：该活动成功整合了社会资源，不但制造了新老业主沟通联谊的机会，又对奔驰车主这一潜在的购房群体进行成功挖掘，与奔驰联谊的同时又提高了项目的品位感与尊贵感，可谓一举三得。

手法2. 代言营销

明星代言造势是指楼盘利用明星的公众影响力，帮助楼盘树立形象，扩大知名度，从而达到促进楼盘销售的一种方式。利用各类社会名人的知名度来打响项目，现在已是很多项目采取的办法。最常见的办法是请某名人为项目作形象代言，然后赠送其一套项目产品，以与"某某"名人为邻作项目卖点。通常也能产生轰动效应，取得良好的效果。

但在请名人代言产品的时候需要注意三个方面的问题：

一是选准形象与项目定位相符的名人作代言，否则会取得反面的效果。如一高档别墅项目的代言人请梁朝伟就会比请赵本山的效果要好。

二是要尽量让宣传内容与实际相符，不能给消费者空头承诺。如某项目请了某香港著名歌星作代言，宣传口号即是与这位著名歌星为邻，但歌星除了在开盘当天有露脸之外，就再也没在小区出现踪影，消费者于是大呼上当，为项目造成了不利的影响。

三是要结合项目实际，不能盲目选择知名度极高的社会名人。因其出场费、代言费用极高，可能最后项目得以成功销售，利润却不及给名人的出场费。

主题案例　　合生创展"80万寻找绿里形象代言人"

合生百万元征集业主代言人，早在2008年6月，合生旗下珠江绿洲以"80万寻找绿里形象代言人"的营销手法率先抓人眼球。这是一种推进购房者与开发商互动的营销尝试，也是开发商希望借此开拓一个全新的房地产营销境界。

国庆期间，合生创展再次打出百万重金为珠江绿洲、珠江罗马、珠江帝景三个项目征集"美宅运动"代言人的招牌，目标锁定懂生活、追求梦想的业主群。活动地点也扩展到北京、上海、广州、香港四大城市。合生征集"美宅"代言人是在珠江绿洲、珠江罗马、珠江帝景连续有新品入市的前提下进行的。该活动不仅是一种营销手段，更主要的是在宣扬一种新居住生活的理念，让更多的人认识并理解合生的产品。

炒作也好，诚信也好，大多数百姓对开发商聘业主做代言人的行为还是持赞赏的态度。因为明星代言早已不算稀奇事。敢于请业主代表广大消费者"巡查"合生在全国的楼盘并发表看法，不能不算是一个创意。而且对合生品牌又是一次极有效的张扬。

手法3. 口碑营销

对市场营销人士来说，最困难的是如何深入了解消费者的思维并将自己的信息传达到他们的脑子里。如果能够找到一个途径，利用一眼看去似乎全然不搭界的路径接近自己的载体，从而牢牢依附在载体身上。在房地产业当产品和价格因素相对稳定的情况下，如何有效传达产品的理念等信息，并使这种信息深入人心。

在房地产业进入全面的整体素质竞争的今天，开发商如果仅仅局限于推出一个新奇的概念，以某一简单要素去争取客户，一旦概念失真，反而让购房者困惑和反感，让开发商失去口碑市场。另一方面，当开发商在售房价格上"玩猫腻"、在销售面积上"短斤少两"、在位置表述上闪烁其词以及配套承诺遥遥无期时，很难有效地吸引消费者。为此，开发商必须树立诚信营销的经营理念，塑造出开发商的良好社会形象。

在房地产行业，业主口碑营销得到了较广泛的运用，比如业主运动会、发展优秀业主等社区文化活动，这些措施在"口碑营销"方面起到了一定的效果。口碑话题已经是商业营销中一个经久不衰的话题了，但是如何营造好的口碑，手法却是可以推陈出新。

主题案例　**北京长河湾设立 20 万元的"业主法律基金"
让"业主对付自己"**

北京长河湾设立了一笔总额为20万元的"业主法律基金"，长河湾的业主有权动用这笔基金雇用律师，为自己的权益与开发商或物业公司打官司。这种由开发商掏钱设立基金，为业主提供维权费用的做法在京城尚属首次。这是专门花钱让业主来"对付自己"，看起来好像是"花钱买罪受"，实际上用心良苦。开发商业主通过理性、合法的渠道来与自己对话。开发商建立"业主法律基金"，一方面能帮助业主形成通过法律途径理性维权的理念，另一方面也为业主与开发商及物管公司之间的理性沟通开辟了一条现实渠道，提高了沟通的层次。其最终目的，是为了减少社区冲突，建立和维护新型的社区和谐关系和文化氛围。

法律基金只是一个试探性的表现形式。现在许多房地产企业都在争当销售冠军，什么时候开发商能够争当投诉最少的企业？长河湾无疑是通过此举去创造一个良好的口碑，毕竟消费者的口耳相传胜过商家自卖自夸。

手法4. 反季节销售

以前是购房者"抢房"，现在开发商是"抢客"。在经济大环境不乐观的情况下，开发商思想需要大转变。以前"坐销"的时代已经一去不复返了。形势越严峻、竞争越激烈，如果还不"动"起来，只能是坐以待毙。因此，开始有楼盘采取了"反季节销售"

的营销模式。

（1）春节营销

一般来说，对于购房者而言，春节其实是一个较为理想的时机。与其他节日相比，过年期间人们的资金更为宽裕，可以让其在选房时拥有更大的资金自由度。7天的长假不仅可以让你有足够的时间考察心仪的楼盘，还可以从容地在几个楼盘之间进行比较。而春节一家人难得聚在一块，全家总动员看房绝对比一个人更立体、更全面，能发现一些容易被忽略的问题。春节举家看房更容易下单成交。

主题案例　　北京珠江帝景"新春无休，节日不打烊"全新营销模式

北京2009年的春节期间的珠江帝景很是热闹。这是珠江帝景打破楼市传统营销模式的一种尝试，是在北京楼市率先推出的"新春无休，节日不打烊"全新营销模式。

在春节期间全北京市进行节日促销的项目大约有12个，但是大部分项目全属于半营业状态，只留有少数售楼人员值班，其中只有珠江帝景项目在整个春节期间依然照常接待客户。开门迎客的是身穿唐装的"售楼先生和售楼小姐"，窗户上贴着大红福字和窗花的是"售楼处"。

由于珠江帝景利用其他项目歇业的时机，在报纸、电台、户外（包括庙会）、超市等平台上加大了两倍的宣传力度。春节前夕，传统的新春佳节这里依然车水马龙，售楼处里人声鼎沸，即使是在大年三十晚上7点钟的时候，依然有看房人在这里驻足。新春期间该项目推出"喜洋洋 过新年 换新房"活动，几乎天天都有新春活动。通过一系列主打亲情的活动，节日里到珠江帝景看房的购房者达到了600人次每天。在春节长假7天内该项目就销售了128套，销售金额达到了3亿元，开创了北京春节楼市"反季"营销的先河。

（2）节后促销

由于目前市场观望气氛浓厚，购房者对市场预期比较迷茫，尽管刚性需求大量存在，但很多消费者还是犹豫不决。一些开发商反其道而行之，在节后组织大量促销活动，取得了完美的盛况。

这种反季节促销的做法为什么可以成功呢？原来，传统意义上的"金九银十"可

能出现一个滞后期，长假还不能让购房者有足够的时间考察心仪的楼盘。而长假过后，购房者经过长时间的思考与比较之后，刚好碰到开发商的降价，觉得是一个难得的机会，才最终促使购房者下定决心出手购房。这个阶段主要的目的不是追求销售量，而是积聚人气，做好蓄客工作。例如：2009 年的广州，往年属淡季的 2 月中下旬，各大地产集团却纷纷以降价促销为主，加紧推货，取得了不错的成绩。

（3）淡季销售

"没有淡季的市场，只有淡季的思想"。在严峻的形势面前，部分开发商逐渐试水放量入市交易的态度来挽救"淡季"。每年的七八月份，是楼市传统的淡季，尤其是 2008 年又加上一个奥运对市场的巨大的分散力，原本被认为今年的淡季可能要更淡。然而，出人意料的是，开发商一些反季节营销活动层出不穷。

奥运月期间，济南楼市掀起一个小的促销热潮。很多在售的楼盘搭上奥运班车，纷纷打出了优惠措施，保利·芙蓉、名士豪庭、重汽·翡翠郡、鑫苑·国际城市花园等楼盘与中国奥运冠军诞生挂钩，分别推出了幅度不等的优惠房源，有的是诞生一位冠军则投放一套让利上万元的特价房，有的则根据金银铜奖牌的成色和数量，分别给购房者予以不同数额的优惠让利；有的奥运期间招募会员，享受一定的价格折扣等等。一时间，借奥运促销作文章成了楼市的一大热点。

第五攻略：由内到外的挖掘潜力

通过制定营销总策略来挖掘项目的内在潜力，即项目建到什么程度可以开始销售，滚动方式是什么，需要立即回收的资金是多大比例，对采取何种付款方式，对各种可能出现的悲观因素予以充分考虑，对不同的项目采取不同的合理的投资策略，在此基础上结合自身投资实力，确定总体的销售策略。如销售组织的建立健全，销售队伍的建立培养，推广方式的选择组合，销售渠道的选择等等。另外合理地选择专业代理商，亦有助于加快售房进度，加速资金回笼。

1. 取长补短

最大限度的挖掘项目潜在优势，市场定位是相对的而不是绝对的，定位的目的，是使项目的规划设计、项目的销售有一定的倾向性，吸引目标客户。

（1）重新定位包装

通过对物业市场诉求的重新筛选，对居住生活的行为规律、喜好、社会特点等的分析，重新定位包装，使原本被低估的楼盘价值重新定位。完善建筑语言及规划设计方案，为项目后期营销推广打下了伏笔，做好充足地准备。建筑设计的要求应当是具体而详细的，在建筑上每一部分应考虑哪些因素，应该表现什么，项目要赋予的特色是什么，功能是什么，这些特色和功能如何体现，只有这个项目的开发者心中有数。营销阶段重新包装常用的几个方面：

1）对于住宅产品设计不合理的物业，整改设计缺陷；

2）对于设计较为落后的物业可重塑外立面；

3）对于功能设计不齐全的物业，如一些单体楼楼盘通过在沿街转角处，建造微型园林景观或简易运动设施，来达到完善功能的目的；

4）如果住宅产品设计出现致命的问题或是在政策、建筑结构、资金等条件允许，原有物业改变其用途有利可图的情况下，通过转换物业的使用性质，以达到利益最大化的目的；

5）通常采取相对应的方式有：改案名、重新制作楼书和案场装修等企划包装；

6）重新定位客户区域；

7）调整带客路线等等。

（2）概念包装

概念包装是促使项目获得成功的有效方法。楼市的概念炒作之风逐渐盛行，从亲水住宅到生态住宅，从 CBD 到中央形象区，从安居工程到国家康居示范工程等等，大有愈演愈烈的态势。概念炒作已是营销策划的常用手法，当然要摒弃"空头支票"或"挂羊头卖狗肉"的做法，而以实实在在的内涵做支撑，赢得客户。对项目重新进行概念包装，以全新的面孔展现在消费者面前。一方面，寄希望于消费者忘掉之前不利的楼盘形象；另一方面，全新的概念是楼盘的生命新源泉，能使楼盘翻开崭新的一页。

实战案例 1 **四川"蓝谷地"逆势炒作**
Combat case

四川蓝谷地一期推盘时，广告铺天盖地，令购房者闻风而动，内部认购当天200余套房子被抢购一空；仅两个月时间，一期近600套房子全部售罄。但是该楼盘二期推出之际，人们根据惯性思维，认为蓝谷地开发商照样会采用广告轰炸策略。结果令人大失所望，蓝谷地一个广告也没打，一切都悄无声息，房子却如风卷残云般被购房者收入囊中，很快卖光"打总结"，实现两期累计销售突破千套大关。

而且蓝谷地一期推盘的时候，正是国家出台的"房地产新政"开始施行的时候，整个行业都感觉到空前的市场压力，持币观望成为当时购房者的主要心态，众多楼盘要么放慢开发进度，要么推迟开盘时间。就是在这样的宏观形势和市场背景下，蓝谷地逆水行舟，逆市而上，果敢推盘。结果是，宏观形势的不利并没有影响蓝谷地的市场销售业绩，反而因其在特殊不利的市场环境条件下成功推盘，更显示出操盘者难能可贵的洞悉力和非同寻常的执行力。

1. 蓝谷地六大优势

理由一：规划优势 得天独厚

在城东，居住要素中的自然条件、城市配套都具有相对的优势。在自然条件方面，城东拥有平原城市最为稀缺的地理优势，拥有成都独一无二的浅丘地形；在城市配套方面，各级教育机构、医院、休闲娱乐设施、商业设施等等一应俱全。此外，在政府规划中，城东是成都市政府最用心打造的居住区域，把居住排在了城东发展的第一位，成为城东居住胜地的政府引擎。

理由二：区位优势 中产城东

蓝谷地位于中产人士聚居的城东，位于三环路内，将来是市中心通往成都东部新区的门户。城东作为今后城市生活"大观园"，必然改善蓝谷地未来区位环境，居住和投资潜力兼具。而蓝谷地处于城东的地眼位置，周边的自然条件优越和配套完善，享有城东最为便利、宁静的生活。

理由三：环境优势 生态自然

蓝谷地周边拥有成都三"最"：最大的城市公园，10平方公里的十陵历史文化风景区；最大的湖，1500亩青龙湖；最高生态环境指标，36%的绿地覆盖率。与蓝谷地一路之隔的就是体育公园。

蓝谷地自身拥有独特的浅丘地形，西高东低，高达15米的自然落差，使整个社区呈现出起伏不平的坡地形态，增加了坡地生活情趣。同时，蓝谷地拥有一个40余亩的市政公园，在社区内，设置有2个主题公园，20个主题景观，200个特色小品，4000平方米生态湖泊。在公园、绿化率这一生态居住方面，蓝谷地由内向外拥有绝对优势。当未来的公园建设成型时，这一优势必将在未来的区域同步增值中发挥重要作用。

理由四：交通优势 出入便捷

蓝谷地周围多条城市干道环绕。发达的交通网络使蓝谷地快速融入15分钟都市生活圈，15分钟到达都市中心区。蓝谷地目前有公交38路、56路、332路、343路公交车抵达。从蓝谷地出发，上成渝高速路只需要7分钟；到双流机场，待机场路东延线建好之后只需要15分钟。

理由五：产品优势 人居典范

蓝谷地以成都人居为项目理念，特别注重园林景观的均好性，加上"坡地＋水景"的独特规划，让人身处其中有移步异景的感受。6米挑高的错阳台及270度的转角飘窗，使得生活与自然相融，处处见景，风光入户。满足了人们对自然的渴望和追求，住在家里如入自然。蓝谷地不但从社区规划和产品上特别注重人居的打造，在细节的处理上，在建筑材料的应用上，也特别考虑了环保、节能的需求。真正做到了以人为本，打造宜人社区。

理由六：配套优势 生活便利

蓝谷地周边有完善的城市配套，如餐饮、娱乐休闲、金融、医院等能为业主提供完善的生活服务。同时川师大、电子科大、成都理工大学、川师大附属中学、成都七中育才学校等学府为居住城东的人提供了良好的教育环境。

2. 蓝谷地操作手法

纵观蓝谷地一、二期的市场营销，呈现以下两个鲜明的阶段性特点，即：

一期：广告轰炸，空中打击，依靠影响力取胜

蓝谷地的营销策略，无论是广告轰炸，还是渠道营销，都不同于传统的营销方式，自然有其独到之处。蓝谷地一期广告轰炸策略的创造性运用。

1）气势如虹，铺天盖地

几乎是在一夜之间，蓝谷地的广告就出现在成都的公交站台灯箱、户外路牌、报刊杂志上，强烈吸引了成都人的眼球。当然在其后的广告投放中，蓝谷地的广告投放从实际效果出发，适时进行了调整，几番变换策略，比如采取错位投放、分时段投入、不同强度投放等，在保持广告覆盖范围和影响力度的前提下，使广告效应得到延续和扩展。

2）独树一帜，个性鲜明

蓝谷地整个广告是一片深蓝底色，全城的蓝谷地广告汇成一道蓝色风景线，刮起一阵蓝色冲击波。蓝谷地广告以深蓝色作为主色调，其深意是，蓝色是蓝筹股，蓝色是品质的象征，蓝色还是城东地产板块新的基调。一抹蓝色，意蕴丰富，联想无穷。也许是受蓝谷地广告的影响，随后成都时兴起以大色块为背景的楼盘广告。先是时兴蓝调底色，最近，大红、洋红、玫瑰红等艳丽的色彩则成为多个大楼盘广告的主色调。

3）广告诉求，简洁明了

再次是广告诉求语"蓝谷地，一个好地方！"简洁明了，通俗易懂，朗朗上口，给人印象深刻，一下子就被广为传扬。与此相反，一些楼盘广告内容复杂又复杂，版面塞得密不透风，怕信息量少了，怕版面空白浪费了，结果没有主题，杂乱无章，实际效果一点都不好。

4）一切为了做出影响力

蓝谷地营销选择广告轰炸策略，不是简单地沿袭传统方式，而是操盘手李战洪独具匠心的精心选择。

二期：地面部队，渠道营销，凭借销售力取胜

二期的营销策略却是反其道而行之，只使用"地面部队"，暗中通过渠道网络展开楼盘营销，一个广告也不打，无声无息地就把房子卖完了。

蓝谷地把目光从媒体广告移开，投向渠道营销，走与专业机构合作的新路子。通过"整合深度，拓展宽度"，达到"提升高度"的目的。

接下来，蓝谷地与省内拥有最多楼盘营销网络的世家机构，网点布局最为广泛的顺驰、21世纪不动产，成都本土最具规模的二手房代理商富房置换、金丰易居等建立联动营销机制，形成紧密合作，把蓝谷地开发商一家做市场，变为众多代理商共同为蓝谷地做市场。与此同时，蓝谷地开发商自己并没有放弃对营销的掌控。专门建立了自己的大客户组，主攻政府机关和大中企业，把大客户紧紧抓在自己手里，以控制大局，防止营销失控。

二期销售期间，众多代理商的营销网点和开发商自己的大客户队伍，遍布成都市区，与购房者展开短兵相接的市场肉博。"蓝谷地"外卖场星罗棋布，象一张巨大的网络，滚雪球似地累积着客户资源。销售业绩直线上升。蓝谷地一、二期销售房屋累计突破千套大关，总销售面积达13万平方米。

尽管蓝谷地把二期营销交给了众多中介商，但并不依赖中介商，没有放弃对营销的实际控制，必须由自己牢牢掌握营销的主导权。这其中，机关、部队、企事业单位的大客户组发挥了举足轻重的作用。

"渠道整合，终端发力"，成为蓝谷地二期开拓市场的突出特征。各种营销渠道，通过整合纳入蓝谷地的大营销体系之中，无数触角直接与广大客户有效对接，从而实现终端发力，把逾以千计的客户揽入蓝谷地，成就了不做广告、悄无声息就把二期几百套房子卖光的奇迹。

蓝谷地二期渠道营销，取得良好销售业绩。但从二期实际成交量来看，通过二手房中介商卖出的房子还不到20%，80%的房子还是开发商自己销售的。

（3）"缺点"变成"特点"

从市场中寻找突破，将平常人所认为的"缺点"变成"特点"，变废为宝。缺陷楼盘的营销策划一般要从三个方面来为销售造势：

1）从楼盘自身的硬件着手，看地段、房型、配套、环境等有没有值得大肆宣传的优点；

2）从楼盘的"软件"着手，在物业管理、销售服务等方面为楼盘创造一些亮点，增加附加价值；

3）如果改造楼盘的软、硬件配套的成本过高，只有运用独特的宣传攻势和最后的价格武器。

2. 制定强有力的营销进度控制方案

对于项目的营销进度，要有一个明确、系统的计划，对入市的时机和姿态、广告的推出与广告策略的变更、人员的培训与调配、资金回笼的速度与安排等一系列的事项，要心中有数。房地产营销是一个复杂的过程，必须对营销过程有一个清醒、准确的预测，努力把握营销进度的节奏，使各项工作得以有条不紊地展开。

进行全面的销售策划。已经有了销售策略，为什么还要做销售策划？之所以确定销售策略，是为了制定好营销进度方案，包括工程进度在内。而具体的销售计划，到底怎么去做，创造哪些卖点，各卖点运用什么手段、方式、媒体与买家广泛沟通，吸引人们注意、认可，并且在展销会或大规模推广时，达成实际销售，都是销售策划的内容，具体有以下几点：

（1）做足市场调查

销售策划中要再展开一次市场调查，随时掌握市场动向。这时的市场调查与前面的不同，这时要调查买家对竞争对手有哪些印象，目前市场有哪些反应。一般而言，在今天的市场中，研究对手是最简捷有效的研究市场方式，在这种情况下可以立刻拿出一些具体的、眼前具备的措施，进行具有针对性、策略性、技术性的目标阶段的市场分析。

（2）关键是价格制定

价格定位这是房地产营销中最关键的工作，定位过高或过低，直接影响开发商的利益及销售成果。一个项目的价格定位可以分阶段进行。第一期的市场反应很好，第二期就可以适当提高销价，这样依市场反应逐期提价，直到达到一个较稳定的销售状态，这样既可使开发商取得最大收益，又不致影响销售过程。但是切忌起价过高，一旦开始销售时起价过高，造成销售不畅，再想把价格降下来很难。因为楼盘怕跌价，如果开盘价与后来的价格形成跌势，就会使买家产生不良印象，认为楼盘有缺陷，所以价格定位应是动态的价格定位和价格策略，尤其对大型小区，有时宁可牺牲一些利益，把价格限制在某个范围内，以保证全盘利益。

（3）控制销售节奏

控制销售节奏对于规模较大的项目，要有细致、严格的销售节奏控制，以利于对不同的价格、楼层和户型的掌握，避免发生不利情况。同时，适当地控制节奏有利于维持人们的购买热情，掌握销售的主动，更好地吸引客户，保持销售形势的稳定和一致。

开发商往往会把好卖的房源以"售出"示意，一方面表示该楼盘的"热销"，另一方面作为销售策略的实施先去化较难卖的房源，对于剩下好卖的房源，销售压力就会减少。用公开销售的模式取得消费者的信任，进而利用消费者的从众心理，人为造成房源紧张的假象，把不易去化的房源先推出，到最终达成销售率100%的目的。

（4）把握入市的时机与姿态

即利用一个很好的时机，适当的方式，使项目推出受到广泛的关注，给人留下印象。

（5）良好的宣传推广体系

项目的宣传、推广要有系统周密的策划，利用巧妙的媒体组合、公关组合紧密配合，连续不断、有计划、有节奏、一气呵成地推出项目的形象、气势，以达到最佳的效果。

（6）集中销售

一般来说，周一至周五的客户来访量会比较少，而且如果这个时候去促成，那只是点上的促成。所以最好不要让客户在周一至周五的时候过来。一般工作日时间，可以将大部分时间用在电话邀约老客户、行销客户参加周末的活动上，另外还可以出外拜访,邀约品牌式分销、媒体、合作分销商等客户。而把这些客户集中邀到周末的活动，利用周六、周日现场活动的热闹气氛进行集体促成、可以大大的提高成交数量和胜算。

3. 扫尾销控很重要

销控是实现项目利润最大化的捷径。房地产与其他消费品不同，房地产生产周期很长，市场需要变化后供给是不可调节的，只能以销控来实现微调。一个项目开盘即一抢而空不是一件好事，只能说定价偏低，并没实现利润最大化。

（1）后继上扬的价格控制

价格定位是房地产营销是最关键的工作，定位过高或过低，直接影响开发商的销售成果。

一个楼盘在开盘初期，起价不可过高，一旦开始销售时起价过高，造成销售不畅，再想把价格降下来很难。在房地产行业有个潜规则，即买涨不买跌，楼盘跌价，会对消费者产生不良印象，认为楼盘有缺陷。在经过市场稳定后，即可适当提高销价，再依市场反应逐步提价，以达到稳定的销售状态。

（2）好货奇居的房源控制

在楼盘销售过程中，不可将楼盘所有房源一哄而出，应根据销售进度分批、适时推出不同房源，原则是略有缺陷但价格便宜的房源先出，朝向好、户型方正的房源后出，使差房、好房各适其主，避免中后期差房积压，出现冷场。

（3）促销控制

不局限于折扣让利、赠物抽奖等促销方式，可考虑带租约一起出售的营销方案，或旧房置换，抵充房款等促销控制。

（4）客源控制

以优秀服务和承诺不断兑现赢得客户信任，创造口碑市场。

（5）广告控制

广告投放要依据销售进度次第展开，各阶段实施不同的广告方案，分步序制造高潮，确保市场恒温。

第六攻略：低成本策略

低成本营销是指企业在提供相同的产品或服务时，通过在内部加强成本控制，在研究、开发、生产、销售、服务和广告等领域内把成本降低到最低限度，使成本或费用明显低于行业平均水平或主要竞争对手，从而赢得更高的市场占有率或更高的利润的一种竞争战略。房地产低成本营销是在建设房地产企业品牌的基础上，将成本控制贯穿整个房地产开发过程，利用专业的研发、管理、推广手段，使房地产产品个别成本低于社会平均成本，从而达到提升房地产利润的目的。

就目前的房地产市场营销而言，无论是概念营销还是综合营销都以巨大的成本为前提，以注重房地产质量，降低房地产成本为基础的房地产低成本营销将是未来我国房地产营销理论发展的必经之路。房地产开发是一个复杂的过程，要经历选地、前期策划、方案设计、相关手续的办理、开工建设、销售、宣传和物业管理等多个方面，这其中每一个环节都很重要，每一个环节都需要做细做好，才有可能在每个细节中做到低成本战略。

1. 主打短信广告

在目前经济不景气、房地产市场低迷的情况下，如果投入大量广告经费，即使达到预期效果也会造成公司销售成本的增加。所以，如何使用最低广告费用，来达成最高销售目标是媒体策略的基本原则之一。基于上述原因，建议大胆放弃报纸媒体的宣传方式，主打手机短信、户外媒体和现场派发销售。

相对于传统的媒体，手机短信息群发具有以下特点：

（1）短信收视率高，覆盖面广；

（2）短信发布快速，阅读率高；

（3）短信成本发布低；

（4）短信发布对象的含金量高；

（5）短信形式新颖。

相关链接 **地产短信广告集锦**

　　公司城南品质标杆–*公寓应市加推花园洋楼5200元/平起，两成首付最低5万，尊享公积金贷款，持本条短信更多优惠！询8*****8。

　　美林湖畔压轴楼王--宫园。公园里，地铁上，大湖边，8月4日起限时vip客户登记，限量97折。热线320600**。

　　8月13日百名瑞典友人登陆南国花园，作为"哥德堡号"访穗为以高尚体验社区南国推出珍藏80、108平米现楼单位，均价8800！382097**。

　　"南国杯暨'哥德堡号'访穗精彩瞬间"摄影赛在南国花园开赛了！投稿截至8月16日，奖品丰厚，诚邀参与。详情咨询382980**。

　　白云山畔绝版9层电梯洋房"云岭秀色"81~139平方，广远中白云大道交界。惊喜价，限时96折，春节前入伙。利海托斯卡纳周六举行"迪士尼欢乐夏令营"，精彩游戏、丰厚奖品与您共度周末。南湖山景150~300平米洋房同期热推。热线：362800**。

每年的5月19日，啤酒节将带着久违的豪迈气质与狂欢气氛隆重登场。19日，瑞泽源·一里洋房将为您带来啤酒节盛宴，现场畅饮自酿黄啤、黑啤、鸡尾酒、品尝西式炸鸡、汉堡。当日2#、5#亲地洋房新品盛装上市！欢迎光临品鉴。

生活在欧洲，瑞泽源·一里洋房亲地美墅新品种即将面市。面积100~150平方米。洋房热线：*******。

法国普罗旺斯，紫色熏衣草的故乡，拥有着画册上难以描绘的景致，5月1日，欧洲小镇【瑞泽源·一里洋房】为您带来普罗旺斯紫色浪漫盛宴。

瑞泽会成立暨2007欧洲生活年之"梦巴黎、魅力夜"于7月29日17：30在一里洋房现场绽放，邀您共享浪漫夜！热线38**999。

让您久等了，龙腾华景VIP卡内部认购火爆进行中，购房优惠最高可达7万元，看房还有精美礼品，看房专车往返银座与现场，VIP专线：*******。

天冷了，和爱人、孩子一起回家！12月30日一里洋房1期温馨入伙，让家温暖您的寒冬，即日推出115~160平方米院落大户类。

城市快讯：今日新股，回报、分红、增殖、中山第一投资潜力股，七十年牛市，五一正式公开认购。华鸿国际会馆******。

俱乐部快讯：五一黄金周期间，阳光100国际新城西园11号全景临湖公寓全面发售。天津知名摄影家优秀作品展亮相阳光100生活馆。23******。

顺驰地产：会员推荐购买中央特区者活动期间享双重积分。五一特区举办系列活动，参加者获积分2分。5.1日14：30美食品尝及积分兑奖；2日9点现场抽奖。

时代奥城峰景组团（毛坯）本周六上午十时盛大开盘庆典，各种时尚趣味活动敬请参与并有礼品赠送，当日购房更有多重惊喜优惠。详情垂询85******。

尊敬的移动客户，您好！由×××房地产开发的×××项目经过重新定位包装，将于06年5月28日隆重推出，届时我们将在美丽的未名湖畔举办"生活奥斯卡"大型奢华生活方式秀，欢迎致电垂询！

2. 传统媒体适量投放

随手翻阅身边的报纸，几乎都能看到楼盘广告，报纸广告可以说是房地产借势营销的第一武器。但在市场环境欠佳的情况下，电视媒体和报纸媒体因费用较高，所以可以考虑缩小其广告投放量。

报纸广告做为新闻炒作第一武器，还是极具魅力的。地产营销目标消费者相对集中，价格、配套、个性及设计等方面各不同，会对不同消费者产生吸引力。当一个楼盘市场认知度不高、自身条件不优时，要想在市场占有一席之位，则应该选择目标客户经常接触的报纸媒体投放广告，把楼盘的信息通过报纸广告的形式有效的传递给目标客户，既树立楼盘形象，又对楼盘进行了宣传，为后期营销达到高势能提供重要的作用。

由于房地产是一个具有区域性特征的产品，为了降低成本，在对楼盘进行项目推广时，报纸的选择应该是当地的，主流配合一些非主流，进行间断性的投放。广告的运作也应考虑项目自身的定位，广告投放做好目标受众的针对性，不打盲目的"广告战"，既节约费用开支，又达到良好的效果。

3. 户外广告及其他媒体

在销售中基本以户外看板、公交广告、引导旗来吸引客源，在现场派发海报和DM并由销售人员解说项目概念和它所营造的一种新生活来引起消费者的兴趣。

由于户外广告的受众更具针对性和良好的形象感，往往在房地产广告中占据极其重要的地位。弱市项目在对其进行选择的过程中主要注意选准投放媒体。户外广告的载体有灯箱、看板、条幅彩旗、车身广告等不同形式。是单一投放还是交叉投放，都应根据项目的具体情况而定。一般是对多种媒体进行交叉投放选择。

与大众媒体相比，辅助媒体具有更强的针对性，其在对楼盘的宣传推广中起着尤为重要的作用。辅助媒体主要包括楼书、单张、DM、宣传小册子等不同形式。在对项目进行促销的过程中，辅助媒体起着不可替代的作用，可以让项目更好地抓住市场消费者的心。

特别是现房的目标客户大多就在项目的周边，就更没必要在大众媒体进行宣传，主要采用路牌、横幅等方式等吸引周边客户前来看房，并在他们经常出入的地方举办促销活动，这样可以以最低的广告费，取得最好的销售业绩。

4. "以旧带新"策略

在市场出现微小的机会，就必须利用；发现微小的利益，也必须力争。在楼盘销售当中就更应该善于把握微小的机会，利用已购客户的自身的社会关系来介绍客户，并以赠送礼品、免半年物业费等方式给予已购客户作为介绍新客户的奖励。

第七攻略：渠道为王

在过去房地产业蒸蒸日上的年份，"渠道"是不被开发商过多考虑的。但是，在现如今市场大背景极度低迷、销售额急剧下降、市民观望情绪浓厚的大环境下，常规的营销渠道不管如何整合，如何打组合拳，都很难在营销上实现突破。于是，渠道再次被提上了台面。

房地产开发商、投资商、代理商，如何通过有效的策略和渠道组合，在有限的市场，实现最大化的销售？如今，销售的渠道增多不少，包括直销、网上销售、代理销售、异地营销等，地产销售进入了一个全新的渠道时代。

第一种：在线营销中心

随着互联网时代的到来，一些大型的房地产网站纷纷推出在线营销中心，并且联合知名房地产开发商进行网络销售，即集文字、图片、视频、三维等多种展示手段为一体，与现实生活中的第一售楼处呼应互动，形成完整的"传播——营销——服务链"体系。

2008年北京几十家房地产开发公司纷纷在新浪房地产上创建网上视频售楼处，紧锣密鼓的展开了网络营销，其中不乏富力等这样的一线开发企业。从11月开始，楼市一直都处在一种观望和胶着的状态，很多房企的资金链告急，资金快速回笼的愿望十分强烈。开发商在传统推广方式的基础之上，也在寻找新的营销突破点。于是，继房地产经纪人之后，众多房地产开发企业也加入到了在线营销的行列。几十家房地产开发公司纷纷在HomeV视频看房网、新浪房、房龙网创建视频售楼处，比如，北京富力、SOHO中国、星河湾、北京华瀛置业都是第一批这种整合营销的受益者。

这种声画并茂、生动具体的展示方式很受经纪人和购房者青睐。目前许多知名地产经纪公司都构建了网站、博客，使得网上营销手段日显多样化。随着 WEB2.0 理念的兴起，互动功能逐步引入该领域，经纪人纷纷从幕后走到台前。

（1）网络营销的四大特点

有调查表明，超过 75% 的消费者购房前会上网进行信息的查询。以网络和房产结合比较成熟的美国为例，其本土的房地产网站"家居顾问"列出的待售量约占全美房地产销售量的 20%。而在国内，这一趋势也在重新演绎。互联网带来的网上选房、售房、购房，直到装修、家饰乃至生活，就像一个明确的风向标，指引着房地产发展。

有需求就有商机。正是看到了在线营销巨大的市场前景，房地产网站在在线营销服务方面的投资也在不断加大。这种新型的营销方式简化了买房卖房的过程，通过网络视频直观、持久地向购房者进行楼盘的宣传、推广，填补了从楼书广告到现场售楼之间的空白，实现信息的畅通无阻。在销售淡季，将成为一个不可或缺的营销方式。

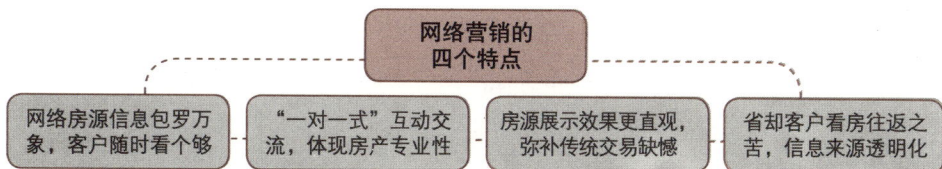

网络营销的四个特点

| 网络房源信息包罗万象，客户随时看个够 | "一对一式"互动交流，体现房产专业性 | 房源展示效果更直观，弥补传统交易缺憾 | 省却客户看房往返之苦，信息来源透明化 |

（2）网络营销的四大核心优势

网络营销为项目打通网上营销渠道，拓展在线销售的房产电子商务平台，其四大核心优势是：

1）互动技术畅享体验

真实还原购房流程，全面升级售楼产品，整合游戏、交互、楼书等技术，体验式营销。

2）管理平台自主发布

为购房者带来自主沟通模式，同时也第一时间为项目提供接触目标客户的黄金机会。

3）精准渠道锁定目标

搜房网、搜房引擎、NREE网上房展三大平台打通全国推广渠道。

4）整体服务全面支持

由搜房全国技术支持中心护航，同时看房团、团购等线下活动全面支持。

（3）网络营销的六大功能

网络营销真实还原购房流程，全面升级售楼产品，使购房者得到互动营销体验。具有以下六大功能：

1）视频播报

搜房网是唯一获得网络视听许可证的房产类网站。帮助项目制作介绍视频、楼盘宣传片以及样板间实景等在线放映，给人以直观感受。

2）网上沙盘

这是在线升级版的互动沙盘，虚拟场景中包括楼房、绿地、树林、雕塑、商务会所、人工湖、停车场、游乐场等实体，形象逼真。它不是一个静态的世界，而是一个开放的互动的小区环境，而所有这一切，只需要你轻轻点一点鼠标就可以实现。

3）全景展示

用户点击本栏，通过鼠标操控，可以看到360度全景效果，全面展示项目每一个细节，在线看到真实户型场景，立即享受身临其境的看房体验。

4）体验楼书

体验楼书整合了图文点播、动画、视频以及虚拟现实等技术手段，全方位、直观并且深入的展现楼盘项目品质及特色。"体验楼书"正式上线之后，有购房意向者可以在线阅读并下载收藏，足不出户即可以置身项目之中身临其境地了解楼盘项目。

5）在线顾问

通过这个系统，可以即时实现客户与销售人员面对面交流，购房者可自主选择销售顾问进行在线售楼咨询及沟通。这样，售楼处将不再有"孤独"的客户。

6）在线订房

每一个项目的用户管理中心都有强大的在线订房及看房报名功能，可以实现网上客户聚合。

经过前面几个功能模块，购房者对项目已经有了充分的了解，那么，可以进入在线订房系统，填写个人资料在线上预定想要的户型了。为了让购房者更直观地了解户型销售状况，在这里，我们还能看到销控表系统，真正实现信息透明化。

小户型白领公寓网络行销推广方案

一、完成"不可能"的任务

众所周知，房地产行业是资金密集的行业，房地产的营销推广同样需要大手笔的投入，市场推广及广告费用动辄就是几百万、上千万的资金。这笔资金的支出对大开发商来说并不成问题，但对某些小型的开发商特别是资金实力有限的开发商来说，就是一笔天文数字。但是本案的推广方案，却是用仅有的10万元去撬动房地产的需求市场。将这种不可能的任务化为可能。

该小户型白领公寓位于广州东部，处于广州"南扩东进"的热点开发地段，离市中心大约20分钟的车程，位置优越。在其周围有几个大盘环绕，其他开发商也虎视眈眈图谋加入，该地段还有不少楼盘正处于建设或待售阶段，S公寓所面临的压力不小。

二、准确定位，剑走偏锋

经过项目的仔细论证与研究，将白领公寓所定位的是面向23岁——35岁年轻人的纯住宅楼，目标客户具有如下特点：年轻、高学历、有一定的收入基础，对生活充满想像与激情、喜欢自由自在的生活氛围，性格外向、喜欢与人交流，崇尚旅游，对生活有自己独特的看法。在对白领公寓的目标客户群的性格及外在特征进行总结的过程中，一种最能概括这种性格特征的人物形象逐渐在我们脑海中清晰起来——布波族。

小户型白领公寓＝布波族诗意的栖居地＝幸福生活＝自由＋财富＋经过思考的生活。这条长长的等式就是开发商此次市场推广方案所要围绕的核心，这份市场推广方案将全程在网络上进行。开发商选择了一家在广州地区最具影响力的门户网站，实施了他们的计划。

1. 目标客户群圈定

（1）公寓的性格特征

公寓是一种完善配套的精致小户型，不仅能完全满足客户生活上的各种需要，也能满足客户的精神需求。

公寓是一种诗意的生活方式，代表了自由、独立、文化……

公寓是一种个性化的存在,处处体现匠心独运的艺术品味与人文关怀。

(2)主要客户群的性格特征

追求生活的品质,既追求高的物质享受也追求有品味的精神享受。

要求个性化的生活空间,拒绝千篇一律人云亦云。

对生活充满浪漫美好的想像,愿意为自己所追求的生活不断努力。

(3)市场推广方案

策略一:寻找目标客户群,引发目标客户群注意

① 在网络上发布如下消息:寻找布波族——如果你符合以下任何一项条件,请与我们联系:

A. 你买冰箱时,取决的条件是够酷而不仅仅是能够冷冻吗?

B. 你在那种许多人都穿戴着登山鞋和滑雪眼镜,或者经常有人标新立异地穿着奇怪的服饰来上班的时髦公司工作吗?

C. 你会忽然有一天放弃目前的工作,跑到一个边远的地方自由自在呆上一个月吗?

D. 你是否觉得就算一辈子独身也不是件什么大不了的事情?

E. 你是个无神论者,但忽然有一天遇见一个你所爱的人,你又觉得这完全是神的恩旨?

F. 你是否会觉得如果居住的空间体会不到生活的诗意是一件让人忍无可忍的事情?

G. 你是否觉得住在千篇一律毫无特色的住宅里是一种精神折磨?

如果你符合以上一项或多项条件,恭喜你,你已经是一名典型的布波族了。我们将敞开我们温暖的双臂来欢迎你——只要你填好如下表格,邮回对应的邮箱,我们就会有专人与你联系。你将获得的回报是:

a. 免费从化一日游。b、参加公寓的布波族联盟开幕式。c、获得精美礼品一份。

② 开展"广州最酷十大布波族"评选。参赛者寄上相关的资料,详细描述自己做过的一件自认为是最酷、最有诗意、最有个性的事情或生活体验,最后由相关人士评定。中选者被授予21世纪布波爵士称号,更获得公寓的购房九折优惠及其他丰厚礼品。

③ 公寓主办,在门户网站上开设专栏:21世纪新模式——布波族与诗意生活。此专栏可以是专家论点,网友讨论,也可以是有奖征文。

策略二：推广公寓品牌形象，博取目标客户群好感

①在门户网站上开展"诗意生活你决定"，列出公寓将设置的各种生活配套，向目标客户群征集这些生活配套的最酷名称或最富想像力的设计图，入选者获购房优惠或现金奖赏或礼品馈赠。

② 由公寓赞助，门户网站支持，开展"青春活力布波族，健康诗意好生活"登山活动，组织一批目标客户竞登韶关丹霞山。

策略三：建立公寓品牌价值，刺激目标群体购买欲望

① 在门户网站上开展"住得透明，活得诗意"自我价格剖析活动。一反其他房地产开发商对楼房成本与利润讳莫如深的做法，公开公寓的各种成本购成：土地、建筑成本、配套成本、管理成本等。以理性说服的做法给布波族们一个明明确确的居住理由。

② 以一个虚拟公寓住户的角色，在门户网站进行"爱在诗意的翅膀上飞翔——一个布波族的生活自白"故事连载，以煽情、浪漫、富于鼓动性的文字全方面描述作为一名公寓住户的诗意生活，引发其他客户群的购买欲望。

③ 鉴于目标客户群对FLASH动漫的爱好，可以制作精美的题为"布波族的幸福生活"FLASH动漫，以图文并茂的形式，通过虚拟人物与虚拟图景的介绍，体现幸福生活＝自由＋财富＋经过思考这一核心概念，向客户展示购买公寓的生活价值与现实价值所在。

第二种：网络团购

房地产市场整体投资幅度的回落，房产交易量的差强人意，房价上涨由急到缓的演变，充分证明房产新政已经发挥了应有的效应。随着房产新政对市场作用力的持续释放，房地产销售模式正围绕市场内核的转变而出现新的嬗变。

地产网络团购模式正是在这一背景下应运而生，也正是因为房地产市场在房产新政作用下暂时的平衡，让地产网络团购模式有了切实可行的基础和足够的操作空间。

从开发商的角度来讲，网络团购模式可以在一定范围内降低开发风险，减少经营成本，有效地维护了资金链的安全。并把节省的一部分费用，以降低房价的形式返利给消费者。与此同时，从消费者角度来讲，能够在市场上购买到价格比较便宜的房屋，是最吸引人之处；况且业主们的提前介入，有利小区日后的管理、维护等。

组织和参与地产网络团购活动，需要把握好几个方面的问题。

1）消费者一定要利用自身的集体优势，在房价上有所突破，这是地产网络团购的关键所在。

2）消费者在组织、管理、运作上必须严谨，做到步调一致，这样才能在房屋团购时，争取到最大的利益。

3）在地产网络团购时，遇上对合同条款有争议时，应站在有理有礼有节的立场上认真处理。

目前，地产的团购模式在上海、北京等一线城市已经广泛铺开。

相关链接 **北京楼盘网络团购悄然发展为新型模式**

2008年的中国楼市，出现了全线低迷的情况，不仅各大中城市房价开始下跌，销售量也呈现直线下滑趋势。然而就在如此萧条的市场背景之下，北京2009年有多个楼盘却实现售罄。其主要原因都是采用了网络团购的方式，促使楼盘现场销售场面异常火爆。网络团购正在悄然成为一种新型的购房模式。

由于团购的价格较低，而成为购房者最大的吸引力，这样的价位在周边的项目里都是非常有竞争力的，而一次性大批量的购买也使得开发商实现快速销售，达到迅速回笼资金的目的。

这种销售方式，使得多年未曾见过的北京房地产市场上出现了难得一见的 "炒号" 之风。在运作过程中，团购从选房到认购、签约严格执行实名制，并且要求已选房客户在团购资格确认单、认购书及商品房预售合同三份文件的签署姓名一致，这样就确保了整个团购过程中的良好秩序。

1. 金都心语

该项目位于东四环黄金地段，属于CBD核心区。项目楼座位于金都杭城社区东侧，主力户型均为50平米左右/套，全精装。南塔4梯20户，标准层3～15层；北塔 6梯24户标准层3～21层。南塔与北塔均奇数层相同户型，偶数层相同户型。户型面宽4米。户型面积：户型平均50平米/套。

2008年12月6日，搜房"暖冬行动"金都心语二次团购再掀京城楼市"购房潮"——2小时内，208套房源全部售罄，成交金额破亿。加上2008年11月22日金都心语团购，两次活动共有3386名搜房卡会员参与，现场成交468套，成交金额突破2亿。

2. 悦溪二期

悦溪公寓作为润泽庄园(百万平米别墅社区)的二期，即拥有自身的独特生态资源，又天然共享了别墅区所有的环境资源。悦溪公寓占地面积13万平方米；其中，地上建筑面积22万平方米，地下建筑面积15万平方米，容积率为1.6，创区域新低，绿化覆盖率达50％。人均绿肺拥有率是北京平均值的10倍，所以，它给人的第一印象是绿绿的。

该楼盘同样也是采用搜房网团购方式，于2009年1月20、21日两天开盘推货252套，基本售罄，成交金额破两亿。数百搜房卡会员到场认购还可以领取搜房卡会员精美礼品。

3. 文成建筑

文成建筑，紧邻三环主干道，快速连接南二环和南四环，由京津高速、环线快速路便捷通达CBD、国贸商圈及首都各核心区。项目所在位置属京津门户热点——方庄成熟区，区域升值潜力巨大。总面积约10万平方米，由4栋14～18层的高层板楼组成，2梯2户，主力户型为奢适2居和舒阔3居，套型面积集中在110～170平方米之间，南北通透。

经过1个多月的召集和2009年2月11日在搜房网上的独家网络摇号，东南三环新盘文成建筑于2009年2月14日情人节当天启动了正式选房活动。作为搜房网"迎春行动"倡议发出后首个独家团购楼盘，文成建筑提出了"零风险入住"，以"准现房"、"万元团购"的双重诱惑吸引了519名搜房卡会员来到现场。经过一个上午的选房活动，本次开出的136套房源全部售罄，成交金额超过2亿。

第三种：直复营销

　　房地产直销模式是将直复式营销理论应用于房地产销售环节中所产生的一种营销模式。根据美国直销协会给出的定义，直复营销是指一种为了在任何地方产生可度量的反应和达成交易而使用的一种或多种广告媒体的互相作用的市场营销体系。

　　在地产行业，直销已经不是一个全新的概念了。在西方，直销已成为地产行业普遍采用的销售模式，地产顾问与寿险、汽车业务员一样，是最典型的直销业务员。美国著名的地产经纪人汤姆·霍普金斯就是地产直销的成功典范，他曾经运用这种模式平均每天卖出一幢房子，真正实现商家与顾客的双赢。在国内，深圳、北京等城市已经率先对地产直销模式进行了尝试，并取得了不俗的市场实效。

　　这种新型的房地产营销模式具有以下六个优势：

优势一：实现了开发商与客户的双赢

　　通常来说，开发商通过报纸广告向市场发布项目信息，报纸广告的费用较高，且报纸的目标受众绝大多数并不是高端产品的目标客户群，于是分摊到单个客户身上的营销成本是相当高的。而地产直销模式的基础性环节是市场细分，在这个基础上，直销人员直接面对目标客户群进行产品的推介，极大地提高了营销投入的利用效率，有助于节约大量的营销成本。房价也因此而减少，项目的性价比更高，对消费者来说得到的利益更多。

优势二：增加了买卖双方沟通的机会，让开发商更了解客户的需求

　　传统的沟通方式——报纸广告，只是单向的信息交流，开发商不会了解客户在看过广告后对项目的评价和兴趣，同时也没有机会向目标客户充分说明项目是如何满足其个性化需求的。而直销模式为每个目标顾客提供了直接向直销人员反应的渠道，开发商因此可以根据客户的意见不断地对产品、服务多个方面进行完善，更好地适应市场需求。

优势三：真正实现了个性化服务

　　别墅的目标客户群具有同一般住宅产品的消费者不同的特征。他们社会阅历丰富，在工作单位有一定的影响力，且往往惜时如金，需要个性化的更加周到的服务以方便

购买过程，并体现其身份和地位。直销模式恰好可以做到这一点，能够充分的满足客户的个性化要求，客户可以选择自己习惯的方式获取项目信息，在方便的时间和地点与 VIP 客服人员详细的交谈，选择空闲时间在 VIP 客服人员的陪同下去园区看房，这些服务都是广告和坐销人员无法实现的。

优势四：让销售工作的效果更加可控

通常，开发商与客户的沟通都发生在售楼中心，然后由售楼人员定期进行电话回访促使客户成交。这种销售方式下，开发商与客户的沟通时间和场合非常有限，对客户的经济状况、职业、对居住环境的要求等因素了解得不够深入，从而影响了对客户购买意向的判断。而直销模式下，VIP 客服人员与客户的接触机会较多，更容易与客户交朋友，得到客户的信赖，因此对客户的需求及购买决策过程了如指掌，甚至可以知道客户何时会去看房，何时会成交。同时，客服人员将每个客户的跟踪服务情况登记入库，便于销售部门对未来的销售状况进行预测，更好地控制销售过程。

优势五：有助于唤醒和实现客户的消费需求

正如许多保险购买者在见到保险推销员之前没有意识到自己需要购买保险一样，许多高端产品的购买者沉浸于繁忙的日常事务，看报纸时偏重于时事和自己感兴趣的内容，并没有被报纸上的广告所打动。直销队伍就像保险推销员一样，主动与客户联系，寻求机会传达项目信息，让目标客户意识到自己真的需要这样一种产品。另外，对于那些有意购买的客户，常因为缺少时间而难以实现这个愿望，直销模式提供的个性化服务，让意向客户有机会方便省时的完成购买过程。

优势六：有助于提供优质、全面的客户体验

经济发展的演进已从过去的工业经济、服务经济走向现阶段的体验经济。在"产品经济"时代，产品生产出来就能卖；到了"服务经济"时代，产品的同质化状况越来越严重，需要服务加以支持；在现在的"体验经济"时代，产品和服务让位于感觉的"价值"，以满足"感觉"需要。在我国目前的房地产市场中，不同的产品正经历着不同的经济形态，而高端产品最有资格率先进入体验式经济的阵营。全面客户体验的概念就是高质量的产品＋优质的服务＋方便的过程，而地产直销模式最适合提供优质的全面的客户服务体验。

第八攻略：将心比心，坦诚待客

房地产产品不同于其他商品，它的每一次购买行为，都可能会影响客户的终身，我们只有从客户角度主动分析我们的目标客户，才会使我们的房地产营销活动做到有的放矢。

1. 细节决定一切

我们已经生活在"细节经济"时代，现在的地产营销越来越走向专业化。正所谓："事无巨细"，细节已经成为企业竞争的最重要的表现形式。在房地产市场竞争日益激烈和购房者日益成熟的今天，房地产市场竞争也由营销时代向产品时代回归。关注细节，客户至上，才是决定一个房地产项目立于不败之地的制胜法宝。

地产界经历从粗放到精细，从叫卖到经营的发展过程。在竞争日渐激烈的今天，细节时代已经到来，从区域细分、客户细分到功能细分愈趋深入，人本主义思想开始体现。无论是产品设计上，还是住宅开发，又或者是物业服务细节的姿态，无疑都是开发商塑造自身形象，搭建富有感染力的品牌特色之路。

（1）区域细分

通常做法是通过软文、广告、炒概念、炒规划等方法，将区域的优势不断地被突显出来，把个案所在区域的整体档次先拉高，最终目的是减少个案的市场风险同时也增加个案的利润空间。

（2）客户细分

今天的市场已经告别计划经济的时代和商品短缺的年代，进入到真正的买方市场，消费者的个性化需求成为引导消费的主流。那种依靠单一产品打天下的时代已经过去了，纯粹满足客户基本功能价值需求的产品已经难以打动消费者那一颗颗挑剔的心，他们需要的是能够让他们一见倾心，爱不释手的产品，而不同的人的需求是不同的，因此要想依靠一种产品满足所有消费者的需求显然是不可能的。

因此战略营销强调对客户进行精细化的细分，这里讲的精细化是区别于传统的基于客户表观特征（性别、年龄）的细分方法，战略营销的细分标准是客户需求，根据需求的不同划分客户群。

同时企业的资源是十分有限的，每个企业的能力都有其特殊性，而且不同的企业，他们的资源状况是不同的，企业能够对客户群提供的价值也存在一定的差异。因此并非所有的细分客户群都是企业的目标客户群。

选择目标客户群必须遵循的两条基本原则

如果没有足够的能力，不要试图定位于所有的客户群，那样只会分散企业有限的资源

不一定最有价值的客户就是企业应该定位的客户群，只有最适合自己能力和资源的客户群才是最好的细分客户群。要尽量避开强势竞争对手更适合的客户群，除非要通过竞争吞吃竞争对手

（3）功能细分

从功能设计上看营销手法无处不在，重视绿化、增加智能化设施、集中供热和供饮用水、建设底层架空、错层、大采光凸出窗台、阳光客厅、可移动透光屋顶开井、自动报警系统、架设空中走廊、提供网络服务、营造知识家园……

2. 柔性营销

所谓柔性营销，是指适时灵活地调整营销活动适应并满足个性化需求的一种营销方法。不仅是一种技巧更是一种态度，这就是柔性营销不同于以往任何销售方式的核心。

在房地产营销活动中，柔性营销"不是卖房，而是帮你买房"，售楼人员是时刻想着的是如何帮助客户，把客户的注意力吸引到楼盘或服务上之前，把产品展示给客户、强调你的楼盘或服务是多么地具有优势。用他所掌握的知识帮助置业者达成他们的目标，在服务中实现销售。这种营销方式显得置业顾问不会那样急于成交，而是耐

心地去发现客户想要什么，最关心的是什么，以及客户试图达成什么目标。那么如何实现柔性营销？

（1）每个客户的独特性

客户经济收入、购买动机、文化水平、社会角色、社会层次、民族属性、宗教信仰、生活区域、家庭地位以及年龄、职业、生活方式、个性、兴趣等不同，其住房需求和关注点也不同，即使是住房需求，在心理需求上也还有生理、安全、社会、自尊和自我实现等多种需要。即使两个客户处在相同的激励状态，具有相同的购买目标，由于受周边主客观因素影响的强度和原因不相同，社会经验不相同，对楼盘的认知也不尽相同，其购买心理也不同。不同客户对价格、环境、外观、位置、便捷、配套设施、建筑风格、户型结构、面积、层次、朝向、建筑形式、付款条件、优惠措施、交房时间、品牌、社区保安、开发商信誉等的关注点也不同，即使同一个客户对不同楼盘关注点也不尽相同，因此，认识到每个客户都是独一无二的，不同客户都可能有各自不同的关注点，而且趋于多样化，使他们实现各自的目标是很重要的。

（2）成为客户的朋友

对大多数客户而言，"买房是一种煎熬"：频繁的看房、反复的比较、别人的忠告、艰难的抉择……，最后的决定，往往取决于你给他们一个决定购买你的楼盘的理由，一个真诚的、可信赖的、诚心地帮他们解决问题的新朋友，是销售成功的保证。

（3）关注客户的诉求点

通常的营销活动，起始于为所售楼盘向客户传达预先准备好的一个标准销售陈述，向客户强行灌输提前决定的、所要强调的楼盘特点，事实上，不同客户即使在购买相同的户型、层次，他们的需求也是不同的，程序化的接待方式，忽视了客户关心什么，他们的目的是什么这些重要的信息，发现客户独特的关注点和目标更是无从谈起。一个好的置业顾问应该发现不同客户的不同需求。

（4）倾听客户的诉说

既然要发现客户独特的关注点和需求，就应花更多的时间倾听而不是诉说，在销售访问中，对客户的诉说，不是充耳不闻，而是要全神贯注地倾听以捕捉到他们所说的内容，注意他们的语气和肢体语言，并通过与客户进行目光与语言上的交流，表明你在认真倾听，通过总结客户所说的内容，发表赞同意见，表明你和客户立场一致。

（5）与客户建立相互信任的关系

在与客户交谈之前，不要以为你已知道了他们的需求和问题。

以诚实的态度与客户建立友好关系和信任，才能发现他们的需求和目标。不要急于向客户传达出某种强烈的销售信息，而应当全身心地帮助客户达成他的目标，在倾听与倾诉交流中，适当提问以表明你是真的在关心客户的需求。只有与客户建立了相互信任的关系，客户才能对置业顾问的建议有效采纳。

（6）发现客户需求之前，不能开始销售

为了更快地售出住房，置业顾问往往是喋喋不休地向客户传递销售信息。柔性营销认为，在还没有发现客户需求或问题的时候就开始销售，或者述说你的住房哪里比你的竞争对手更好，客户会产生被忽悠、忽视的感觉，会让客户认为你并不是站在他们那一边，也根本不关心他们需要什么。尤其是客户在几个楼盘之间犹豫不决时，置业顾问压迫式推销，往往使客户逃之夭夭。

（7）针对每个客户的具体要求做不同的销售陈述

柔性营销是帮助客户解决问题，而不是做一个圆滑的陈述后，期待获得回报。

购房是客户倾其所有的困难抉择，多方比较是购房功课，客户不但掌握了大量的信息，同时也见识过很多圆滑的销售陈述，甚至对众多楼盘的了解比置业顾问更清楚，他们不想听你说你的楼盘环境多么好，性价比多么高，质量多么出色，他们需要你解决他们独特的问题。置业顾问应该鼓励客户提出问题和建议，这样才能使销售陈述与客户需求产生互动，并最终帮助和引导客户找到解决方案。

（8）与客户"达成一致"

与客户建立销售关系开始，不要想着"达成交易"，而要想着"达成一致"。"达成交易"给客户的感觉是置业顾问处于上风，而"达成一致"更像两个商业伙伴取得共识。同时，与客户相互信赖的关系随即加深。

客户经常会认为，置业顾问是否一直都在努力帮助客户，能够从销售人员成单之后，对客户的态度看出来。由于口碑效应对楼盘的持续销售非常重要，销售或成单过后对客户进行后续拜访，不仅可以使置业顾问及其所代表的楼盘迅速赢得极高的信誉，而且还会促使客户介绍其他客户购房。

（9）站在客户的角度考虑问题

房地产市场的成熟使楼盘趋于同质化，置业者的理性使成单的可能性更难把握，今天的消费者不仅可以在更多的楼盘之间进行选择，对于置业顾问的销售方式也越来越熟悉，购房的同时也是在选择服务。当楼盘特性和价格接近，置业顾问就成为客户选择楼盘的决定性因素。如果你是客户，你是愿意选择一个真心帮助你解决实际问题的人，还是选择一个竭力想把产品推销给你、并把你的想法驳得体无完肤的人呢？

3. 营销公关

房地产营销在多维复杂的营销环境中应该运用良好的公共关系，与方方面面保持沟通，促使企业与社会公众相互之间的理解和合作，从而使营销业绩更上一层楼。

一般出现的公关危机，主要是由于顾客投诉、媒介曝光等突发事件，面临强大的公众舆论压力和危机接连而起的营销环境，导致楼盘销售无法正常进行。出现这样的公关危机引发点，往往是顾客认为销售承诺明显失信或具有欺骗性，例如在楼盘配套、入伙日期、建材标准等问题上大打折扣。造成这样的局面有多方面的原因。

外在原因是楼盘存在的问题确实有着不可抗拒的客观因素。内在原因是房地产企业疏忽、失误甚至是违规操作的主观因素。此外，也有可能是顾客对销售承诺的误解，某些同行不恰当的说法所致。

对待房地产营销中的公关危机应遵循如下原则：

（1）预测的原则

房地产营销人应该把预测营销中的公关危机作为营销工作的一部分。特别要清楚了解楼盘潜在的问题，正确对待顾客反映的意见，沟通融洽方方面面的关系。公关危机的引爆虽具有突发性，但任何事物都有一个量变到质变的过程，尽可能把各种危机事件的苗子消灭在萌芽状态中。对公关危机的征兆主动查处，认真防范，大多数危机事件是可以避免的。

（2）及时处理的原则

公关危机一旦出现，极易出现急速扩展的状况。应迅速掌握所需信息资料，制定实施处理危机的计划。这方面的计划一般包括以下内容：

1）分析产生危机的背景和症结；

2）顾客和其他公众卷入危机的状况和发展趋势；

3）危机传播的主要内容和渠道；

4）解决危机的条件和方法；

5）与各类公众沟通对话的形式和途径；

6）当事人纠葛的解决。

（3）真实真诚的原则

房地产企业在处理公关危机时，无论是对当事人、新闻媒介、上级领导以及内部职工，首先要以事实为依据，尽可能公布危机事件真相。尤其是内在主观因素引起的危机事件，必须真诚的承认错误勇于改正错误，设身处地为当事人和公众着想，绝不能玩弄舆论，敷衍了事。

（4）缓和矛盾的原则

房地产企业在处理公关危机过程中，由于矛盾双方利益、立场、角度的不同，危机事件常常不会立即轻易了结。对当事人应避免冲撞，努力缓和对立情绪。对新闻媒介的正确批评报道，应持欢迎态度；即使出现失实的报道，也该运用适当的方式进行弥补，没有必要抓住新闻报道的某些枝节问题纠缠不放，更没有必要站在新闻媒介对立面。

（5）形象修复原则

公关危机处理得当可以坏事变好事，使公众在舆论关注的情况下看到了企业的责任感，应抓住企业在危机事件中知名度大增的契机，平息风波，挽回影响，使企业形象及早修复，促进销售。

主题案例　　**"墨香苑"事件危机处理**

通策房地产集团开发的"墨香苑"曾经遭遇百名业主联名上书投诉。原因是"墨香苑"开始交房时，一些拿到钥匙的业主们发现，房产的使用面积减少了，公摊面积却增加了，业主们极度不满。

但通策房地产集团在接到投诉后，很好的处理了该事件。一方面，组织了业主见面会，在报上以公开的形式答复了业主们所提出的问题，并在接到投诉之日的一个星期后决定拿出140万元设立"墨香苑特别基金"，表示以最务实的、诚恳的态度来解决投诉事件。通策房地产集团表态，凡墨香苑的业主认为损害了自己合法权益的，都可以通过法律手段得到自己应得的利益赔偿；如果140万元的赔偿数额仍然不足以支付业主们的损失，通策房地产集团承诺即时追加；如果这140万元的"墨香苑特别基金"最终没有用完，则无论剩余多少，全部用到墨香苑的社区建设中去。

通策房地产集团在"墨香苑"事件发生后果敢地采取了一系列正确的决策，赢得了公众和舆论的支持，使公司信誉的损失减少到最低程度。

第九攻略：后期营销之杀手锏——服务

购房者对开发商的友好态度，往往是随着时间的推移逐渐递减的。房地产运作分为六大部分，研发、工程、营销、财务、销售、客服（客户服务＋物业管理），传统的房地产商是从前往后做的，但往往伴随着销售的完毕，开发商很容易轻视"客服"这一部分，而"从后往前做地产"则是以"客服"为中心。项目成功销售，企业才能实现利润。但是在楼房建好之后，后期营销服务在楼盘销售中的作用也是不可以忽视的。

房地产开发企业是否在内部建立商品房售后服务体系；是否制定了完善的售后服

务工作计划；是否对消费者的反映、意见、投诉等问题给予及时处理等等这些问题可能是开发商时常忽略的问题，但却又是很重要的问题。

1. 物业管理 ≠ 房地产售后服务

可以说中国的物业管理是伴随着中国房地产的发展而发展起来的，房地产企业为了让房地产产品更好的销售，才派生出物业管理服务。为保证小区的正常生活，业主交费，物业公司提供保安、保洁、社区管理等方面的服务，这是物业管理。与售后服务的不计成本不同的是，物业是一种服务行业，是以利润来维系发展的行业。所以房地产的物业管理不是房地产企业的售后服务。

多年来，大部分开发商认为，房地产售后服务不属于房地产营销的范畴，将房地产售后服务与房地产营销割裂开来，人为终止了房地产售出后的营销活动。实际上房地产销售是短期行为，而房地产营销是一个系统性的长期行为，售后服务更是房地产营销系统中不可缺少的一部分。售后服务更是一个开发企业发展到一定程度后必须要走的一步。

2. 为何需要"售后服务中心"

其实在中国，房屋问题多如牛毛，但是真正有心解决的房地产企业并不多。开发商如果成立"售后服务中心"，主动要求业主"向我开炮"需要很大的勇气去面对，但是通过"售后服务中心"与客户沟通和服务，并满足客户的需要，能够提前化解彼此间的矛盾，促进彼此的信任，共创优质家园。同时还可以借助已有消费群、加大对外宣传力度、增强社会影响力、提高市场竞争力，以此促进项目的后期或其他项目的销售，提升企业形象。

（1）竞争激烈，催生服务营销

随着房地产行业进入平和期，在接下来的几年里，"一片火爆"场面也将一去不复返，竞争将越来越激烈。随着消费者的日益成熟，市场也将从卖方时代走向买方时代。而售后服务则将被更多的消费者所关注，谁服务做的好，谁的品牌提升速度就快，谁就抢得客户。在这样的背景下，"服务营销"即售后服务也必将进入开发企业们的视线。

（2）客户期待售后服务

近几年来，消费者投诉的焦点，其最集中的是房产质量问题。

火爆的房地产市场中，客户买到的绝大多数都是"期房"。期房—— 一套心目中期待的房子。有所期待就有"期望值"，有所期待就有"紧张感"。在房屋交付前，客户在购买房屋后需要房产公司的进一步的引导和说明，希望知道房子的方方面面，希望有知情权。房屋交付后，客户需要开发公司的持续关怀，需要在产生房屋质量问题时，希望能咨询和寻求帮助的地方。因此，无论在交房前，还是在交房后，客户都需要开发企业有一个能从他们的角度考虑、为其着想、让他们放心的专职服务部门与其沟通交流，并帮助其解决交房前后各种问题的部门。

因而，针对这一情况，开发商就应该有所动作，主动出击，提高客户的"可感受效果"，并超过客户的"期望值"，降低客户的"紧张感"，进而提高"客户满意度"。

（3）产品特性决定需要售后服务

楼盘开发周期比较长，现在大部分销售的都是期房，房屋售出到交付短则一年，长则两三年。期间有很多的不确定因素，如工期的变动、细部结构的变动、重要建筑材料的选择等。而做为开发商，为树立形象，建立良好的客户关系。则必须先做好目前已有客户的关系维护，需要有一个专门的职能部门能及时的将房屋建设情况通知客户，在碰到某些变动时能够很好地和客户沟通，同时还可以举行业主听证会，在某些变动方面或者材料的使用方面广泛的听取客户的意见。如此，可以大大降低房屋交付后产生的纠纷，同时也可以赢得客户的尊重和理解。

（4）售楼部难以兼顾售后服务

在杭州、上海等大城市早有预见的开发商为提高竞争力，提升楼盘形象，相继成立了集销售和服务为一体的营销服务中心。但是，从目前不少开发商的具体操作看，营销服务中心更多的以销售功能为主，而服务则相对较少，甚至形同虚设，客户投诉依然不断。其原因，就是没有真正将服务落实到工作中，最后营销服务中心成了只有销售没有服务的机构，等同于换了块牌子的售楼处，这是营销服务中心的一大弊端。销售是企业创收的主窗口，服务是企业提审品牌形象的主窗口，两者目标不同、功能不同，如果全都由一个部门来操作，必有所勿。

另外，大部分大型开发公司手头均有多个项目在滚动开发，销售队伍完成一个楼盘的销售后，尽管楼盘尚未交付，但极有可能将经历投入下一个项目的销售中，如果此时还要兼顾前一项目的售后服务问题，势必会影响下一个项目的销售工作。因此，对于多个项目滚动开发的企业来说，则更有必要成立一个专门的职能部门来处理售后服务问题。

（5）客户需求是最有价值的信息

在项目建设方面，售后服务中心作为一个与客户沟通的接口，会收到业主的投诉、意见反馈，还有来自于物业公司的意见和建议。对于这些信息，售后服务中心应该会同项目公司的工程、设计等相关部门，细致研究，并作为检验其日常工作的工具，同时消化于工程建设合理化、楼盘品质优化的工作当中。这样既可以防患于未然，客观上又会取得助推楼盘品质优化的效果。

3. 客户终身价值

什么是客户终身价值？客户终身价值（Customer Lifetime Value）简称 CLV，是指客户其一生带来的价值。我们发现客户的价值，不仅是发掘客户的单次价值，更重要的是挖掘客户的终身价值，这已成为近年来营销领域里一个崭新的话题。

通过经营客户终生价值，创造更有效的营销活动来获取利润的最大化。对于实力雄厚的开发商，更应重视 CLV。由于他们的产品涉及写字楼、住宅、商业等，所有客户的终身价值对于扩大产品的渠道范围更有特殊的意义，这样不仅可以减少营销成本，还能提高客户终身价值的附加值。客户资源是房地产企业的宝贵财富，无论成交还是未成交，企业开发的产品是持续的，客户的终身价值同样保持持续，因此对终身客户的跟踪，将是房地产企业重点关心的方面。

4. 设立"客户会"

作为大宗支出的置业，以及开发商普遍实行的期房销售，让很多购买的业主对未来的家灌注了太多期待，一旦实际和想象中有区别，发生纠纷的可能性就大了很多。通过客户会，可以让客户对产品有个更深入的了解，不会对产品产生过高的期望值。很多房产公司后期的纠纷，实际上就是存在沟通不够的问题。缓解客户的抵触情绪，降低客户的不满意程度，是客户会的重要职能。

客户会的出发点实际还是售后服务的概念，万客会成立的初衷也是首先把售后服务放在第一位，其次才是间接地促进销售。现在越来越多的开发商开始意识到组建客户俱乐部，出版客户会刊对自身的重要性。更重要的是，客户会可以维系和吸引更多的客户资源。客户资源是开发商得以持续开发的根本，组织成立会员制客户会则成为开发商积累客户资源的王道。

（1）购房者与开发商的沟通渠道

买了楼盘的业主，通常会很关心这家公司的发展，也会注意自己楼盘利益的维护。本质上开发商应该是和业主不冲突的，如果沟通得当，双方彼此保持有良好的关系，一旦培养起了感情，即便有些小的纠纷也不至于闹大，这其实体现出了客户会作为售后服务的一个作用。

而且客户会在沟通产品的过程中，能够起到对产品进步的促进作用，从而促使开发商在新的产品中去克服缺点，提升产品品质。

（2）拓展营销渠道

客户会之所以在当今的营销中备受重视，业内有一个较为相同的认识，即在竞争充分的市场下，客户会不失为是一个很好的营销渠道。

"抓住了老客户等于抓住了一批新客户。"在竞争越趋激烈的房地产市场，谁掌握了更多的客户就等于掌握了市场。客户会实际上也是一种营销上的竞争手段。

客户会其实就是一个营销渠道。通过客户会，客户可以更为详细地了解房产公司的产品，在客户会中至少能够锁定5%~10%左右的意向客户，实际的效果应该是显著的。即便是某些楼盘因为定位的原因，举办客户会对销售促进上的实际效果有限，至少还是能够赢得客户的口碑，在间接上为客户会造势。

当所有的楼盘都拥有24小时电子巡更系统、楼宇可视对讲、大金中央空调系统这些同质物业配套和硬件设施之后，"客户"，无疑成为各个地产开发商特别是高档楼盘开发商争夺最激烈的资源。

目前，开发商的客户会除了个别公司只针对业主外，很多房产公司的客户会本身并不限制尚未在旗下项目置业的人士。客户会的出现，实际上是房产公司多了一道自建的销售渠道。打破了房产公司以往通过在售楼处接待客户、参加展销会等传统销售模式。

主题案例　杭州天阳 · 尊客会

杭州天阳 · 尊客会的一位忠实追随者，曾经成功推荐过11套房源给自己的亲朋好友。当初在推荐棕榈湾的时候，有朋友反映"房子是好，但是交房时间迟了点"。她将这一情况反馈到了开发商处，最终天阳置业将原定于2008年6月份交付的房子提前到了2007年12月份。这样很多等着结婚的人就领到了可以装修的婚房。而且这位购房者通常每场不落地参加开发商组织的客户会活动，也会定期翻看开发商寄出的资料和刊物，并且提过一些建议，开发商基本上都能采纳，所以，她才敢放心地把房子推荐给朋友。

（3）有针对性的活动

相对于其他行业，客户会、联谊会的操作也不一样，应该是更有针对性，更能把握目标消费者的心理活动。有些业主并非为了活动而参加客户会，而更多地是为了多交朋友，增强邻里之间的沟通，同时也获得一种开发商尊重消费者的心理。表示不同的产品要针对不同消费人群的心理活动。如针对别墅的客户会，就要考虑到业主的身份、社会地位，举办一些小型沙龙、艺术鉴赏、高尔夫运动等，不适合搞喧闹的酒会，如果是针对中产阶级销售的公寓，应该采取例如杭州的亲亲家园类似的"亲民"性社区活动，使组织形式有特色、有针对性。

（4）客户会需要具备的要素

一个好的客户会必须具备的要素有：

1）应该是一个长期的计划

要成功运作一个客户会，有完整的全盘计划，作为公司的长远战略去操作。以时间换客户，这样客户群才会像滚雪球一样越滚越大。

2）适合总公司运作

业内有种一致的看法，即客户会不适合项目公司操作，主要是认为项目公司的存在一般与项目的完结相挂钩，因此，不便于客户管理的延续性。而一个大的集团公司，本身又具有一定的企业文化，就可以组织专门的部门和人员，进行长期跟进服务。一个项目后期的客户服务，又可能成为另一个项目的售前积累。

3）增强情感交流

一个好的客户会必须是信息及时、沟通畅通、交流方便的。不仅要经常性地举办一些活动，便于业主参与，也要体现对业主的关心，这种关心可能不仅仅只是针对业主个人，而是整个家庭，尤其是老人、小孩的关心。在一些重要的节庆日，能够体现对业主的重视，赢得其美誉度。

5. 售后服务的工作重点

要逐步形成一套具有自己特点的、符合中国国情的、适应市场需要的房地产行业的售后服务工作程序和框架。可采用以下办法：

（1）直面客户

要真正直面客户，做好售后服务，首先必须界定售后服务中心性质。当提起售后服务时，许多人第一反应可能就是——处理客户投诉。但是，售后服务中心要为客户着想，真正做到客户满意，除了处理好客户投诉外，还需做好其他更多细节的工作。

（2）提前预判

把售后服务工作重心前移到交房之前，要求中标的物业管理公司制定全面、详尽、具有针对性的小区物管方案。

在工程建设期间，凡物业公司提交的每一份专题报告、每一条建议，都必须认真研究，采纳其中有益的意见，为日后小区的管理打好基础。如在建设过程中出现的变动情况由售后服务部门及时和客户及时沟通交流，介绍建设情况，说明各项缘由，以取得客户的理解。如有必要，可以举行业主听证会，广泛听取业主的意见。

在小区交付使用之后，业主委员会成立之前之间的衔接期，利用售后服务中心与客户之间畅通的沟通渠道，把客户对物业管理的意见反馈给物业公司，并全力配合解决。即使在业主委员会成立以后，仍能与业主委员会、物业公司形成紧密的三角合作关系来参与小区文化的长远建设。

（3）细化验房的每一步工作

交房是否成功，关键在于工作是否做在前面，做得细致，是否充分代表客户利益。

第一环节：在工程建设周期过程中，客户经理应当参与项目各个分项工程验收。在该环节售后服务主要是陪同分项验收，了解工程情况，确保对项目各个方面皆有所掌握，以备客户咨询、投诉。

第二环节：售后服务中心会同项目工程部、营销部门对每一套房屋进行自查。

第三环节：物业管理公司、营销部门、售后服务中心、项目工程部四个部门再次对每一套房屋排查验收，确保每一套交到客户手上的住宅都是合格的，令客户满意的。

（4）制定售后服务工作的流程图

流程图可以明确各项问题的转接渠道和具体处理方法，规范员工的言行，统一步调，避免主观随意性地处理问题。

（5）制定操作规范和检查办法

制定售后服务各项工作的操作规范和检查办法，针对所反映的集中问题，制定一套完整的操作规范和验收规程，保证同类问题的解决尺度一致，提高专业化水平和效率，有效地控制费用支出。

06

VICTORY

胜势

本章使用指南：

　　最终我们需要决胜于市场，通过全面、细致的操盘，取得整体的
"控球"优势。在客观上对自身以及竞争对手实力进行评估，实现在
对手实力较强、对抗和攻防转换更快的情况下，保持良好的表现，占
据场面的绝对优势。当然，心态上应该不管对手实力和结果，坚持自
己的操盘路线，强化并逐步形成自己的固定风格。

　　本章主要展示几个完整的案例，展现全国几个大中型城市项目操盘
的全过程，以及最新的营销理念和手法，以便读者可以直观地感受到
项目的整个营销过程，并可以从中获得一些启发。

一、特大型城市知名房地产项目的操盘关键

特大型城市的房地产市场历来都是实力雄厚的开发商激烈争夺的焦点。这些城市吸引外来人口的数量远远高于大部分的二、三线城市，由于土地购置面积的缩减和城市化进程带来的旺盛住宅需求，必将推动一线城市持续价升量减。因此，未来特大型城市的房地产前景依然向好。

1. 北京高档楼盘操盘秘诀——多元化的推广方向

北京高档商品房价格一直是居高不下，一方面是这里的住宅品质较高，另一方面则是作为中国的政治中心、文化中心、服务中心，决定了其独一无二的地位。近十年的黄金发展期缔造了交通骨架，并依赖辐射力形成五城拱卫之势，因此，北京的存量房源中，中高档居多，楼市产品层次丰富，而且现在的存量用地将更多适合于中高档住宅的开发。

因此，北京的高档住宅除了吸引当地消费者的关注之外，同时还受到了来自全国各地的投资者青睐，这些投资主要有以下两个特点：

（1）商务暂住型

将出差变成回家。类似这样的暂住型"置业候鸟"以演艺界、商界人士居多，因为他们总要频繁到外地出差，住高级宾馆花费较多，索性在当地买下一处居所，把出差变成了回家。

（2）投资增值型

期待从固定资产中捞金。近年，申奥、申博成功的重大利好消息，带动京、沪楼市人气上升，房价也一路走高，还有一些风景优美的小城市开发建设步伐加快，资金流、人流、物流趋旺。

北京SOHU公馆就属于典型的商务暂住型住宅

实战案例 1 Combat case | 北京"西绒线 26 号"2008 年推广方案

推广策略的各个部分都将以两个方向分别阐述，切实实现本年度"形象力"与"销售力"并重的推广总目标。

1. 推广目标：销售力与形象力的双赢

（1）销售力的保障

确保完成 2008 年度销售任务：[观景阁]即西绒线 26 号 2 号楼，实现销售额 5 亿元。

（2）形象力的树立

第一，确立本项目在北京高端地产市场的知名度、美誉度，实现项目的高端领域的项目定位；

第二，通过包装本案的区域价值及产品的自身价值，树立项目在全国高端领域的市场地位，明确西绒线 26 号的"豪宅标签"；

第三，提高复地品牌在北京乃至全国的知名度和影响力，提升新项目的品牌附加值。

2. 推广瓶颈：主观解决与客观应对

（1）解决项目自身的诸多障碍问题，扭转劣势

1）项目地处深巷之中，当前自身的外展示力不够，对推广有一定掣肘，如何采用其他积极的解决方案放大项目利好、规避不足，是推广难点之一；

2）推广预算的限制，令大规模户外及异地推广暂时无法开展，总体策略不得不遵循"有所为有所不为"的原则，如何采用其他方式达成相似效果，是推广策略的重要考量因素；

3）鉴于 2、3 号楼之间较大的产品差异，以及营销目标、配货与推广节奏的矛盾，将以推广先行的方式，既保证 2 号楼的销售，又保障整体项目的品质感、形象力，同时令 08 年之后 2、3 号楼均有可销售存量。

（2）适逢奥运年的广告垄断，面对不可抗力下的紧急预案

1）鉴于 2008 年属于在中国历史上独一无二的一年，在绝大部分广告推广资源都被

政府征用的情况下，项目的广告推广"夹缝中的生存"状况不容乐观，要寻求更多更新颖的其他途径；

2）2008奥运年的广告运动没有丝毫借鉴和参考的范本，广告推广充满变数，针对媒介组合、公关活动各方面也需要更多新的探索。

3. 推广区域：立足北京，辐射全国

（1）立足北京

1）项目的目标客群一定是与北京极有渊源的人，因此北京会作为项目宣传与推广的"主战场"；

2）本项目为市中心独一无二的纯居住性宜居住宅，其可作为第一居所的特质，能满足客群居住的诸多要求，对立地市场的客群会产生远大于异地市场的吸引力；项目在景观方面存在一定的缺憾，这对居住型客户的购买影响不大，却是投资客购买的较大障碍；

3）此外，根据异地客层"纪念性"购买的较大偶然性、较低的成功率和较长的成交周期，立足北京是明智的选择。

（2）辐射全国

1）在确定立足北京的推广区域策略的同时，因为异地买家在价格的承受力和购买力方面具有不容忽视的实力，因此推广绝不忽略异地客层的力量与数量；

2）受推广预算影响，针对异地客户的推广将选择具有全国性影响力的媒体进行投放，或通过直投的方式，实现辐射全国的广域覆盖。

4. 指导思想：以营销策略制定推广策略

（1）亮3带2

1）所谓"亮3带2"，是指鉴于2、3号楼的品质差异，以3号楼超高品质的宣传说辞，带2号楼的现阶段销售；

2）"亮3带2"的推广思想可在销售2号楼的同时实现3号楼的客户积累并力促成交，同时保证在未来2、3号楼均有存量可供销售；广告推广既能吸引2号楼客群，也要吸引具有3号楼购买力的客群。

（2）推高走低

所谓"推高走低"，"高"既指2号楼的景观高层和现阶段销售的高价位产品，也指未来3号楼的更高端高价位产品；"低"指2号楼的中低楼层和中低价位产品；

"推高走低"的策略在现阶段的销售中表现突出：已售部分均位于2号楼的6~10层，表明中低端价位的产品是周边客户购买的需要，性价比更可能高于周边竞品；

"推高走低"的策略可实现销售与项目品质提升的双赢。

（3）坐销与行销并举

所谓"坐销"，是指传统营销中的推广渠道而言，如传统媒体的投放；

所谓"行销"，是指区别于广域传播的小众圈层营销，如直投、短信等，以及针对客户渠道的公关活动；

解决项目地处深巷的自身障碍，只有"走出去"的行销才能够规避"守株待兔"却无"兔"可"待"的不利局面，以有针对性的直投DM、电梯广告，创造销售。

（4）先近后远、集中火力

所谓"先近后远"，指推广区域而言，以北京市场为先，以异地市场为后；

所谓"集中火力"，指规避散打的高成本低效果，根据营销阶段及成交可能性较高的时段，设定两大波峰的推广期，集中发力。

5. 推广重点：形象树立与实际销售并重

（1）价值地产的精神气质

凸显项目精神气质；以项目绝版地段价值和整体项目经典的产品价值，塑造最大范围内的强势形象力。

（2）确保销售目标的实际成交

以一切可以应用的推广手段达成销售，针对窄众对本案的关注重点有针对性地推广投放，促进成交。

6. 推广方式：长线持续与阶段性波峰并举

（1）长线持续推广

在推广预算允许的范围内，全年递进式持续投放，从年初开始，推广细水长流，有针对性地做各种增加销售力的工作，让有购买力的人群逐渐了解项目；

以直投、短信、公关活动等面对窄众推广，主攻销售力，"坐销"与"行销"并重，作为开拓销售成果的利器；

以软宣、网络等作为广域推广的手段，主攻形象力，扩大复地及本案的品牌影响力。

（2）有节奏的阶段性波峰推广

在推广预算有限的前提下，将推广设定为两大"波峰"的集中推广期和三个"波谷"的推广准备及消化期，集中火力攻坚3、4及9、10月份，重点阶段集中投放，加快客户"认知－认同"步伐，实现销售的爆发突破。

7. 推广渠道：广域传播与小众圈层相结合

（1）广域大众传播

既要建立最大的媒体资源整合平台，实现强势推广的作用；更要通过寻找新的媒体，锁定新的覆盖人群，拔高项目地位，促进项目销售；

作为推广的长线的渠道策略展开。

（2）小众圈层营销

1）高端市场广告推广力度与效果的较量，就是渠道的较量，如何切实寻找到有购买力的人群，是2008年推广的重中之重；

2）在整合行销时代，4C取代了4P，如何从客群的需求出发，传递他们乐于接触、了解、喜爱的产品信息，是销售的良好开端。针对"小众圈层"，直投是被印证为有效的推广手段；

3）考虑到推广预算，从花费相对较少、效果却很明显的角度考虑，以推广目标性强、性价比高的"小众圈层营销"作为渠道策略的主力手段全力推行；

4）针对目标客群财界名门、银行家的身份特征，进行有效的点对点营销；

5）以高端数据库的多种应用，开拓客源体系：如与大型数据库公司合作，挖掘有效数据；高端俱乐部会员数据库；证券、金融、IT行业高管数据库；复地所有高端项目业主（包括异地）数据库；庞博自有数据库资源；中国移动、中国联通VIP用户数据库（短信）；复地集团自有数据库资源。

（3）渠道分类说明

1）纸媒

专业类可创造业内口碑地位，航机类可扩大国内影响，主流报纸可吸引大众的眼球，高端直投可满足小众的需求，通过以上纸媒可整合运用，可展现项目品质，提升项目品牌地位。在设定客户圈层标识之后，有效投放如下媒体：

专业类纸媒——利用地产杂志年度评奖活动，建立业内口碑传播；

财经类纸媒——在全国发行的主流高端财经类专业媒体，有效针对高端阶层；

航机类纸媒——作为中国国际航空公司唯一的航机杂志、中国发行量最大的航机杂志，《中国之翼》可塑造项目的高端形象，同时有效吸引来往于北京至外地及海外的高端客群；

主流报纸——《北京青年报》传递开盘信息，有效进行广域传播，迅速渗透市场；

高端直投——与具有高端客层资料的大型数据库公司合作，进行有效信息投放；鉴于第一季度其他纸媒类投放较少，作为重头戏的直投将承载包括项目品质、品牌地位等更多的角色分量。

2）网络

选择房地产专业门户网站及浏览量高的大型门户网站，网络资源整合利用，与三大网络携手：

新浪网：首页文字链，点击率最高的广告形式；

搜房网：百度等搜索引擎首屏信息位置突出；

焦点网：浏览量最大的专业房地产门户网站。

网络资源整合利用，包括：新闻报道、主题论坛、项目访谈、户型展示、视频播放、网上预约、活动直播等等。

3）户外

以长期投放和短期投放两种方式，实现项目信息的广域传播。

① 性价比较高的短线投放

金融街户外——对地缘性客群形成持续影响；

星河湾户外——形成对高端客群的截流。

② 性价比较高的长线投放

实战证明，电梯广告作为性价比高的长线投放具有五个优势。

第一：诸多高端项目都曾采用过（如星河湾、御园），且效果良好；

第二：与传统户外相类似——广域传播不考虑形象问题，在相当大的程度上变相代替了户外。

第三：有针对性，投放的场所可以选择，可集中投放于推广区域或具购买力人群集中区域；

第四：信息传递量大，可通过形式、美术设计多手段达成信息传达；

第五：签约周期弹性。

此外，在第一季度，西区高端公寓将是推广的火力密集处（针对目标人群的出没地考虑），而电梯广告恰恰能够以最优的性价比实现信息的传递。

操盘提示 本项目为什么不采用户外广告

第一：现阶段户外广告的稀缺性，决定项目必须寻找其他性价比更高的渠道；

第二：此外，户外广告的价位过高（奥运年更不可估量），却不能签短约，项目目前的预算不支持；

第三：对于户外的广告效果，目前很难有准确的评估，而电梯广告在曾经选择过的项目中多次被证明确切的效果；

第四：作为高端项目，本案与北京所有的4万/平米的豪宅相比，具有两大宣传障碍：不临主路（广域传播上受限制），缺乏展示面（售楼处、样板间尚不足以支持现场活动），所谓先天不足后天补，应积极寻找可弥补以上缺憾的新型户外。

4）公关活动

针对客群——客户积累到一定阶段，举办规模较大的营销活动；答谢老客户的同时加强新客户挖掘工作。

针对业内——邀请媒体的公关活动，做业内影响力，实现复地品牌推广。

公关活动主要包括集团联合发布会、产品说明会、高端论坛、高端奢侈品牌联动、业内专业论坛等。

5）舆论宣传

在北京市场选择具一定影响力的主流媒体，有计划、有步骤、有节奏地进行新闻造势；

在业内主流媒体进行宣传，引起业内的广泛关注，创造话题；

在全国性的高端媒体进行全国性的品牌宣传。

与专业写手合作——针对本案自身的宣传，长期、连贯性、有步骤地进行舆论炒作，在业内主流媒体、全国性高端媒体上进行项目的大规模软性宣传，配合硬性广告、公关活动，形成本案的全方位推广攻势。

专题性软性宣传——站在一定高度上的全局性专题报道式软宣，提升项目的品牌与品质高度。

6）其他手段

短信——最大限度扩大搜客范围，数据库除直投外的另种应用。

2008年销售阶段与工作要点											
月份	1月	2月	3月	4月	5月	6月	7月	8月	9月	10月	11月	12月
2#销售阶段	蓄客认购、签约		开盘	强销期			蓄客调整期			推高热销期		
3#销售阶段	以3#楼带动项目，树立市场高端形象				3#预热蓄客				3#取证	3#开盘		

8. 推广探新：活动、舆论、广告平台与投放方式的新探索

（1）公关活动探新

1）在客户层面、媒体层面双管齐下后，同时关注品牌、产品，做足业内影响力，树立高端品牌地位；

2）与高端品牌联动，服务体系联通；

3）与复地自有其他高端项目联动，实现最优性价比的推广效果；

4）举办客户活动要注意活动的趣味性并有节奏展开，创造客户参与的主动性与惯性。

（2）舆论宣传探新

1）利用媒体力量，由公众媒体直接宣传本案的各方面优势；

2）整合庞博的力量，以自有渠道在大市场的高度，与媒体联合创造话题，以"整题"

的方式，或带出复地自有其他高端项目，或借力京城其他高端项目，侧面提升本案形象，唤起市场关注，促进销售；

3）整合复地集团自有数据库资源；

4）专题举例："北京上空的楼王"、"历数长安街上的千万级豪宅"、"北京豪宅看奥运"、"为什么中国最贵的房子不在北京"等。

（3）广告运动平台探新

与平面媒体合作：创作本案的DM，与合作媒体夹带发布；与复地在京其他高端项目合作：针对比较昂贵的版面，联合购买、夹带；合出媒体楼书，联合宣传，既分摊了预算，又扩大了宣传效果。其他媒体渠道的购买亦可照此应用。

（4）广告投放方式探新

常规媒体采用非常规投放方式，确保08年推广出色：如纸媒以异型组合投放的模式，刊中刊＋内插硬广＋软文的组合拳，或腰封＋软文＋专题报道，2、3种形式在同一本内同时出现，信息量与质的双重传达，实现推广效果的最大化。

2. 天津知名楼盘操盘秘诀——品牌地产尽显完美规划

近几年来，天津的需求随着房地产市场的逐步发展，包括城市整体环境的极大改善，整体城市设施投入不断加大，发展非常强劲。另外，天津作为环渤海发展战略的重点区域，临海港口和北京的交通便利的关系，极大的刺激了房地产增长。

就消费品价值而言，房子无疑属于耐用消费品范畴。因此，这种消费行为一定会比其他消费更慎重和理性。除了对房子的销售价格、地理位置、周边环境、小区建设、房屋结构、交通状况等等诸多因素进行认真、细致的综合比较以外，肯定还会对楼盘的开发商、物业管理商做一番充分的了解和比较，特别是在期房消费活动中，这一点显得尤为突出。原因很简单，这是对品牌的一种信任度——与品牌企业进行交易，消费者会感觉放心一些，风险也相对低一些。

因此，品牌是广大消费者对一个企业及其产品过硬的产品质量、完善的售后服务、良好的产品形象、美好的文化价值、优秀的管理认可的结果。对于天津的品牌地产企业来讲，涉及到两个问题：

（1）知名度

知名度通过炒作可以集中一个时间，大规模推广，提高知名度。

（2）美誉度

这一个问题不是时间能解决的，美誉度一定和产品、企业品牌以及能够提供给客户的什么样的产品有密切相关的关系，是螺旋上升的过程，从产品过渡到品牌，然后再从品牌又过渡到产品，脱离产品空谈品牌是没有意义的。

天津万科金域蓝湾如何赢得天津人民认可

　　万科作为全国地产界领跑者，对这一词语做了最完美的诠释。从 1984 年 5 月万科成立以来，一直以高品质的产品，高素质的服务致力于万科的每一个项目。走到今天，万科以其卓越的品质赢得了人们的赞赏，也成就了代表优质房产的万科品牌。在天津，深耕 15 年的万科，以其人性化的服务获得了天津人民的认可，也成为天津房地产企业的第一品牌。

一、项目简介

　　占据"滨海之心"——泰达时尚广场核心资源，33 层临湖上层建筑，独享 12 万平米优美滨海湖景。

天津万科金域蓝湾效果图

二、规划理念——城市核心资源现代生活居

城市核心资源现代生活居含义包括：项目坐落素有中国经济下一个浦东之称的天津经济技术开发区核心资源区——泰达时尚广场。我们可以将该项目规划提炼出如下 7 个理念。

1. 单体摆位体现均好；

2. 景观设计追求最大化；

3. 立足地块的特定环境，扬长避短，创造城市核心区高品质社区；

4. 建筑简约、现代时尚；高度震撼、资源均好；

5. 开放式社区规划，人车分流，增进业主间交流，体现和谐共生；

6. 四季皆景，光、水之轴的空中园林体现景观最大化；

7. 庭院式入户设计彰显品质人居理念。

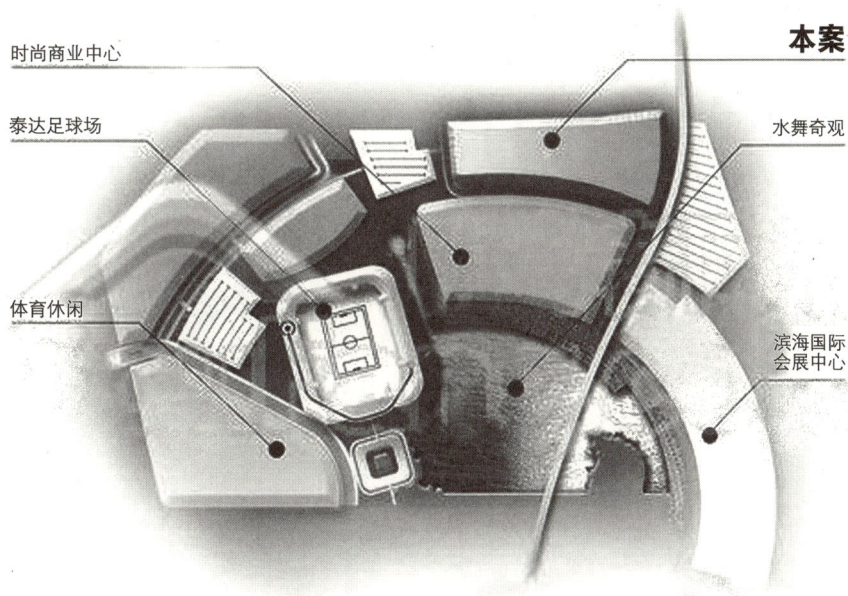

天津万科金域蓝湾总体规划

社区总建约 24 万平米，由 9 栋 31 ～ 33 层薄板高层建筑组成。以景观资源最大化、户型空间最优化以及现代简约的建筑风格，呈现出一个不可复制的高尚人文生活社区。

亮点 1：空中花园，有高度的风景

主要景园设置在近 4 米高的架空层上，与城市喧嚣为界，保持社区的和谐宁静，完美

实现人车分流；风景过渡有条不紊，通过 Green Carpet 连续施以植被、休憩场和儿童娱乐场，Green Mound 形成起伏地带。

亮点2：邻里花园，自然过渡回家的心情

为使住户得到一个良好的入户前感受，入户平台式花园应运而生。平台下部，是架空层，设住户停车库，住户可在此层通过入户大堂直接前往住所。

亮点3：开阔楼间距：让距离产生美

建筑之间距离开阔最大楼间距超过120米，足够容纳一个足球场，减少对视和干扰；建筑交错布局，共享城市风光美景。

三、建筑设计——简约的现代风格

采用鲜明的现代设计风格的手法，以简约的建筑形式来体现小区的标示性。现代风格的元素在小区个单体建筑上一一体现，展现出一种明快、活泼与浪漫的气息。九栋高层在城市界面上形成优美而和谐的建筑表情。建筑采用薄板构造，户型方正实用，兼具优好的通风采光。

四、园林景观——双重景观，实现景观资源最大化

外部景观资源——直面12万平方米滨海湖，尊享广场景观生活。

内部景观资源——以"空中园林"为核心理念，通过位于架空层之上的绿色平台加以表现，运用绿色露台、Green Carpet/Green Mound、中心露台、光之轴、水之轴等灵活多变的设计手法，让住户充分享有高品质景观生活。

全城独有的园林景致——光之轴、水之轴。光之轴是斜穿整个空中花园的发光灯柱，美轮美奂；水之轴通过流水曲线连贯空中花园，冬日则形成别具特色的岩石园。

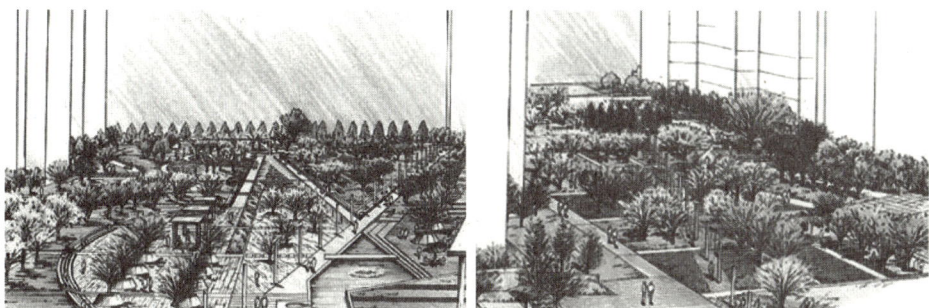

手绘园林图

景观一角

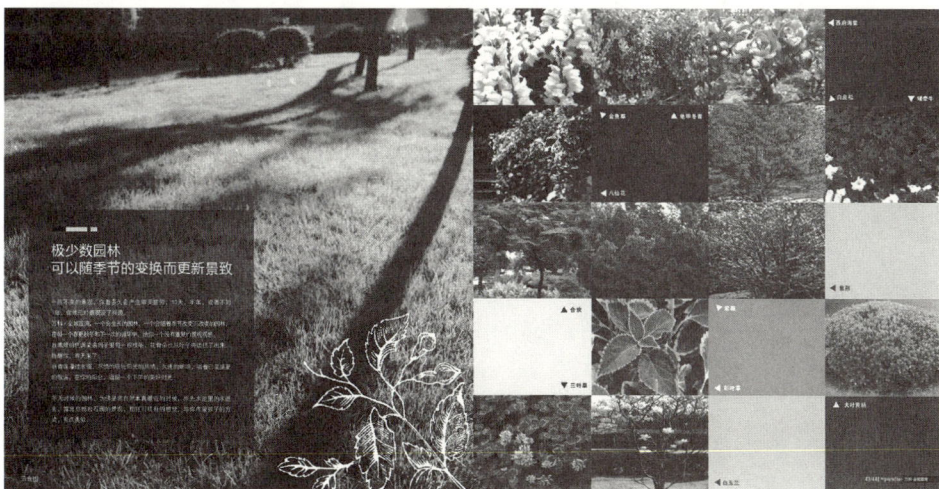

园林植物

五、创新户型设计

1. 两房两厅一卫（建筑面积约100平方米）

（1）主要功能空间全南向设计；

（2）超大南向近11米面宽，采光、户型均好；

（3）功能空间布局合理，户型方正、利用率高；

（4）南向双阳台、主卧外飘窗设计，景观尽收眼底；

（5）大面积卫生间，干湿分离。

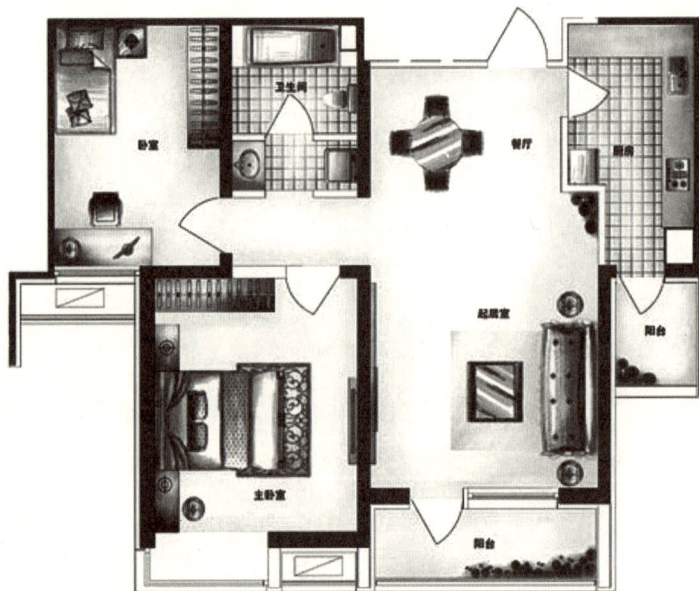

两房两厅一卫（建筑面积约100平方米）

2. 两房两厅一卫（建筑面积约116平方米）

（1）附带约13平方米入户花园，洋房品质生活，居家自然惬意；

（2）附赠约10平方米双南向花园平台，自然景观一目了然；

（3）全明设计，优越采光；

（4）南北通透，利于通风；

（5）户型方正，功能空间布局合理。

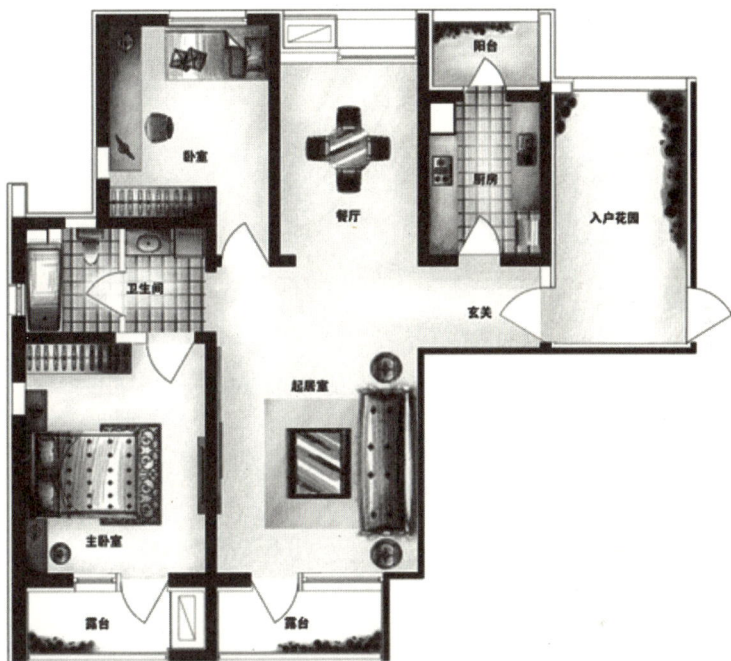

两房两厅一卫（建筑面积约116平方米）

3. 三房两厅两卫（建筑面积约135平方米）

（1）主要功能空间全南向设计；

（2）南向超14米面宽，主/次卧双飘窗设计，采光、户型均好；

（3）功能空间布局合理，户型方正、利用率高；

（4）双储藏室设计，方便居家生活；

（5）入户玄关巧妙设计，提高生活私密性。

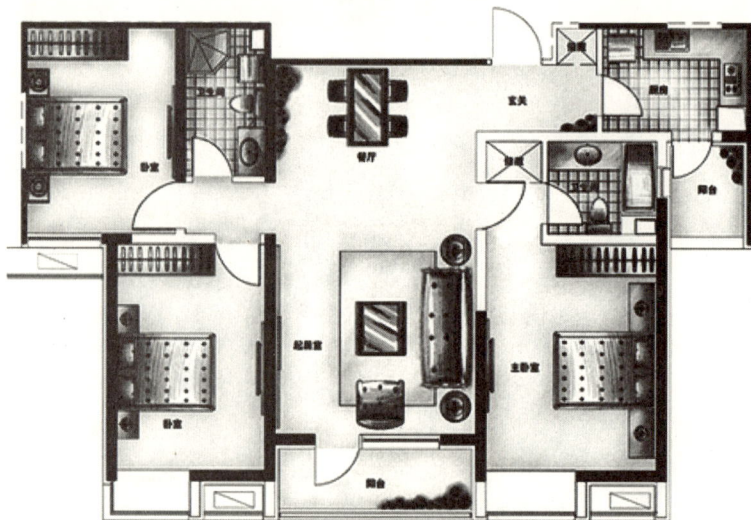

三房两厅两卫（建筑面积约135平方米）

4.三房两厅两卫（建筑面积约143平方米）

（1）附赠约11平方米双南向花园平台，自然景观一目了然；

（2）附带约7平方米独立休闲空间，平添生活情趣；

（3）全明设计，优越采光；

（4）主卧区可设置独立衣帽间，附带卫生间，增添生活品质；

（5）南北通透，利于通风。

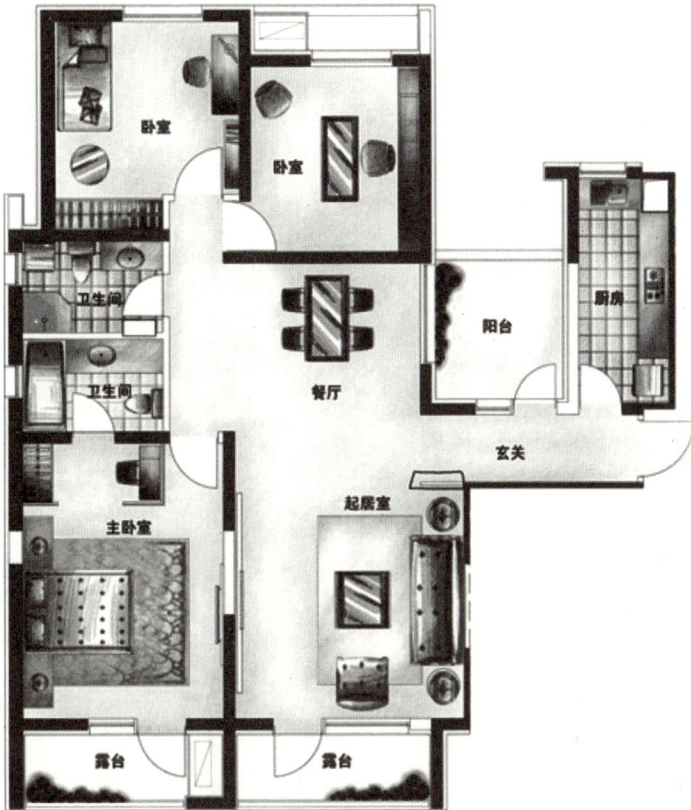

三房两厅两卫（建筑面积约143平方米）

5.三房两厅两卫（建筑面积约142平方米）

（1）附赠约11平方米花园平台，亲近自然；

（2）情趣设计功能空间，布局合理；

（3）主卧区可设置独立衣帽间，附带卫生间，增添生活品质；

（4）全明设计，优越采光；

（5）南北通透，利于通风。

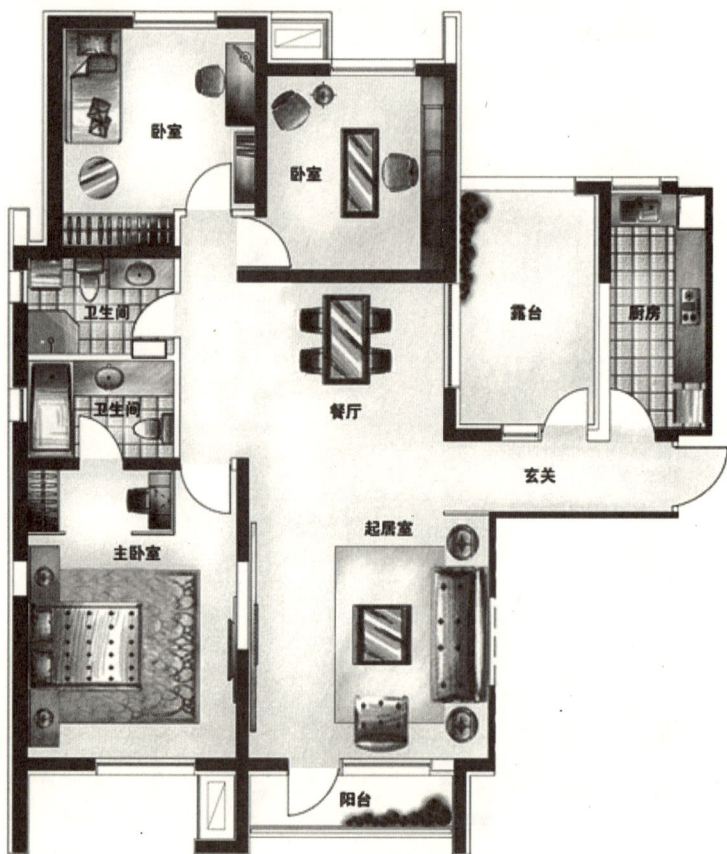

卧室

卧室

卫生间

卫生间

主卧室

餐厅

露台

厨房

玄关

起居室

阳台

三房两厅两卫（建筑面积约142平方米）

六、别具特色的广告创意欣赏

二、内陆省会城市知名住宅项目操盘关键

近几年来，中部一些地区经济发展迅速。中部地区崛起作为一项国家战略，以对外开放和区域竞争与合作为动力来加快中部地区的发展。有些省会城市以接近东部中等发展水平为基本目标，缩小与东部地区差距的发展。同时，这些城市在房地产开发方面也成就不小，成为了不少开发商新的开拓疆土。

某著名房地产企业老总说过一句话：一个项目要取得成功，50% 在于地块选择，30% 在于规划设计，20% 在于销售执行，而前面的 80% 必须通过后面的 20% 来实现。事实上，这话后面还可以加上一句：无论是地块选择、规划设计，还是销售执行，都内含于房地产市场营销的精心安排。因为营销是直接接受市场的检验，商品的自身价值最终都要经过销售才能得到承认。目前，各个省会城市的地产开发、营销策略等也是在不断的推陈出新，追赶新潮。

1. 南昌热销楼盘秘诀——创新营销手法

时代在变，消费者的需求在变，促使市场推广也得不停变化。

南昌的房地产行业经过近十年的发展，逐渐有了较为成熟和优秀的营销理念。营销理念引入房地产市场，以奇招制胜，在千军万马中脱颖而出，成为房地产市场上一道靓丽的风景。随着南昌房地产行业的竞争加剧，越来越多的新楼盘，更渴望营销经验的交流和经典案例的借鉴。

洪城·比华利作为 CBD 中心区罕有的花园洋房社区，被誉为红谷滩的建筑奢侈品，注定其尊贵不凡的地位。洪城·比华利位居红谷滩中心区核心地段，占地 117 亩，小区内由 20 栋红谷滩仅有的欧式古典风格 5 层退台式花园洋房和 3# 高层组成，绿化率高达 44.87% 的红谷滩低密度社区。稀缺性使该楼盘独具价值，品质魅力不容质疑。

（1）卖点提炼

特点之一：红谷滩唯一拥有花园洋房的楼盘，具有稀缺性升值性。

特点之二：得房率高达 91%、低密度花园社区。

特点之三：品质楼盘，尊贵不凡，红谷滩的建筑奢侈品，性价比高，具有很强的抗跌性。

特点之四：买一楼赠送120平米左右的地下室和花园露台。花一套房的钱得两套房，使价值真正超越价格。

（2）营销模式："要买房，找阿祥！"

在楼市低迷的时候，适时推出"要买房，找阿祥！"个性化新型营销手法，是传统广告上的一种颠覆。当然"阿祥"也只是一个符号和代言人，也可以称之为"阿牛"或"老张"之类。开发商希望打造的"阿祥"，是真正意义上站在老百姓的立场上，帮他们做置业参谋的，应该说这是一种代理理念的革命。"阿祥"主要是承担起公众置业顾问的责任，这种营销模式的效果总的来说是成功的，许多的消费者都知道了"阿祥"，知道了"阿祥"的电话。买房者、咨询者从全省各地都有电话打过来，到最后经常关机。也正是因为如此，"要买房，找阿祥！"这是一种全新的置业代理模式，一种公众置业顾问，在传媒界和地产界都给予了关注。

在楼市低迷的时候，洪城·比华利却能反其道而行之，推出"要买房，找阿祥！"的创新的营销模式具有个性化和新鲜感、吸引购房者的眼球，达到了咨询、选房、购房、订约一体化的销售，达到了与客户良性、深度的沟通，获得成功是必然的。"阿祥"的耳熟能详使得洪城·比华利与消费者增强了亲近感和认同感，成交量也与日俱增，实为经典策略。

2. 成都成功楼盘秘诀——优化营销服务链

进入2007年下半年以来，随着成都房产市场在全国的地位日渐凸出、外来品牌开发商进入带来大量品质较高的产品，加上股市投资者的回归、一线城市投资者进入成都楼市数量的增加等诸多因素共同发力，成都楼市再次进入明显的卖方市场。

华润置地·二十四城自2007年开始采用了二手房中介分销计划，降低了销售成本，并且取得了不错的成绩。以下是二手房中介分销计划的操作过程：

（1）主流中介公司调查

1）目的

了解成都分销模式成熟度、可操作性，为二十四城项目 2008 年销售任务顺利完成提供客源拓宽起到切实的作用。

了解中介公司现有分销方式，从侧面了解其他开发项目对分销的运作，为二十四城项目提供成熟的、可持续的、能够深入执行的新营销渠道开辟。

2）优势

分销模式可操作性强；模式成熟；客源扩大作用明显。规模大、合作方式成熟的可以作为进一步商谈的主要对象。

3）劣势

合作条件普遍苛刻，但是可以经过商谈得以解决。一般真实报价应该是现有报价的 6~7 折。

4）选择标准

成都较知名的二手房中介公司,选择中大型为主。要求其具有分销经验,发展良好、理念先进、渠道完善。

（2）二十四城分销模式可行性评估

1）绩效评估

① 中介公司分销能力评估

中介公司分销能力评估表

公司名称	绩效指标									综合评价
	主营业务	门店规模	门店分布	以往经验	客源	荐客能力（月）	有效客户（月）	成交客户（月均）	成交率	
顺驰	二手房中介	62	三环以内均布，二环内占60%。	一般	五城区内，城东、南中端客户为主	200	100	30	30%	良好

（续表）

公司名称	绩效指标									综合评价
	主营业务	门店规模	门店分布	以往经验	客源	荐客能力（月）	有效客户（月）	成交客户（月均）	成交率	
富房	二手房中介，一手楼盘代理	80	主城区呈现电子云图分布，二环内占到60%以上。	丰富	主城区中高端客户	500	200	40	20%	良好
21世纪	二手房中介	80	主城区呈现电子云图分布，二环内占到70%以上。	一般	主城区中高端客户	300	150	15	10%	一般

　　从上表可以看出，成交率最高为30%，最低为10%；中间值为20%。有效客户增加最高为200，最低为100；中间值为150。

　　② 二十四城任务评估

二十四城任务评估表

任务	月来访量（均）	月成交量（均）	月成交率（均）	营销费用（万元）	月均费用（万元）	套营销成本（元）
2007~2008年度总结	2250.00	100.00	4.44%	621.00	89.00	25100.00
2008年任务指标	1800.00	180.00	6.76%	3000.00	250.00	34722.22
其他营销优化措施提升	2587.50	115.00	4.44%	2886.5	240.54	25100.00
口碑传播客户	/	50.00	/	0	0.00	0.00
分销模式贡献	75.00	15.00	20.00%	900	75.00	50000.00
分销模式贡献率	8.33%					
备注	2007~2008年度口碑传播占到60%以上，在持续推出后将有一定的下滑。设定口碑传播成交客户月均50组（占总任务28%）					

　　从上表可以看出，分销成交率20%，常规成交率4.44%；分销有效客源75组/月，常规有效客源2587组/月；分销成交量15组/月，常规成交量：115组/月；分销贡献率8.5%，常规贡献率63.8%。分销成交率较高，贡献率比例大。

　　根据以上数据，我们发现中介分销能够提高成交率，避免营销成本浪费。同时，由于乙方规模、资源等决定乙方服务的局限性很强，不能作为项目的主力客源提供措施。但是，可以在常规营销计划的基础上，建议采用此分销模式。

2）成本评估

① 中介公司分销成本评估

分销成本评估表

门店数（个）	成本细项					成交数量（套）	成交额（元）	成本优化系数	最终成本（元）	成交套均成本（元）	综合评价
	门店装修费用（元）	门店使用费用［元/（家·年）]	佣金	店员奖励	客户优惠						
62	2000	8000	1.5%	1%	2%	30	18000000	70%	1187000	39566.67	良
80	2000	12000	2%	2%	2%	40	24000000	60%	2128000	53200	一般
80	2000	9000	2%	1%	2%	15	9000000	60%	1195000	79666.67	差

说明：成本优化系数为双方商谈后能够接受的合作条件。

结论：分销模式成本约为 5 万 / 套。

② 二十四城既有媒介通路绩效

媒体绩效及成本评估表

渠道	费用核算	成交数量（套）	直接成本（万元/套）
报纸	160万元	145	1.1
杂志	50万元	4	12.5
公交站亭	160万元	84	2.74
户外大牌	70万元		
物料	80万元	—	—
网络	30万元	11	2.73
公关活动	56万元	—	—
房交会	15万元	3	5

从上表可以看出，分销成本高，可行性较弱。以常规推广渠道为主，分销只能作为辅助措施扩大客源。

3）风险评估

① 分销模式风险表现及影响

A. 客源的松散性，无约束性

消极影响：无法量化指标，影响整个项目运作计划。

B. 流程的风险，对接人员的主观性难以约束

消极影响：无法稳定、规律的模式运作。

C. 费用的支付

消极影响：合作方的消极怠工以及客户的流失。

D. 客户的身份甄别

消极影响：交叉客源的身份导致合作方的矛盾。

E. 合作模式的不成熟，操作流程不规范，流程复杂

消极影响：恶性竞争导致项目品牌形象受损。

② 分销模式风险评估结论

分销模式风险评估结论

分项	成本（最大化）	占分销总投入成本	占总推广费用比重	风险评估
前期投入成本	$1000 \times 0.7 \times 12 \times 80$ 672000元	15%	0.04%	少
运作成本	荐客量 $\times 20+$ 成交客 $\times 200$ 200000元	4%	0.01%	少
合计		19%	0.05%	少

从上表可以看出，分销模式的风险主要集中在前期投入以及中期的运作上。分销模式的前期＋中期的投入只占分销总投入的 19% 弱，只占总推广费用的 0.5‰，投入少，风险很低。

不同模式评估结论

销售方式	成本(万/套)	成交率	贡献率	总成本	成本权重	贡献权重	得分	综合评价
常规渠道	2.5	5%	90%	4860	82%	4.50%	5.50	差
分销模式	5	20%	10%	1080	18%	2.00%	11.00	优

再结合以上表，我们可以看出：

1）综合考评成本、绩效以及风险，分销模式优于常规模式。

2）由于分销模式规模限制，不作为主力客源提供渠道。

3）由于结算以签约客户为准，前、中期费用投入低，操作灵活。

4）投入低，效果好，可行性强。

5）分销模式在本项目的运作上可以采用。

（3）二十四城分销模式采用方式

1）分销责任制

分销责任制以保证甲方主导地位、保证合作的可控性、保证品牌不被损伤、减少乙方随意性。

2）合作流程

下达任务→乙方提供初步客户资料→门店首次销讲服务→乙方开展集中性召集活动→乙方引荐→甲方销售中心交接→确认（三方签字、存档）→甲方常规服务→成交客户甄别、对接→服务收费结算，交割。

3）工序时效安排

前期：门店甄选、店面装修以及人员培训等，本工序只运作一次（正式运作前的准备工作）。

中期：整个流程的时效安排以及费用，本工序具有周期性、叠加性。一般按照15天为一个周期。

后期：后期主要指客户签约后与中介公司的财务层面对接。本工序参考中期的绩效，但独立于中期，采用月结或者季结的方式进行。

4）费用合计

甲方前期投入成本包括包装费用 100000 元,租赁费用 240000 元(按 80 家门店、一个季度的租赁费用计)。

甲方中期投入成本包括运作费用 500 ~ 1000 元。

甲方后期投入成本包括运作费用 0 ~ 500 元。

佣金、奖金等不计入营销成本，作为销售计划内指标独立计算。总成本：27 万 /
季度人员投入：对接人 1 ~ 2 名。

费用预估表				
前期费用 （元/年）	租赁费用 （元/季度）	中期运作费用 （元/15天）	后期费用 （元/月）	合计 （元/季度）
100000	240000	500	400	269200

三、二三线城市新区大盘开发模式研究

随着二三线城市土地拍卖的活跃，近年来，越来越多的二三线城市成为了市场新
的热点或者说是热点区域。根据不同的市场需求，房地产开发商应该立足于当地，确
定区域化战略，结合当地经济发展，产品开发、投资策划等体现房地产竞争力的方面
都应与区域经济相结合，同时应充分发挥政府优势关系，在为当地客户服务方面形成
局部优势。

1. 二三城市大盘营销的特点

（1）营销的独特性

在大城市最惯用的媒介体组合策略，在这些区域多半无效。因为当地一般没有自
己的报纸，或者即使有，其受众也非常狭窄，大多数人甚至没有看报纸的习惯；电视
是大家都比较能够接受的，但制作水平较低，仅作为信息发布手段而已，对提升项目
形象和档次的帮助不大。

由于城市规模小，工作与生活压力不是很大，休闲娱乐的方式不多，民风大多比
较淳朴，因此这些城市的人际交流比较多，从而使得口碑传播成为非常有效的利器，
是项目操作人员必须高度重视的。口碑传播在这些地区是一把双刃剑，好的东西会很

快发散出去，坏的东西则更容易家喻户晓，因此善用事件营销、关系营销等手段，对项目销售会有很大的帮助。

（2）务必简单明了

这些城市的居民不太接触过于复杂的信息，平均文化水准也低于中大型城市，因此清晰简单的营销诉求更容易被他们理解和接受。一般大城市楼盘营销所采用的形象推广、品牌运作等在这些地方会让人一头雾水，不知所云。二三线城市做广告，更多地应该是产品广告，有一说一，有二说二。形象与文化的东西，可直接做成体验式营销，因为他们更相信自己所看到的，而不是听到的。

（3）销售团队的属地化

在这些城市往往不需要过高的销售技巧，那些相对简单的人经常会有较好的销售业绩。这些城市的人群对外地人也持谨慎态度，对本地人往往更为相信。因此在这些地区外地销售人员往往并不比当地销售人员有更为突出的业绩。

（4）使营销更有针对性

房地产具有很强的地域属性，这种属性因所在地的文化、经济、社会以及自然条件的不同而有很大的不同。就二三线城市而言，直接套用先进城市的常规打法可能并不会赢得喝彩。与属地相结合，制定切实有效而又相对经济的营销方法，将更具有实际意义。

2. 温州售罄楼盘操盘秘诀——完美销售控制

温州人自古以来被称为中国的犹太人。温州不是一线城市，价格却超过一线城市，而且在全国房市普遍处于低迷状态之际，其房价却坚挺得让人惊讶，火爆程度大大超过了北京和上海。这是温州的某项目，通过完美的销售控制，最后达到售罄。我们来看看它是怎么做到的。

（1）项目概况

项目总占地：19535.25 平方米；项目总建面：97008.89 平方米；住宅总建面：71283.67 平方米；商业总建面：11374.33 平方米；地下总建面：10975.72 平方米；架空层面积：2109.64 平方米；总户数：564；总层数：26 ~ 28F；容积率：4.25；绿化率：25%；车位比：1：0.7。

（2）项目优势

1）位于温江城中心区板块，配套完善，区域发展相对成熟；

2）位于新城与老城交界处，具备新城与老区的双重性；

3）位于交通的中央枢纽处，交通十分方便；

4）巨龙湾五星级酒店规划在建；

5）温江公园与江安河相互依托，300 亩公园；

6）2000 平米的超级泛会所；

7）超长景观面设计，形成 350 米景观视野长廊；

8）入户庭院；

9）6.8m 景观前庭；

10）多变空间，功能定制随意。

（3）营销节点

费用预估表

节点	2月	3月	4月	5月	6月	7月	8月	9月	10月	11月	12月
工程			开工		预售		样板间施工	主体10层			15层
设计					售楼部装修完成				样板间装修完毕		
销售	集团推介		项目咨询，客户积累		第一次开盘	持销期		客户积累	第二次开盘		企业品牌推广
推广	企业项目形象导入		中央板块物业价值炒作		公园式家居价值体系炒作			商业物业价值炒作		俱乐部生活+品牌	

（4）营销阶段划分

1）第一阶段：

时间：2007 年 2 ~ 3 月。

重点：引起市场的关注度，形成新闻话题炒作点。

节点：企业形象及项目形象导入。

2）第二阶段：

时间：2007 年 4 ~ 6 月。

重点：建立市场的认知度，强化产品形象。

节点：公开咨询、客户积累。

3）第三阶段：

时间：2007 年 6 ~ 8 月。

重点：全面推广工作启动，提升项目美誉度。

节点：第一次开盘、销售回款。

4）第四阶段：

时间：2007 年 9 ~ 12 月。

重点：强化并丰富产品形象，营造产品新的新闻点。

节点：第二次认筹、客户积累及开盘、回款、企业品牌建设。

（5）营销阶段操作

1）企业与项目形象导入期：2007年2~3月

① 目的

对项目形象进行初步确立，并形成口碑传播效果。

② 销售重点

繁华 1 期商家联动，面向商户及消费者进行推介，面向温江各级政府、企事业单位进行集团推介。

③ 形式

以上门宣讲，派送项目资料形式，后期可指定团购的优惠政策辅以支撑与促进，以达成销售。

④ 对象

繁华 1 期业主，达到繁华 1 期的消费者，政府部门，温江区企事业单位等。

⑤ 推广配合

围墙广告，项目规划图、总平图等项目宣讲资料。

⑥ 预期目标

对温江存在集团购买可能的客户完成初步的筛选，确定集团意向客户。

导入期营销控制表

资源	目的	内容	时间
SP	面向温江区重点的政府\企事业单位推介项目	项目推介讲座/资料派送	2～3月
宣传资料（DM）	春节与商家联动使用	区域、项目、配套、环境介绍	2月10日
围墙	A.美化工地； B.传达项目形象	A.传达项目尊贵感； B.围墙造型有一定创新； C.视觉冲击力强	2月10日
户外	宣传公司品牌形象	A.公司名称及口号； B.绕城高速桥	2月10日

2）市场咨询期：2007年4～6月（开盘前）

① 目的

建立项目的市场认知度，并完成客户的积累，为公开发售做好准备。

② 销售重点

意向客户登记、甄别，为公开发售蓄势。进一步拓展集团购买客户，并完成集团客户的内部认购，总量控制 100 套内。

③ 形式

登记信息，入本项目客户会，并通过各种活动的举办传达信息。

④ 对象

前期集团购买意向客户、新积累的意向客户等。

⑤ 宣传主题

中心板块价值 公园畔豪宅形象。

⑥ 推广配合

报广（软文）、户外、临时售楼部、沙盘模型、道旗、活动、房交会、网站、楼书、户型单页等。

⑦ 预期目标

意向登记客户量达 600 个，及集团购买客户的内部认购工作。

开盘前营销控制表

资源	目的	内容	时间
SP	全面启动客户咨询接待	A.产品上市会； B.房交会； C.乘热气球观温江公园活动	3月18日 4月23日 5月
网站	传播项目信息	A.区位及项目位置介绍； B.项目规划建筑设计介绍	3月18日
平面	A.树立项目知名度； B.吸引客户登记	温江中心区公园畔豪宅形象	产品发布会前两周
软性	以事件营销为主线,制造关注热点	A.中心板块发展； B.温江公园价值； C.项目特色	咨询期内不定期
户外	宣传项目形象	A.以项目口号与形象为主； B.光华大道及城区内； C.单立柱/看板及道旗	3月18日
临时售楼部	项目接待工作	A.突出项目尊贵的气质； B.突出洽谈区的体验功能； C.项目形象立体包装	3月18日
楼书	全面介绍项目	A.项目区位与地理位置； B.项目规划建筑设计介绍； C.户型特色介绍	5月下旬
宣传资料 (DM)	传播项目信息	A.项目地理位置介绍； B.项目周遍环境介绍； C.项目特色	3月18日前 4月下旬(房交会)
电视	制造新闻点	A.介绍温江中心区发展及项目特色； B.事件活动的新闻报道	咨询期内不定期

3）第一次开盘时间：2007年6月~8月

① 对象

前期排号客户按序选房。

② 推售单位

A型240套、B型62套、D型14套、CEF共计84套，总计400套。

推售单位明细表

楼号	A	B	C	D	E	F	合计
A	32	25	9	7	1	2	76
B	32	25	9		1	2	44
C	36		9		1	2	48
D	36		9		1	2	48
E	36		9		1	2	48
F	36		9		1	2	48
G	32	12	9	7	1	2	63
总计	240	62	63	14	7	14	400
比重	60.00%	15.50%	15.75%	3.50%	1.75%	3.50%	100.00%

③ 价格策略

高开高走，3800元/平方米。

④ 宣传策略

宣传上突出舒适性大户，销售上突出舒适性大户。

⑤ 宣传主题

全面诠释公园居家生活的价值诉求，并最终落在建筑自身的价值诉求上，完成公园价值与建筑价值点的对接。并通过开盘活动形成轰动的效果，并通过热销期的形象拉升，完成项目品牌的塑造。持销期内，将根据实际的销售库存与难点突出阶段性的推广诉求点（如针对大户型增加俱乐部式物业服务价值的诉求点）。

⑥ 推广配合

报广、户外广告、道旗、现场售楼部、杂志、网络、活动、销售模型、DM、项目生活手册、楼书、软性新闻、电视电台、礼品等。

⑦ 预期目标

完成所推房源的 90% 的销售，以及所售房源 80% 以上的回款。

第一次开盘营销控制表

资源	目的	内容	时间
S P	营造热销氛围 促销 强化项目形象	A.开盘明星代言互动活动； B.名车名模品鉴酒会； C.业主夏令营活动	6月23 开盘后至8月底
网站	传播销售信息 网上团购	A.项目销售信息,优惠措施； B.项目户型介绍； C.业主论坛	6月23开始
平 面	对项目尊贵价值体系的认同,对公园居家生活的向往	A.中心板块物业形象； B.规划/户型/价格/环境/配套/泛会所等； C.销售开盘信息	开盘前两周开始
软 性	维持项目的形象与热销气氛	A.开盘热销探讨； B.活动信息跟踪； C.项目价值点挖掘	持销期
户外	A.传播项目销售信息 B.项目阶段价值诉求	A.项目品牌形象与销售信息； B.光华大道及城区内； C.单立柱/看板及道旗	6月23日
生活手册	全面诠释项目生活价值与主张	A.项目四大核心价值主张； B.项目信息公布与传达	6月23日
现场售楼部	展览\接待\洽谈	A.突出时尚尊贵形象； B.300平方米； C.造型上突出独特气质	6月23日
电视	项目特色与价值传播	A.区域价值； B.项目特色； C.销售信息	开盘前2周
电台	销售开盘信息传播	A.项目开盘热销信息； B.项目公园家居诉求	开盘前两周
销售通道	A.更换围墙画面； B.现场参观指示； C.项目形象诉求	A.体现尊贵自豪价值生活的元素； B.标志性的小品建筑； C.透明工地参观通道	6月23日

4）第二次公开认筹期：2007年9～10月

① 目的

强化产品形象，为二次发售积累客户。

② 销售推广目标

住宅：推行并销售 VIP 认购卡，面值 20000 元／张，预计销售 400 张。

③ 宣传主题

对项目公园家居生活主张与价值进行深度诉求，使项目形象保持在一个较高位上，增加项目商业价值点的诉求，以商业生活价值为阶段主线，突出商业配套的完善、优享及较高标准的价值点诉求，提升项目居住上的便捷、舒适的享受，并通过商业系列推广活动拉动人气。

④ 销售渠道

通过户外广告、道旗、商业包装、商家互动、房交会、网络、DM、报广、客户联谊会、商业机构等。

⑤ 预期目标

完成 400 个住宅客户的积累。

第二次公开认筹期营销控制表

资源	目的	内容	时间
SP	全面启动客户咨询接待	A.房交会； B.商家互动； C.温江大学城定向越野比赛； D.商家签约仪式	9月23 10月初
VIP认购卡	内部认购,客户积累	A.项目销售权益确定； B.客户信息	9月中旬
平面	A.项目尊贵形象维系； B.商业价值的诉求	A.阶段性价值的打总与提升； B.商业规模 档次 业态定位等	每两周1次
软性	A.辅助以平面阐述项目生活主张； B.维系市场关注度	A.温江商业中心的发展； B.商业档次与标准与需求的矛盾； C.新商业中心生活模式诉求	每两周1次
户外	发布认筹信息	A.认筹信息与阶段形象； B.光华大道及城区内； C.单立柱/看板及道旗	9月

5）第三次开盘时间：2007年10~12月

① 推售单位

一次开盘待售房源及剩余房源，预计为 256 套。

推售单位明细表

楼号	A	B	C	D	E	F	合计
A	32	25	9	7	1	2	
B	32	25	9	7	1	2	32
C	36	28	9	8	1	2	36
D	36	28	9	8	1	2	36
E	36	27	9	9	1	2	36
F	36	27	9	9	1	2	36
G	32	25	9	7	1	2	
总计		135		41			176
比重	0.00%	76.70%	0.00%	23.30%	0.00%	0.00%	100.00%

② 价格策略

4200 元 / 平方米。

③ 销售推广重点

推广仍以舒适性高品质楼盘为主，精品小户为辅助；销售上以经济型的小户型为主，以舒适型大户型为辅。

④ 宣传主题

以商业生活价值的诉求为主线，全面提升项目的居住品质，继而完成对项目尊贵生活价值体系的构筑，并通过开盘活动形成二次热销现象。持销期根据实际的难点进行重点突破。

⑤ 推广配合

报广、户外广告、道旗、样板间、杂志、网络、活动、销售模型、DM、活动、软性新闻、电视电台、礼品等。

⑥ 预期目标

实现项目整体销售率 70% 以上，销售回款 90% 以上。

第三次开盘营销控制表

资源	目的	内容	时间
SP	A.热销氛围营造; B.促销; C.项目形象提升	A.开盘活动:时尚生活PARTY; B.中国所十大会所体验活动; C.业主财富沙龙; D.企业品牌推广活动	10月下旬
样板间	A.展示户型优势; B.拉动销售	强调景观面功能区的特点	开盘前
平面	A.项目尊贵形象维系; B.销售信息传播	阶段性的销售卖点诉求	每两周1次
软性	A.辅助以平面阐述项目生活主张; B.维系市场关注度	A.尊贵生活价值体系的全面诠释; B.突出阶段性的重点	每两周1次
户外	发布热销信息,并配合阶段性的销售	传播阶段性需要突出的卖点主要集中在单立柱或看板	10~12月

3. 日照明星楼盘操盘秘诀——精细定位是关键

日照市作为新兴的海滨城市,在国内的知名度也不高,在这里的开发商们也同样需要面临市场的考验。但是在这份市场试卷上,他们以精细而准确的定位和营销策略,获得了一个满堂彩。

日照山海天城建集团连续成功开发了教授花园一、二、三期工程,种下的"梧桐树",引来了三百名以北大教授为代表的"金凤凰"——教授花园业主入住园区。不仅如此,他们开发的房子有80%以上的卖给了外地人,直接把日照的房价由每平方米1000多元拉升至每平方米4000多元,创造了2004年一年销售4个亿的日照市房产销售新纪录。"日照海滨教授花园"一时间声名鹊起。

总结教授花园的成功营销管理经验,我们不难得出这样一个结论:一个楼盘能否对购房者产生吸引力,除了楼盘本身必须具备的基本质量外,营销管理是否到位往往能决定它在市场竞争中的成败。

(1)客户是成功的关键

市场需求来源于客户,争夺的对象也是客户,因此,房地产营销就不能不研究客户了。该公司把"客户至上"作为其企业文化中最核心的组成部分，为客户增值服务是他们的工作目标。正是基于这样一种理念，教授花园赢得了以北大教授为代表的全国知名高校老师的青睐，2004 年单一个教授花园三期工程就实现了销售额过 4 亿元，创造了日照市房地产销售新高。

（2）房地产营销管理的3条主要经验

1）定位策略

教授花园在策划楼盘销售时，充分利用日照的"阳光、沙滩、森林、大海"的优势，将市场定位于高知、学者、教授，因为我们的环境优势对他们最有吸引力，而不是立足于日照本地消化，而且在了解这一阶层的收入水平的基础上，采取了低价位定价策略，结果取得了巨大成功。即购买者为 60% 的这一定位人群人，80% 的为非本地人。其中大部分是二次置业、休闲置业等投资者。

由于定位准确，通过价值取向的自然选择，教授花园无形中就形成了高尚住区，对居住在小区的阶层给予了一定身份的特征，业主通过购买、居住使之实现了归属感、荣誉感、自豪感。

2）定价策略

定价部分是艺术，部分是科学。通常采用低价战略：入市时比较轻松，容易进入，能较快地启动市场。随后采用逐步提价策略，以标榜物业的出类拔萃、身份象征、完善功能、优良环境等，但不是盲目漫天要价，以物超所值为限，因此风险几乎较小。

教授花园是一个滨海社区，户户看海是该项目的一个卖点。因此该项目在楼层定价时，一反开发商通常确定标准楼层定位的方法，而是从一层起价，每高一层加价 100 元到 300 元不等，事实证明，这种创新做法得到了客户的认可，取得了很大成功。

3）销售策略

教授花园一直坚持低容积率、高绿化率，注重生态建设。前建设部副部长、中房协会会长杨慎在参观了教授花园后，称赞这是他见到过的真正的生态住宅。而教授花园三期在 2004 年成为山东省第一个通过评审的生态住宅示范小区，在 2006 年成为日照市第一个通过建设部评审的康居示范工程。

楼盘的销售是一个专业性很强的工作，建立一支具有高水平推销策略和战术的专业队伍十分重要。房地产促销是要通过详细的介绍、生动的描述来塑造产品的形象，刺激顾客的购买欲。教授花园常用的促销方法有三种：

一是在央视做品牌广告，在地方台做专题广告，在本地做形象广告。

二是广泛参加房地产展销会，通过房地产商品的模型展览，设计图纸的介绍，散发宣传小册子等方法，引起客户的兴趣，刺激客户的购买欲。

三是客户带动，通过了解客户的需求，以优秀的管理和周到的服务来影响客户，从而让老客户为我们带来新客户。

4.镇江优质楼盘操盘秘诀——把握文化渊源脉路

作为"长三角"重要城市，镇江的城市地位一直举足轻重。但这两年来，其房地产市场发展水平一直滞后与周边其他城市。其原因是一些产品开发依然不上档次，文化内涵深层次挖掘不够，整体项目定位不到位。南山·一品官邸是如何把握文化渊源脉络的呢？

（1）本项目文化渊源的阐释脉络

1）传统中式主义

"传统中式主义"蕴含着传统的中国文化和中国古代建筑精髓。但在国内建筑市场的尴尬地位由来已久。首先，传统的中国居住建筑，无论是南方还是北方的，与现代住宅的功能要求和现代人的生活方式有较大矛盾。其次，其结构形式以木结构为主。另外，北方的四合院需要相当的占地面积，南方的天井围合院落在采光、通风等方面也无法满足现代生活要求。

2）现代中式主义

融入北方和南方等地的中式建筑风格，加入现代建筑技术。在户型布局上遵循现代居住风格，在外立面上借用白墙黛瓦，实现中西和并。

3）新中式主义

新中式建筑不仅在文脉与中国传统建筑一脉相承，而且更重要的体现在对传统建筑的发展和变化上：既很好地保持了传统建筑的精髓，又有效地融合了现代建筑元素与现代设计因素，改变了传统建筑的功能使用，给予重新定位。

（2）案名：南山·一品官邸

1）南山：项目紧挨镇江著名的风景区——南山，南山风景区属于"古寺名泉"自然风景区，历代文人雅士云集于此，尽诉南山的美景。

2）一品：一品在古代是宰相的品级，代表着高贵和一人之下，万人之上的地位。一品现代来讲，是表现出产品的高档。

3）官邸：上风上水、气派、私家花园以及高贵身份，浓缩成为两个字，就是官邸。

在江苏，在镇江，没有一种住宅既能满足现代舒适的居住功能，又能体现中国极具文化底蕴的情感价值。

（3）建筑风格定位

南山·一品官邸的出现，填补了这一缺憾，她用现代的手法演绎着现代中式风格的城市别墅。

1）现代中式

首先，现代中式住宅基本是联排和独栋。内敛、内秀、内涵是中式住宅的特点。有青砖、黛瓦或粉墙；有亭台楼阁、小桥流水；有中式的屋檐、角檐、飞檐；社区设计中融入传统的街巷概念；采用中式建筑特有的坡屋顶；有镂空花窗；有朱红色的大门；有木雕、石雕、砖雕等传统意义上的中式典型符号；有中国传统民居特色，融入江苏、川西、云南、徽州等民居的特点……

而新中式住宅并不是简单机械地复古和拷贝。居住舒适度高，而又有中国文化的内涵，二者相辅相成才构成了现代意义上的"中式住宅"。

2）城市别墅

① 城市别墅，无可替代的城市繁华和便利

别墅项目向城市的复归，近两年在京、沪、深等一线城市均有明显体现。如北京的橘郡、东山墅，上海的提香别墅、浦园等。随着这些大城市经济的发展，不断涌现出一批城市新贵阶层，这些人有着较高的文化，有海外经历和多次置业经历，注重事业追求和生活品质。而城市别墅恰好应对他们这种需求：一手紧追繁忙的商务，一手是对宁静自我空间的不舍不弃。

② 城市别墅，核心地段的核心价值

城市别墅是一个从城市中心到远郊的中间过度地段特定的产品。周边有完善的交通网络，强调交通的易达性和便捷性，同时还需拥有优美的自然环境，且区域内有较为齐备的教育、商业、医疗、休闲等配套设施。"感受一下有天有地的房子"和"在庭院里种树"，已不再是梦想。

③ 城市别墅，因稀缺而尊贵

城市别墅既处城市边缘，又坐拥江山美景，是城市不可多得的贵地。别墅郊区化并不是万能的，建筑内的轻松、写意与风格总代替不了城市的繁华和便利。承载着更多诸如舒适、隐私、社交、个性、身份等"感觉"或"感受"性的东西。满足了人们有自己的"天"与"地"的愿望，同时兼顾邻里亲情，既满足了对私密的要求，也不会感到孤独。

（4）主题内涵定位

1）现代/科技/新中式主义

① 现代主义

"现代主义"建筑是要强调建筑要随时代而发展,现代建筑应同工业化社会相适应;强调建筑师要研究和解决建筑的实用功能和经济问题;主张积极采用新材料、新结构,在建筑设计中发挥新材料、新结构的特性;主张坚决摆脱过时的建筑样式的束缚，放手创造新的建筑风格;主张发展新的建筑美学，创造建筑新风格 。

② 科技理念

科学技术是第一生产力。现代社会，由科技进步带来的物质文化成果是数不胜数，然而，由科技带来的对于生态的破坏、环境的污染、社会的失衡，等等负面影响也是比比皆是。

刀可以杀人，也可以救人，关键还是看掌握和运用科技的人。事实上，科学如果合理运用，也可以在不破坏生态平衡的前提下，为我们提供非凡的物质和精神享受。

③ 新中式主义

立足中国传统文化，我们才可以走得更远！我们所谈的新中式主义，并不是简单机械地复古和拷贝。居住舒适度高，而又有中国文化的内涵，二者相辅相成！

2）滨河山水，ENJOY HOUSE

南山·一品官邸，滨河山水，融入中国人居文化底蕴的联排别墅，以人为本的设计思路，兼顾生态保护，融入现代科技，延续现代主义与中式宅院的精髓，创造出新一代的建筑理念：滨河山水 ENJOY HOUSE。

项目的档次定位：高尚社区。

项目的建筑风格定位：现代中式。

（5）概念细化

1）现代中式——现代的典雅+中式的古朴

住宅与河相伴而居。日可观岸址汀蓝，郁郁菁菁；夜可赏荷塘月色，清新雅致。别墅与河相辅相成，生活就像一首诗，一幅画。与自然为伴，生活永远在高处。

2）城市别墅ENJOY HOUSE——城市的配套+别墅的舒适

城市别墅对周围环境、交通和基础设施的依赖程度较高，所以离城区不会很偏远，但同时又保留了郊区别墅的特点，有自己大地和天空。正是因为这样城市别墅才变得弥足珍贵。

读者回执单

只要您填写以下内容，回传给我们，三大礼包免费赠送。

您的姓名：_____

您的公司名称：_____

您的公司地址：_____

您的电话：_____ 手机：_____

您的EMAIL：_____

您的及时通讯：QQ _____ MSN _____

是否需要向您的朋友介绍我们的图书

您朋友的姓名：_____

您朋友的公司名称：_____

您朋友的公司地址：_____

您朋友的电话：_____ 手机：_____

您朋友的EMAIL：_____

您朋友的及时通讯：QQ _____ MSN _____

礼包❶	礼包❷	礼包❸
即刻加入万房书友会	尾盘滞销盘经典案例	房地产10个核心档案

联系人：夏先生

电话：020-85572464   15818116727

传真：020-85572464

客服QQ：987312256

尊敬的读者：

感谢您选购我社图书！建工版图书按图书销售分类在卖场上架，共设22个一级分类及43个二级分类，根据图书销售分类选购建筑类图书会节省您的大量时间。现将建工版图书销售分类及与我社联系方式介绍给您，欢迎随时与我们联系。

★建工版图书销售分类表（详见下表）。

★欢迎登陆中国建筑工业出版社网站www.cabp.com.cn，本网站为您提供建工版图书信息查询，网上留言、购书服务，并邀请您加入网上读者俱乐部。

★中国建筑工业出版社总编室　电　话：010—58934845
　　　　　　　　　　　　　　　传　真：010—68321361

★中国建筑工业出版社发行部　电　话：010—58933865
　　　　　　　　　　　　　　　传　真：010—68325420
　　　　　　　　　　　　　　　E-mail：hbw@cabp.com.cn

建工版图书销售分类表

一级分类名称（代码）	二级分类名称（代码）	一级分类名称（代码）	二级分类名称（代码）
建筑学 （A）	建筑历史与理论（A10）	园林景观 （G）	园林史与园林景观理论（G10）
	建筑设计（A20）		园林景观规划与设计（G20）
	建筑技术（A30）		环境艺术设计（G30）
	建筑表现·建筑制图（A40）		园林景观施工（G40）
	建筑艺术（A50）		园林植物与应用（G50）
建筑设备·建筑材料 （F）	暖通空调（F10）	城乡建设·市政工程· 环境工程 （B）	城镇与乡（村）建设（B10）
	建筑给水排水（F20）		道路桥梁工程（B20）
	建筑电气与建筑智能化技术（F30）		市政给水排水工程（B30）
	建筑节能·建筑防火（F40）		市政供热、供燃气工程（B40）
	建筑材料（F50）		环境工程（B50）
城市规划·城市设计 （P）	城市史与城市规划理论（P10）	建筑结构与岩土工程 （S）	建筑结构（S10）
	城市规划与城市设计（P20）		岩土工程（S20）
室内设计·装饰装修 （D）	室内设计与表现（D10）	建筑施工·设备安装技 术（C）	施工技术（C10）
	家具与装饰（D20）		设备安装技术（C20）
	装修材料与施工（D30）		工程质量与安全（C30）
建筑工程经济与管理 （M）	施工管理（M10）	房地产开发管理 （E）	房地产开发与经营（E10）
	工程管理（M20）		物业管理（E20）
	工程监理（M30）	辞典·连续出版物 （Z）	辞典（Z10）
	工程经济与造价（M40）		连续出版物（Z20）
艺术·设计 （K）	艺术（K10）	旅游·其他 （Q）	旅游（Q10）
	工业设计（K20）		其他（Q20）
	平面设计（K30）	土木建筑计算机应用系列（J）	
执业资格考试用书（R）		法律法规与标准规范单行本（T）	
高校教材（V）		法律法规与标准规范汇编/大全（U）	
高职高专教材（X）		培训教材（Y）	
中职中专教材（W）		电子出版物（H）	

注：建工版图书销售分类已标注于图书封底。